Die Verjährung von Ansprüchen bei unsicherer und zweifelhafter Rechtslage

Europäische Hochschulschriften

European University Studies
Publications Universitaires Européennes

Reihe II	**Rechtswissenschaft**
Series II	Law
Série II	Droit

Band/Volume **5602**

Kathrin Bär

Die Verjährung von Ansprüchen bei unsicherer und zweifelhafter Rechtslage

PL ACADEMIC RESEARCH

Bibliografische Information der Deutschen Nationalbibliothek
Die Deutsche Nationalbibliothek verzeichnet diese Publikation in der Deutschen Nationalbibliografie; detaillierte bibliografische Daten sind im Internet über http://dnb.d-nb.de abrufbar.

Zugl.: Berlin, Humboldt-Univ., Diss., 2013

11
ISSN 0531-7312
ISBN 978-3-631-64744-8 (Print)
E-ISBN 978-3-653-04402-7 (E-Book)
DOI 10.3726/978-3-653-04402-7

PL Academic Research ist ein Imprint der Peter Lang GmbH.
Peter Lang – Frankfurt am Main · Bern · Bruxelles · New York · Oxford · Warszawa · Wien

Dieses Buch wurde vor Erscheinen peer reviewed.

www.peterlang.com

Meinen Eltern

Vorwort

Die vorliegende Arbeit wurde im September 2013 von der Juristischen Fakultät der Humboldt-Universität zu Berlin als Dissertation angenommen.

Mein primärer und ganz herzlicher Dank gilt Herrn Professor Dr. Hans-Peter Schwintowski für die stets nette und konstruktive Betreuung dieser Arbeit. Seine klaren Vorgaben in zeitlicher und arbeitstechnischer Hinsicht haben mir sehr geholfen, diese Dissertation zielorientiert und in einem angemessenen zeitlichen Rahmen zu bewältigen. Auch möchte ich ihm für die rasche Erstbegutachtung einen besonderen Dank aussprechen. Herrn Professor Dr. Gerhard Wagner, LL.M. danke ich für seine Anregungen und seine Bereitschaft, die Zweitbegutachtung der Dissertation zu übernehmen.

Mein besonderer Dank für die stetige und vorbehaltslose Unterstützung während des Studiums und bei der Erstellung dieser Arbeit gilt meinen Eltern, deren liebevolle und großmütige Art wesentlich zum Gelingen der Arbeit beigetragen hat.

Für die wertvolle moralische Unterstützung danke ich außerdem meiner Schwester Sandra Katharina Schlaak, meinem Schwager Dr. Jan-Philipp Schlaak, Herrn Ass. iur. Fernando Sempere Culler, Frau Rechtsanwältin Mandy Rogler, Frau Rechtsanwältin Maja Bouresh und Herrn Dr. Volker Pilz, der zudem dankenswerterweise das Korrekturlesen des Textes übernommen hat.

Inhaltsverzeichnis

Abkürzungsverzeichnis

a.A.	andere Ansicht
Abs.	Absatz
A.C.	Law Reports, Appeal Cases, House of Lords and Privy Council
AcP	Archiv für die civilistische Praxis
a.E.	am Ende
AEUV	Vertrag über die Arbeitsweise der Europäischen Union
a.F.	alte Fassung
AiB	Arbeitsrecht im Betrieb
AktG	Aktiengesetz
Alt.	Alternative
Anh	Anhang
Ann.	Annotated
AöR	Archiv des öffentlichen Rechts
ArbG	Arbeitsgericht
Art.	Artikel
AÜG	Arbeitnehmerüberlassungsgesetz
BAG	Bundesarbeitsgericht
BayObLG	Bayerisches Oberlandesgericht
BayObLGR	Bayerisches Oberlandesgericht-Rechtsprechungs-report
BB	Betriebsberater
BeamtVG	Beamtenversorgungsgesetz
BeckRS	Beck-Rechtsprechung
BeschFG	Beschäftigungsförderungsgesetz
Beschl.	Beschluss

BesÜV	Verordnung über besoldungsrechtliche Übergangsregelungen nach Herstellung der Einheit Deutschlands
BGB	Bürgerliches Gesetzbuch
BGBl.	Bundesgesetzblatt
BGE	Entscheidungen des Schweizerischen Bundesgerichts, Amtliche Sammlung
BGH	Bundesgerichtshof
BGHZ	Bundesgerichtshof, amtliche Sammlung der Entscheidungen in Zivilsachen
BKGG	Bundeskindergeldgesetz
BKR	Zeitschrift für Bank- und Kapitalmarktrecht
BNotO	Bundesnotarordnung
BRAO	Bundesrechtsanwaltsordnung
Bull. Civ.	Bulletin des ârrets de la Cour de Cassation, chambres civiles (I-III), commerciale (IV), sociale (V)
BVerfG	Bundesverfassungsgericht
BVerfGE	Entscheidung des Bundesverfassungsgerichts
BVerfGG	Bundesverfassungsgerichtsgesetz
BVerwG	Bundesverwaltungsgericht
BVerwGE	Entscheidung des Bundesverwaltungsgerichts
bzw.	beziehungsweise
c.	chapter
C.A.	Court of Appeal
Cass. Civ.	Cour de Cassation, Chambre Civile
Cass. Req.	Cour de Cassation, Chambre des Requêtes
Cass. Soc.	Cour de Cassation, Chambre Sociale
Cent.	Century
Civ. Prod.	Civil Procedure
CJPC	Courts and Judical Proceedings
Comp.	Compiled
CPLR	Civil Practice Law and Rules
CPRC	Civil Practice and Remedies Code

ders.	derselbe
Drs.	Drucksache
DH	Dalloz hebdomadaire
DP	Dalloz périodique
DS	Dalloz Sirey
DStZ	Deutsche Steuer-Zeitung
DVBl.	Deutsches Verwaltungsblatt
E	Entscheidung
E.	Erwägung
Ebd.	ebenda
EGBGB	Einführungsgesetz zum Bürgerlichen Gesetzbuch
Einl.	Einleitung
EJPD	Eidgenössisches Justiz- und Polizeidepartement
Entsch.	Entscheidung
EStG	Einkommensteuergesetz
et al.	et alia
EU	Europäische Union
EuGH	Europäischer Gerichtshof
f.	folgende
FamRZ	Zeitschrift für das gesamte Familienrecht
ff.	fortfolgende
Fn.	Fußnote
FS	Festschrift
Gaz. Pal.	La Gazette du Palais
gem.	gemäß
Gen.	General
GG	Grundgesetz
GI	Gerling Informationen für wirtschaftsprüfende, rechts- und steuerberatende Berufe
GmbH	Gesellschaft mit beschränkter Haftung
GmbHG	Gesetz betreffend die Gesellschaft mit beschränkter Haftung

HGB	Handelsgesetzbuch
HR	Hoge Raad
hrsg.	herausgegeben
Hrsg.	Herausgeber
Hs.	Halbsatz
i.d.F.	in der Fassung
i.R.d.	im Rahmen des
IR	InfrastrukturRecht
i.S.d.	im Sinne des
i.S.v.	im Sinne von
JA	Juristische Arbeitsblätter
JCl	Juris-Classeur Civil
JCP	Juris-Classeur périodique, La semaine juridique
Jura	Juristische Ausbildung
JuS	Juristische Schulung
JZ	Juristen-Zeitung
Kap.	Kapitel
KG	Kammergericht
LAG	Landesarbeitsgericht
lat.	lateinisch
LG	Landgericht
MDR	Monatsschrift für Deutsches Recht
m.w.N.	mit weiteren Nachweisen
NBW	Nieuw Burgerlijk Wetboek
N.L.J.	New Law Journal
NJ	Nederlandse Jurisprudentie
NJW	Neue Juristische Wochenschrift
NJW-RR	Neue Juristische Wochenschrift – Rechtsprechungs-Report Zivilrecht
Nr.	Nummer
NZA	Neue Zeitschrift für Arbeitsrecht
NZG	Neue Zeitschrift für Gesellschaftsrecht

NZM	Neue Zeitschrift für Miet- und Wohnungsrecht
NZV	Neue Zeitschrift für Verkehrsrecht
OLG	Oberlandesgericht
OLGR	Oberlandesgericht-Rechtsprechungsreport
OR	Obligationenrecht
OWiG	Gesetz über Ordnungswidrigkeiten
PatAO	Patentanwaltsordnung
PECL	Principles of European Contract Law
Q.B./Q.B.D.	Law Reports, Queen's Bench Division
RabelsZ	Rabels Zeitschrift für ausländisches und internationales Privatrecht
RAO	Reichs-Rechtsanwaltsordnung
Rev.	Revised
RG	Reichsgericht
RGBl.	Reichsgesetzblatt
RGZ	Amtliche Sammlung der Reichsgerichtsrechtsprechung in Zivilsachen
RIW	Recht der Internationalen Wirtschaft
Rn.	Randnummer
Rs.	Rechtssache
RVO	Reichsversicherungsordnung
s.	section
S.	Seite/Satz
SGB	Sozialgesetzbuch
SJZ	Schweizerische Juristen-Zeitung
Slg.	Sammlung
Stat.	Statute
StB	Der Steuerberater
StBerG	Steuerberatergesetz
StGB	Strafgesetzbuch
StVG	Straßenverkehrsgesetz
TKG	Telekommunikationsgesetz

u.a.	unter anderem
UN	United Nations
Unidroit	International Institute for the Unification of Private Law
Urt.	Urteil
usw.	und so weiter
UWG	Gesetz gegen den unlauteren Wettbewerb
v.	vom/von/vor
VersR	Versicherungsrecht
vgl.	vergleiche
Vorb.	Vorbemerkung
VuR	Verbraucher und Recht
VVG	Versicherungsvertragsgesetz
WM	Wertpapiermitteilungen – Zeitschrift für Wirtschafts- und Bankrecht
WPK-Mitt.	Mitteilungen der Wirtschaftsprüferkammer
WPO	Wirtschaftsprüferordnung
z.B.	zum Beispiel
ZEuP	Zeitschrift für Europäisches Privatrecht
ZEuS	Zeitschrift für europarechtliche Studien
ZfIR	Zeitschrift für Immobilienrecht
ZGS	Zeitschrift für Vertragsgestaltung, Schuld- und Haftungsrecht
Ziff.	Ziffer
ZIP	Zeitschrift für Wirtschaftsrecht
zit.	zitiert
ZMR	Zeitschrift für Miet- und Raumrecht
ZPO	Zivilprozessordnung

Einleitung: Problemstellung und Gang der Untersuchung

Gemäß § 199 Abs. 1 BGB beginnt die regelmäßige Verjährungsfrist, wenn zwei Tatbestandsmerkmale objektiver und subjektiver Art erfüllt sind: Ein Anspruch muss erstens entstanden sein und der Gläubiger muss zweitens von den den Anspruch begründenden Umständen und der Person des Schuldners Kenntnis erlangt haben oder grob fahrlässig nicht erlangt haben. Kenntnis von den Umständen bedeutet nach einhelliger Auffassung Tatsachenkenntnis.[1] Die von § 199 Abs. 1 BGB aufgestellten Anforderungen sind oftmals leicht erfüllt. So erkennt beispielweise der Geschädigte bei einem Verkehrsunfall in der Regel mühelos, dass die tatsächlichen Voraussetzungen für einen Anspruch gegen den Schädiger vorliegen. Er weiß, dass er einen Schaden an seinem Körper, seiner Gesundheit oder seinem Eigentum erlitten hat und weiß in der Regel, wer diesen verursacht hat. Somit kennt er die tatsächlichen Voraussetzungen, die für einen Anspruch nach § 823 Abs. 1 BGB gegeben sein müssen. Laut §§ 195, 199 Abs. 1 BGB stehen ihm mit dem Schluss des Jahres, in welches das schädigende Ereignis fällt, drei Jahre zur Verfügung, um diesen Anspruch gegenüber seinem Schädiger geltend zu machen.

In manchen Fällen soll jedoch für den Gläubiger nicht ohne Weiteres erkennbar sein, ob bereits die Voraussetzungen für einen Anspruch vorliegen und er gegebenenfalls bei einer gerichtlichen Auseinandersetzung obsiegen kann. Gerade in speziellen, undurchsichtigen Materien wie dem Kredit- oder dem Kapitalanlagerecht war in der Vergangenheit immer wieder zu beobachten, dass ein Anspruchsgläubiger vor Gericht klagte und die Unter- oder Obergerichte in einigen Fällen die Ansprüche bereits als verjährt ansahen. Des Öfteren wurde in der Revision daraufhin eine Korrektur verlangt, weil die Rechtslage in den im Einzelnen darzustellenden Fällen als „unsicher und zweifelhaft"[2] eingeschätzt

---

1 Staudinger-*Peters/Jacoby*, 2009, § 199 Rn. 62; Palandt-*Ellenberger*, § 199 Rn. 27; Bitter/Alles, NJW 2011, 2081.

2 Exemplarisch BGH, Urt. v. 23.9.2008 – XI ZR 262/07, BGH WM 2008, 2155, 2156 = NJW-RR 2009, 547; zur Vereinfachung wird im Folgenden der Terminus von der Rechtsprechung zur „unsicheren und zweifelhaften Rechtslage" als feststehender Begriff verwendet.

und der Gläubiger auf Grund der undurchsichtigen Rechtslage für besonders schutzwürdig gehalten wurde. Er habe in diesen Fällen nicht den erforderlichen Kenntnisstand besessen, auf Grund dessen er zumindest eine Feststellungsklage hätte erheben können, die bei verständiger Würdigung der von ihm angeführten Tatsachen so viele Erfolgsaussichten gehabt hätte, dass ihm die Klageerhebung zuzumuten gewesen wäre.[3] Umgekehrt gab es auch Fälle, bei denen die Instanzgerichte die Ansprüche nicht als verjährt ansahen, der Bundesgerichtshof in der nachfolgenden Revision jedoch schon. Aufgetreten ist diese Rechtsprechung vor der Schuldrechtsreform im Rahmen des § 852 Abs. 1 BGB a.F. Nunmehr findet sich ihr Anwendungsbereich im Rahmen des § 199 Abs. 1 BGB wieder.

Zwar setzt der Verjährungsbeginn grundsätzlich nur die Kenntnis der den Anspruch begründenden Tatsachen voraus und nicht, dass der Anspruchsberechtigte aus den ihm bekannten Tatsachen die zutreffenden rechtlichen Schlüsse zieht. Ist einem Gläubiger die Rechtslage unbekannt oder schätzt er sie fehlerhaft ein, geht diese fehlende Rechtskenntnis deshalb regelmäßig zu seinen Lasten. Rechtsunkenntnis soll jedoch ausnahmsweise trotz vorhandener Tatsachenkenntnis „im Einzelfall bei unsicherer und zweifelhafter Rechtslage den Verjährungsbeginn hinausschieben“[4]. Über das Kriterium der Zumutbarkeit, welches i.R.d. Kenntnisbegriffs herangezogen wird, kommt die zivilgerichtliche und verwaltungsgerichtliche Rechtsprechung dem Anspruchsgläubiger zur Hilfe, wenn sie der Ansicht ist, der Gläubiger habe einen entsprechenden Kenntnisstand bei der damaligen verworrenen Rechtslage nicht besitzen können. In diesen Fällen erweitert sie die Voraussetzungen für den Verjährungsbeginn und verschiebt diesen „nach hinten“.

Auch wenn die Erhebung einer Feststellungsklage „nicht risikolos möglich sein muss“[5], ist eine Folge dieser Rechtsprechung, dass weder die betroffenen Anspruchsparteien noch deren Rechtsbeistände annähernd absehen können, ob die mit ihrem Rechtsproblem befassten Gerichte den Anspruch als verjährt ansehen

---

3 Ständige Rechtsprechung, vgl. nur BGH, Urt. v. 18.1.2000 – VI ZR 357/98, BGH NJW 2000, 953; BGH, Urt. v. 14.10.2003 – VI ZR 379/02, BGH NJW 2004, 510; BGH, Urt. v. 10.11.2009 – VI ZR 247/08, BGH NJW-RR 2010, 681, 682.

4 Vgl. nur BGH, Urt. v. 23.9.2008 – XI ZR 262/07 Rn. 15, BGH WM 2008, 2155, 2156 = ZIP 2008, 2164, 2165 = NJW-RR 2009, 547.

5 Ständige Rechtsprechung, vgl. BGH, Urt. v. 14.10.2003 – VI ZR 379/02, BGH NJW 2004, 510; BGH, Urt. v. 3.6.2008 – XI ZR 319/06, BGH WM 2008, 1346, 1349 Rn. 27; BGH, Urt. v. 23.9.2008 – XI ZR 262/07 Rn. 15, BGH WM 2008, 2155, 2156 = ZIP 2008, 2164, 2165 = NJW-RR 2009, 547.

werden oder nicht und wann ein solcher von der Rechtsprechung angesprochener Einzelfall vorliegt.

Diese Rechtsunsicherheit ist einer von Billigkeit getragenen, zu Gunsten des Gläubigers erfolgenden Einzelfallkasuistik geschuldet, die einer stringenten dogmatischen Anknüpfung entbehrt und den grundsätzlichen Anforderungen des Bundesgerichtshofs an eine enge Auslegung der Verjährungsvorschriften zuwiderläuft.[6] Zu den originären Aufgaben der Gerichte gehört es, bestehende Gesetze bei der Anwendung auf den tatsächlichen Fall zu konkretisieren und zu präzisieren. Den höchsten Gerichten kommt jedoch auch eine rechtsfortbildende Funktion zu, wenn sie Ansprüche erstmalig anerkennen.

In dieser Arbeit wird daher der Ansatz verfolgt, dass die Verjährung eines Anspruchs in den Fällen einer unsicheren und zweifelhaften Rechtslage nur dann aufgeschoben werden sollte, wenn ein Anspruch entweder höchstrichterlich anerkannt worden ist oder sich gewohnheitsrechtlich etabliert hat. In diesen seltenen Fällen, in denen ein Anspruch im Wege richterlicher Rechtsfortbildung geschaffen wird, kann erst zu diesem Zeitpunkt von der Existenz eines der Verjährung unterfallenden Anspruchs i.S.v. § 199 Abs. 1 BGB ausgegangen werden. Denn ohne die verbindliche Festlegung der Anspruchsmerkmale liegen weder alle Voraussetzungen vor, die für das Entstehen des Anspruchs i.S.v. § 199 Abs. 1 Nr. 1 BGB notwendig sind, noch konnte der Gläubiger – folgegemäß – von dem entstandenen Anspruch i.S.v. § 199 Abs. 1 Nr. 2 BGB Kenntnis nehmen. In allen anderen Fällen, in denen das Bestehen des Anspruchs nicht fraglich war, sondern lediglich Streit über die rechtliche Beurteilung eines den Anspruch betreffenden Merkmals bestand, sollte aufgrund der beschriebenen Unsicherheiten von der Figur des Verjährungsaufschubs bei unsicherer und zweifelhafter Rechtslage Abstand genommen werden.

Um die Rechtsprechung der Gerichte zum Verjährungsbeginn bei unsicherer und zweifelhafter Rechtslage sinnvoll einordnen zu können, soll zunächst ein Überblick über die Ratio der Verjährungsregelungen gegeben und der Frage nachgegangen werden, in welchem rechtlichen Spannungsfeld sich das Verjährungsrecht bewegt. Desweiteren wird das Verjährungsmodell vor und nach dem am 1. Januar 2002 in Kraft getretenen Schuldrechtsmodernisierungsgesetz

---

6 BGH, Urt. v. 23.11.1994 – XII ZR 150/93, BGHZ 128, 74, 80 = BGH NJW 1995, 252, 253: „Zu berücksichtigen ist ferner, dass die Vorschriften über die Verjährung eine formale Regelung enthalten, die im Interesse der Rechtssicherheit aufgestellt worden ist; die Auslegung dieser Vorschriften muss sich daher grundsätzlich eng an den Wortlaut des Gesetzes anlehnen."

skizziert, um den Systemwechsel im Verjährungsrecht hin zu einem subjektiv geprägten Modell aufzuzeigen. Denn wie schon beim früheren § 852 Abs. 1 BGB a.F. im Deliktsrecht enthält nun auch die Regelverjährung des § 199 Abs. 1 BGB ein subjektives Tatbestandselement, welches bislang als Anknüpfungspunkt für die Rechtsprechung zur unsicheren und zweifelhaften Rechtslage dient.

Ausgehend von der Darstellung der heutigen Anknüpfung des § 199 Abs. 1 BGB an ein objektives und ein subjektives Element soll geklärt werden, was die Rechtsordnung unter einem Anspruch und den anspruchsbegründenden Tatsachen i.S.v. § 199 Abs. 1 Nr. 2 BGB versteht. Der Regelverjährung der §§ 195, 199 Abs. 1 BGB unterfallen nunmehr deutlich mehr Ansprüche[7] als dem früher im Deliktsrecht geltenden § 852 Abs. 1 BGB a.F., weshalb zu erwarten steht, dass die Anzahl derjenigen Fälle, bei denen ein Verjährungsaufschub thematisiert wird, eher zunehmen wird. Aus diesem Grund soll die objektiv-subjektive Regelung des § 199 Abs. 1 BGB unter verschiedenen Blickwinkeln, welche sowohl die legislativen als auch die judikativen Standpunkte und Überlegungen miteinbeziehen, auf den Prüfstand gestellt werden.

Im Zentrum der Arbeit steht die Untersuchung, in welchen Fällen die Rechtsprechung zur ausnahmsweisen Beachtlichkeit der Rechtsunkenntnis greift, weil sie die Rechtslage für unsicher und zweifelhaft hielt. Ergänzend wird sodann der Umgang ausländischer Rechtsordnungen mit dem Verjährungsproblem dargestellt. Daran anschließend werden Kritikpunkte an dem Vorgehen der deutschen Gerichte unter besonderer Berücksichtigung der Ansichten und Lösungsansätze im Schrifttum erläutert. Der Kritik an der bestehenden Rechtsprechung schließt sich die Entwicklung eines neuen Lösungsansatzes an, welcher sich auf die Frage der Anspruchsentstehung konzentriert. Ausgehend von diesem dogmatisch stringenten Lösungsansatz werden die Judikate der Rechtsprechung überprüft: Welche Ergebnisse könnten unter Zugrundelegung eines anderen Ansatzes erzielt werden? Welche praktischen Vorteile beinhaltet dieser?

Trotz der Reform des Verjährungsrechts im Zuge der Schuldrechtsmodernisierung sind nicht alle vorhandenen Unklarheiten im Verjährungsrecht beseitigt worden. In den letzten Jahren hat die Anzahl der Abhandlungen im Bereich des Verjährungsrechts gegenüber den Jahrzehnten zuvor zwar deutlich zugenommen.[8] Insgesamt handelt es sich bei der Verjährungsmaterie jedoch nach wie vor um ein Rechtsinstitut, das eher von der Gerichtspraxis als von der Wissenschaft geprägt

7 Vgl. nur die Aufzählung bei Palandt-*Ellenberger*, § 195 Rn. 2 ff.
8 Vgl. Otto, S. 26 f. mit Nachweisen in Fn. 38.

wird.[9] Die Untersuchung der Rechtsprechung zum Verjährungsaufschub bei unsicherer und zweifelhafter Rechtslage soll insbesondere die bislang undurchsichtige Rechtsprechung systematisieren und mit einem veränderten Lösungsansatz zu mehr Rechtssicherheit und Rechtsklarheit beitragen.

9 Haug, S. 11; Peters/Zimmermann, Gutachten, S. 77, 169; Spiro, FS Müller-Freienfels, S. 617.

1. Teil: Die Verjährungsregelungen im BGB

I. Die Grundgedanken der Verjährung

Wie sich aus § 214 Abs. 1 BGB ergibt, stellt die Verjährung ein Leistungsverweigerungsrecht hinsichtlich vom Gläubiger vorgebrachter Ansprüche dar, welches von dem Schuldner nach Zeitablauf geltend gemacht werden kann.[10] Macht der Schuldner von seinem Recht Gebrauch, bewirkt die Einrede faktisch einen vollständigen Forderungsverlust beim Gläubiger.[11] Diese tiefgreifende Wirkung lässt bereits erahnen, dass dieses Rechtsinstitut vielerlei Konfliktfragen in sich birgt und nur dann eine verbreitete Akzeptanz hervorrufen kann, wenn die gegenläufigen Interessen von Gläubigern und Schuldnern in der konkreten Ausgestaltung des Verjährungsrechts ausgewogen berücksichtigt werden.

1. Die Zwecke der Verjährungsregelungen

Kennzeichnend für diese Konfliktträchtigkeit ist bereits, dass das Verjährungsrecht auf verschiedenen Grundgedanken basiert, die sich zum Teil gegenläufig verhalten.[12] Hierbei ist zum einen der natürliche Widerspruch der Interessen von Gläubiger und Schuldner anzuführen. Zum anderen spielen öffentliche Interessen rechtspolitischer, rechtspädagogischer sowie ökonomischer Art eine Rolle.

a. Schutz des Schuldners

Als wohl zentralstes Anliegen des Verjährungsrechts wird der Schutz des Schuldners bzw. Nichtschuldners vor Inanspruchnahme auf Grund unbegründeter,

10 Mansel, 333, 342; MüKo-*Grothe*, vor § 194 Rn. 1.
11 BT-Drs. 14/6040, S. 100; Peters/Zimmermann, Gutachten, S. 77, 103.
12 Vgl. auch Mansel, 333, 342; Peters/Zimmermann, Gutachten, S. 77, 105; Krämer, S. 20; Piekenbrock, 309, 314.

unbekannter oder unerwarteter Ansprüche angesehen.[13] Dieser Schutz wird aus zweierlei Gründen für erforderlich gehalten.

Der Schuldner soll erstens vor Beweisnot geschützt werden.[14] Zwar muss der Gläubiger beweisen, dass sein Anspruch begründet ist; anspruchsvernichtende und anspruchshemmende Tatsachen müssen jedoch vom Schuldner vorgetragen werden.[15] Der Gläubiger befindet sich dabei in einer komfortableren Situation; er kann sich gegen Beweisnöte schützen, indem er erforderliche Beweisstücke sichert und seine Forderung zügig geltend macht.[16] Der Schuldner hingegen kann nur reagieren: Je länger die Entstehung eines vermeintlichen oder tatsächlichen Anspruchs zurückliegt, desto eher kann die „verdunkelnde Macht der Zeit“[17] zum Problem für seine Beweisführung werden. So können beispielsweise Urkunden nicht mehr vorhanden sein oder Zeugen mangels Auffindbarkeit oder ausreichender Erinnerung nicht mehr weiterhelfen.[18] Kurzum: Die Beweismittel können an Kraft verlieren.[19] Besonders schwierig kann die Beweisführung für den Schuldner werden, wenn er auf Grund einer gesetzlichen Vermutung den Gegenbeweis erbringen muss, wie zum Beispiel im Fall des § 280 Abs. 1 S. 2 BGB.[20] Dass sich der Schuldner auch zur Abwehr berechtigter Forderungen der Verjährungseinrede bedienen kann, wird als hinnehmbar angesehen, solange der Gläubiger ausreichend Zeit hatte, seinen Anspruch geltend zu machen.[21]

Zweitens kann vom Schuldner nicht verlangt werden, dass er das Risiko der Inanspruchnahme durch einen Gläubiger stets bei seinen wirtschaftlichen Kalkulationen berücksichtigen muss. Der Verlust der Dispositionsfreiheit drohte, wenn der Schuldner immerzu Rücklagen bilden oder etwaige Ansprüche bei der Bilanzierung berücksichtigen müsste.[22] Auch gelte es, den Schuldner vor dem Verlust von Regressansprüchen gegen Dritte zu schützen, die ihm infolge des Zeitablaufs

---

13 Spiro I, S. 8; MüKo-*Grothe*, vor § 194 Rn. 6; Palandt-*Ellenberger*, Überblick v § 194 Rn. 8.

14 BT-Drs. 14/6040, S. 96; Spiro I, S. 8; Staudinger-*Peters/Jacoby*, 2009, Vorbemerkung zu §§ 194-225 Rn. 5; Zimmermann, JuS 1984, 409, 410.

15 Staudinger-*Peters/Jacoby*, 2009, Vorbemerkung zu §§ 194-225 Rn. 5.

16 Birr, Rn. 9.

17 Motive zum BGB, S. 291.

18 Vgl. Peters/Zimmermann, Gutachten, S. 77, 189; BT-Drs. 14/6040, S. 96.

19 Spiro I, S. 8.

20 Otto, S. 36.

21 Spiro I, S. 11 f., 16 f.; Peters/Zimmermann, Gutachten, S. 77, 104.

22 Zimmermann, JuS 1984, 409, 410; Mansel, 333, 347; Krämer, S. 21; Leenen, JZ 2001, 552, 553; Stoffels, NZA 2011, 1057, 1062.

wegen Unauffindbarkeit, Zahlungsunfähigkeit oder einer Verjährungseinrede des Regresschuldners drohen können.[23]

b. Berücksichtigung der Interessen des Gläubigers

Durch die Schaffung angemessener Fristen soll dem Gläubiger eine faire Chance ermöglicht werden, seinen Anspruch mit Aussicht auf Erfolg geltend zu machen.[24] Er muss grundsätzlich die Gelegenheit haben, „das Bestehen seiner Forderung zu erkennen, ihre Berechtigung zu prüfen, Beweismittel zusammenzutragen und die gerichtliche Durchsetzung der Forderung ins Werk zu setzen."[25] Da sich der Schuldner bei Vorliegen der Voraussetzungen der Verjährung auch begründeten Ansprüchen entledigen kann, muss das Verjährungsrecht in ausgewogenem Maße die Gläubigerinteressen berücksichtigen, um den Gläubiger nicht in enteignungsgleicher Art und Weise allzu leichtfertig von liquiden Ansprüchen abzuschneiden.[26]

c. Rechtspädagogischer und ökonomischer Ansatz

Durch den drohenden Ablauf der Verjährungsfrist soll der Gläubiger angehalten werden, seinen Anspruch rasch und endgültig geltend zu machen.[27] Wird er durch den möglichen Fristablauf nicht genügend angespornt, seine Forderung vor Gericht rechtzeitig geltend zu machen, wird als weiterer Effekt der Verjährung die Bestrafung des Gläubigers angesehen. Denn faktisch wird der Gläubiger mit dem endgültigen Verlust seiner Forderung bestraft.[28] Vor allem in der älteren Literatur war jener Gedanke der *poena negligentiae* vorherrschend.[29] Dieser rechtspädagogische Ansatz wird jedoch inzwischen vehement bestritten; die gesetzgeberische Bevormundung oder Erziehung sei nicht Aufgabe des Privatrechts. Die Bestrafung sei allenfalls eine Folge, nicht aber Zweck der Verjährung.[30]

---

23 BT-Drs. 14/6040, S. 96; Mansel, 333, 348.

24 Spiro I, S. 34; BT-Drs. 14/6040, S. 95; Mansel, 333, 349.

25 BT-Drs. 14/6040, S. 95.

26 Zimmermann/Leenen/Mansel/Ernst, JZ 2001, 684, 685; Zimmermann/Kleinschmidt, FS Gruber 2009, 861, 868.

27 BGH, Urt. v. 23.11.1994 – XII ZR 150/93, BGHZ 128, 74, 83 = BGH NJW 1995, 252, 253.

28 Schnaufer, S. 5; Otto, S. 44.

29 Vgl. Spiro I, S. 28; Otto, S. 44.

30 Vgl. Staudinger-*Peters/Jacoby*, 2009, Vorbemerkung zu §§ 194-225 Rn. 6; Spiro I, S. 29.

Dem Verjährungsrecht wird ferner insbesondere im Gewährleistungsrecht eine wirtschaftspolitische Dimension zugeschrieben.[31] Durch die gezielte Bemessung von Fristen könne der Gesetzgeber marktsteuernd einzugreifen und Auswirkungen auf die Qualität von Waren und Leistungen haben. Denn bei längeren Verjährungsfristen werde der Anreiz zur Verschleißproduktion – der bestünde, wenn die Verjährungsfrist kürzer wäre als die vertragsmäßig vorausgesetzte Nutzungsdauer – gesenkt.[32]

d. Wahrung öffentlicher Interessen: Rechtssicherheit, Rechtsfriede und Prozessökonomie

Ein wesentliches Ziel des Verjährungsrechts ist die Schaffung von Rechtssicherheit.[33] Zum einen soll den Rechtsanwendern durch einfache und klare Regelungen ermöglicht werden, verjährte von unverjährten Forderungen zu unterscheiden.[34] Zum anderen soll nach dem Ablauf einer bestimmten Frist für den Schuldner die Gewissheit eintreten, nicht mehr mit Forderungen konfrontiert zu werden.[35]

Eine weitere Funktion des Verjährungsrechts ist die Schaffung von Rechtsfrieden. Tatsächliche Zustände, die längere Zeit hindurch unangefochten waren, sollen nach einer bestimmten Zeit als beendet angesehen werden.[36] Würden die Verjährungsregelungen zudem nicht entsprechend klar ausgestaltet sein, könnte es aufgrund von Beweisschwierigkeiten, die auftreten wenn sich der Prozess über mehrere Instanzen in die Länge zieht, eher zu Rechtsunfrieden als zu einer Befriedung kommen.[37] Teilweise wird jedoch bestritten, dass das Verjährungsrecht dem Rechtsfrieden diene: Es erzeuge Verbitterung, wenn ein unstreitig begründeter Anspruch nur wegen Verjährung abgewiesen werde.[38]

---

31 Staudinger-*Dilcher*, 1980, Vorbemerkung zu § 194 Rn. 4; Mansel, 333, 345 ff.

32 Mansel, 333, 345 ff.

33 BGH, Urt. v. 16.6.1972 – I ZR 154/70, BGHZ 59, 72, 74; BGH, Urt. v. 23.11.1994 – XII ZR 150/93, BGHZ 128, 74, 82 f. = BGH NJW 1995, 252, 253; BT-Drs. 14/6040, S. 96; MüKo-*Grothe*, vor § 194 Rn. 7; Palandt-*Ellenberger*, Überblick v § 194 Rn. 9.

34 BT-Drs. 14/6040, S. 96.

35 BGH, Urt. v. 23.11.1994 – XII ZR 150/93, BGHZ 128, 74, 82 f. = BGH NJW 1995, 252, 253.

36 BGH, Urt. v. 16.6.1972 – I ZR 154/70, BGHZ 59, 72, 74; BGH, Urt. v. 23.11.1994 – XII ZR 150/93, BGHZ 128, 74, 82 f. = BGH NJW 1995, 252, 253; Krämer, S. 23.

37 Vgl. MüKo-*Grothe*, vor § 194 Rn. 7.

38 Mansel/Budzikiewicz, § 1 Rn. 46; Staudinger-*Peters/Jacoby*, 2009, Vorbemerkung zu §§ 194-225 Rn. 7.

Als weiteres Ziel der Verjährungsregelungen wird mancherorts die Abkürzung von Prozessen angeführt, wodurch der Prozessökonomie gedient werde.[39] Durch die Verjährungsregelungen sollen Parteien davor bewahrt werden, schwierige und kostenträchtige Prozesse mit ungewissem Ausgang zu führen. Gerichte sollen nicht mit Prozessen überzogen werden, deren Beweisaufwand aufgrund des Zeitablaufs gesteigert ist.[40] Prozessökonomische Vorteile werden jedoch mehrheitlich nicht als Ziel des Verjährungsrechts anerkannt, sondern als dem Idealbild privatautonomer Parteien zuwiderlaufend negiert.[41] Kritisiert wird an dieser Sichtweise vor allem, dass das Ziel der Prozessökonomie in denjenigen Fällen gar nicht erreicht wird, in denen mehr Prozesse aufgrund schwieriger rechtlicher Fragen im Bereich des Verjährungsrechts geführt werden. Die Gerichte werden dadurch bei Lichte besehen nicht entlastet, sondern vielmehr belastet.[42]

e. Fazit

Das Verjährungsrecht unterliegt unterschiedlichen, teils diametralen Zwecken. In Anbetracht der vielen Entscheidungen, die zum Verjährungsrecht ergehen, ist zweifelhaft, ob die Verjährungsziele noch realisiert oder vielmehr konterkariert werden.[43] Denn fast in jedem Heft der meistgelesensten juristischen Zeitung, der NJW, findet sich eine Fragestellung aus dem Verjährungsrecht als Gegenstand einer Gerichtsentscheidung wieder.[44] Es entsteht dabei auch aufgrund der noch näher zu erläuternden Rechtsprechung zum Verjährungsaufschub bei unsicherer und zweifelhafter Rechtslage der Eindruck, dass vor allem die Ziele der Rechtssicherheit, des Rechtsfriedens und auch der Prozessökonomie in der Rechtsanwendung nicht mehr ausreichend Beachtung finden.[45]

---

39 Mansel, 333, 343; Zimmermann, JZ 2000, 853, 854.

40 Ebd.

41 Spiro I, S. 22; MüKo-Grothe, vor § 194 Rn. 8, Riedhammer, S. 167; Staudinger-*Peters/Jacoby*, 2009, Vorbemerkung zu §§ 194-225 Rn. 7.

42 Vgl. Mansel, 333, 343; siehe auch Spiro I, S. 22: „Sicher ist jedenfalls, dass der Gesetzgeber auch in diesem Gedanken nicht den massgebenden Zweck der Verjährung gesehen hat..“; „Auch diese Wirkung der Verjährung mag daher zwar nicht unerwünscht sein, kann aber ebenfalls nicht als eigentliche, für Ausgestaltung und Auslegung massgebende Aufgabe der Verjährung gelten.“

43 Vgl. auch Peters/Zimmermann, Gutachten, S. 77, 104; Zimmermann, JZ 2000, 853, 858.

44 Zimmermann, JZ 2000, 853, 858; Peters/Zimmermann, Gutachten, S. 77, 103.

45 Vgl. zur Kritik auch 3. Teil, I. 2. e.

2. Das Spannungsfeld zwischen Schuldnerschutz und Gläubigerinteressen

a. Problematik der widerstreitenden Interessen

Kann sich der Schuldner eines Anspruchs nach dem Ablauf einer bestimmten Zeit erfolgreich auf die Einrede der Verjährung berufen, geht diese Einrede zu Lasten der Interessen des Gläubigers. Die Verjährungsregelungen, die durch den Zeitablauf einen unwiderruflichen Einschnitt in die Rechtssphären der Parteien bewirken, schaffen nicht selten Rechtssicherheit auf Kosten der Einzelfallgerechtigkeit. Der Gläubiger zahlt dabei regelmäßig den Preis für die Rechtssicherheit und den Schuldnerschutz.[46]

Andererseits mag es Gläubiger geben, die sich jahrelang nicht um die Verfolgung ihrer Forderung gekümmert haben. Je länger die Verfolgung aber ausbleibt, desto weniger schutzwürdig erscheint der Gläubiger. Anerkanntermaßen soll ihm deshalb lediglich eine reelle Chance eingeräumt werden, sein Recht geltend zu machen.[47]

Der Gesetzgeber muss dieses Spannungsfeld möglichst gerecht in seiner Kodifizierung des Verjährungsrechts auflösen. Das Erfordernis von Verjährungsregelungen wird dabei im Allgemeinen nicht bezweifelt. Ansprüche werden ihrem Wesen nach als zeitgebunden angesehen, da sie ihren Charakter veränderten. So seien Ansprüche in der heutigen Zeit nicht dieselben wie dreißig Jahre zuvor.[48] Es überrascht daher wenig, dass Verjährungsregelungen weltweit überwiegend für notwendig erachtet werden und in den meisten Rechtsordnungen enthalten sind.[49] Die Verjährung stellt eine Art Kompromiss zwischen den widerstreitenden Interessen der Anspruchsparteien dar.

b. Rechtliche Problematik

Die Verjährungseinrede führt rechtlich gesehen zu Klageabweisung und Vollstreckungsausschluss auf Dauer.[50] Faktisch bewirkt die Verjährungseinrede beim

---

46 Mansel, 333, 349.

47 BT-Drs. 14/6040, S. 95; Spiro I, S. 24, 35; Palandt-*Ellenberger,* Überblick v § 194 Rn. 10.

48 Staudinger/*Peters-Jacoby*, 2009, Vorbemerkung zu §§ 194-225 Rn. 8 a); Birr, Rn. 2.

49 Vgl. die Nachweise bei Zimmermann, JZ 2000, 853, 854; Schnaufer, S. 11; Spiro I, S. 605.

50 MüKo-*Grothe,* § 214 Rn. 1 ff., Schnaufer, S. 9.

Gläubiger jedoch einen vollständigen Forderungsverlust.[51] Forderungen fallen nach der Rechtsprechung des Bundesverfassungsgerichts unter den Eigentumsbegriff des Art. 14 Abs. 1 S. 1 GG, sind also grundrechtlich geschützt.[52] Da die Verjährung für den Gläubiger tiefgreifende rechtliche Bedeutung hat, weil sie ihn von liquiden Ansprüchen abschneiden kann, ist die Legitimation des Instituts der Verjährung auf den ersten Blick nicht augenscheinlich. Zwar ist das Verjährungsrecht inzwischen fester Bestandteil der meisten Rechtsordnungen[53], dies war aber nicht immer so. So konnten im klassischen römischen Recht, welches bis heute die deutsche Zivilrechtsdogmatik prägt, die meisten Klagen noch nach einem beliebig langen Zeitraum geltend gemacht werden. Erst Kaiser Theodosius II. hatte im Jahre 424 eine *praescriptio longi temporis* eingeführt und somit dem Beklagten die Möglichkeit an die Hand gegeben, eine Klageabweisung nur mit dem Hinweis auf den Ablauf einer bestimmten Zeit zu erreichen.[54] In England wurde die Verjährung erstmals im frühen 17. Jahrhundert eingeführt und dem alten deutschen Recht vor der Rezeption war der Gedanke einer Begrenzung durch Zeit ebenfalls noch fremd.[55]

aa. Grundrechtsschutz

In den Motiven zum BGB findet sich eine Aussage wieder, die den heutigen Gedanken des ausdifferenzierten Grundrechtsschutzes noch nicht in sich trug: „Geschieht im einzelnen Falle der materiellen Gerechtigkeit Eintrag, geht der Berechtigte seines wohlbegründeten Anspruches durch die Verjährung verlustig, so ist dies ein Opfer, das der Betroffene dem Gemeinwohle bringen muß."[56] Unsere gegenwärtige Verfassungsdogmatik gründet sich hingegen auf das von Konrad Hesse entwickelte Prinzip der Herstellung einer praktischen Konkordanz widerstreitender Interessen. Dieses Prinzip verlangt, dass die verfassungsrechtlich geschützten Güter zu einem angemessenen Ausgleich gebracht werden müssen, so dass die betroffenen Güter zu optimaler Wirksamkeit gelangen.[57]

---

51 BT-Drs. 14/6040, S. 100; Peters/Zimmermann, Gutachten, S. 77, 103; MüKo-*Grothe*, vor § 194 Rn. 9.

52 BVerfG, Urt. v. 8.6.1977 – 2 BvR 499/74 und 1042/75, BVerfGE 45, 142, 179; BVerfG, Urt. v. 31.10.1984 – 1 BvR 35, 356, 794/82, BVerfGE 68, 193, 222.

53 Vgl. die Nachweise bei Zimmermann, JZ 2000, 853, 854.

54 Vgl. die Nachweise bei Kaser II, S. 72; Kaser/Knütel, § 4 Rn.12; Zimmermann, JuS 1984, 409; Birr, Rn. 2.

55 Zimmermann, JuS 1984, 409.

56 Motive zum BGB, S. 291.

57 Schmidt-Bleibtreu/Hofmann/Hopfauf-*Hopfauf*, Einl. Rn. 99; v. Münch/Kunig-*v. Münch*, Vorb. Art. 1-19 Rn. 47.

Für das Verjährungsrecht bedeutet dies, dass Gläubiger- und Schuldnerinteressen zu einem optimalen Ausgleich gebracht werden müssen. Durch die Einrede der Verjährung wird der Gläubiger von liquiden Forderungen abgeschnitten. Forderungen sind nicht nur im positiven Sinne von dem Schutzgehalt des Art. 14 Abs. 1 S. 1 GG erfasst, sondern unterliegen negativ auch der Inhalts- und Schrankenbestimmung des Art. 14 Abs. 1 S. 2 GG.[58] Der Gesetzgeber kann also die grundsätzlich geschützte Forderung des Gläubigers mit Einschränkungen wie der Verjährung versehen und somit Inhalt und Schranken des Eigentums festlegen, muss dabei jedoch einen verhältnismäßigen Weg finden, um die kollidierenden Ziele des Schuldnerschutzes und der Rechtssicherheit zu verwirklichen.[59] Dem Gläubiger muss von Gesetzes wegen eine faire Chance eingeräumt werden, seinen Anspruch zu erkennen und geltend zu machen.[60] Erhielte der Gläubiger, z.B. durch eine viel zu kurze Verjährungsfrist, diese Chance der Anspruchsdurchsetzung nicht, drohte ein nicht gerechtfertigter Eingriff in sein Grundrecht aus Art. 14 Abs. 1 S. 1 GG.[61]

Eine Regelung, die den Verjährungsbeginn nur von einem objektiven Kriterium und nicht von der Kenntnis oder Erkennbarkeit des Gläubigers abhängig macht, kann nur dann als gerechtfertigt angesehen werden, „wenn die Verjährungsfrist so bemessen ist, dass typischerweise mit der Erkennbarkeit innerhalb der Frist zu rechnen ist."[62] Es stellt keine leichte Aufgabe für den Gesetzgeber dar, die Verjährungsregelungen so auszugestalten, dass das Verjährungssystem nicht in Konflikt mit dem Verfassungsrecht gerät. Ein subjektiver, von der Kenntnis oder Erkennbarkeit der Forderung abhängiger Verjährungsbeginn wird dabei als geeigneter angesehen, das Eigentumsrecht des Gläubigers zu wahren, als ein objektiver Verjährungsbeginn mit zu kurzen Fristen, bei dem die Verjährungsfrist womöglich schon abgelaufen ist bevor der Gläubiger von dem Anspruch überhaupt erfahren konnte.[63]

bb. Europarechtliche Anforderungen

Bei der Anwendung und Auslegung der nationalen Vorschriften sind deutsche Gerichte dazu angehalten, die Vorgaben des europäischen Primär- und

---

58 BVerfG, Urt. v. 8.6.1977 – 2 BvR 499/74 und 1042/75, BVerfGE 45, 142, 179 ff.; BVerfG, Urt. v. 31.10.1984 – 1 BvR 35, 356, 794/82, BVerfGE 68, 193, 222 ff.; Staudinger-*Peters/Jacoby*, 2009, Vorbemerkung zu §§ 194-225 Rn. 8.

59 Peters/Zimmermann, Gutachten, S. 77, 188.

60 Spiro I, S. 34; Krämer, S. 22 f.; Peters/Zimmermann, Gutachten, S. 77, 188.

61 Mansel, 333, 350; Otto, S. 51 f.

62 Vgl. BGH, Urt. v. 17.6.2005 – V ZR 202/04, BGH NJW-RR 2005, 1683, 1686 = WM 2005, 1801, 1805.

63 Zimmermann, ZEuP 2001, 217, 219; MüKo-*Grothe*, vor § 194 Rn. 9.

Sekundärrechts zu beachten. Insbesondere aus dem Grundsatz zur loyalen Zusammenarbeit der Mitgliedstaaten i.S.v. Art. 4 Abs. 3 EUV folgt, dass die Mitgliedstaaten die Pflicht haben, eine einheitliche Anwendung des Unionsrechts im innerstaatlichen Bereich zu gewährleisten und somit die volle Wirksamkeit des europäischen Rechts sicherzustellen.[64]

Das deutsche Verjährungsrecht basiert zwar nicht auf einem europäischen Rechtsakt[65], denn im Rahmen der Schuldrechtsreform ging der Gesetzgeber bei der Schaffung eines neuen allgemeinen Verjährungsrechts über die Vorgaben der europäischen Richtlinien[66] hinaus, welche keine Änderungen im Verjährungsrecht vorschrieben.[67] Die europäischen Grundrechte und richterlichen Grundsätze finden dennoch auch bei der Anwendung desjenigen deutschen Rechts Beachtung, welches nicht auf einem europäischen Rechtsakt basiert oder bereits seit langer Zeit Bestandteil des deutschen Rechts ist, sofern die nationale Vorschrift einen Auslegungsspielraum für eine unionsrechtskonforme Auslegung eröffnet.[68] Wäre der nationale Rechtsanwender durch die europäischen Verträge nicht dazu angehalten, auch bei der Anwendung von nichtunionsbasiertem Recht die Effektivität des Europarechts zu achten, liefe das Wirksamkeitsgebot des Art. 4 Abs. 3 EUV leer und das Ziel der Rechtseinheitlichkeit in den Mitgliedstaaten würde verfehlt.[69]

§ 199 Abs. 1 BGB eröffnet durch den auslegungsbedürftigen Rechtsbegriff der „Kenntnis von den den Anspruch begründenden Umständen“, welcher wiederum von der Rechtsprechung mit dem unbestimmten Rechtsbegriff der „Zumutbarkeit der Klageerhebung“ ausgefüllt wird, eine europarechtskonforme Auslegung. Die deutschen Gerichte sind daher verpflichtet, sowohl das europäische Primär- als auch das Sekundärrecht bei der Auslegung und Anwendung des § 199 Abs. 1 BGB zu beachten.[70] Sowohl der EU-Vertrag als auch die Charta der Grundrechte der Europäischen Union enthalten dem deutschen Verfassungsrecht entsprechende Grundsätze und Grundrechte, die bei der Auslegung des § 199 Abs. 1 BGB zu berücksichtigen sind.

---

64 EuGH, Rs. C-262/97 – *Engelbrecht*, Slg. 2000, I-7321 Rn. 38; EuGH, Rs. C-327/00 – *Santex*, Slg. 2003, I-1877 Rn. 63; Schwintowski, VuR 2007, 130, 137; ders., BKR 2009, 89, 93.

65 Vgl. Mansel/Budzikiewcz, § 1 Rn. 2 f. m.w.N.

66 Richtlinie 1999/44/EG, Richtlinie 2000/31/EG, Richtlinie 2000/35/EG.

67 Hierzu siehe zugleich unter 1. Teil, II.

68 Hecker, § 10 Rn. 1; Fischer/Keller/Ott/Quarch, Kap. 2 Rn. 172.

69 Vgl. auch Schwintowski, VuR 2007, 130, 130; ders., BKR 2009, 89, 93.

70 Vgl. auch Schwintowski, BKR 2009, 89, 93, welcher ebenfalls von einem Auslegungsspielraum bei § 199 Abs. 1 BGB ausgeht.

Die Bindung an Unionsgrundrechte besteht auch, wenn die Mitgliedstaaten die europäischen Grundfreiheiten des freien Waren-, Personen-, Dienstleistungs-, oder Kapitalverkehrs auf ihrem Hoheitsgebiet beschränken.[71] Bei Sachverhalten mit grenzüberschreitendem Bezug kann eine Verletzung der Grundfreiheiten immer dann auftreten, wenn der Waren-, Personen- oder Leistungsverkehr zwischen den Mitgliedstaaten durch die deutsche Rechtsprechung zum Verjährungsrecht beeinträchtigt wird.

Die deutschen Gerichte haben bei der Auslegung des innerstaatlichen Verjährungsrechts ebenso die Europäische Konvention für Menschrechte und die Rechtsprechung des Europäischen Gerichtshofs für Menschenrechte zu beachten, welche im deutschen Recht über eine völkerrechtsfreundliche Auslegung Anwendung findet und welche ein ebenso engmaschiges Schutzniveau wie das Primärrecht der EU aufweist.[72]

II. Bisheriges Verjährungsmodell vor dem am 1. Januar 2002 in Kraft getretenen Schuldrechtsmodernisierungsgesetz

Das Schuldrechtsmodernisierungsgesetz, welches weitreichende Änderungen im Verjährungsrecht mit sich brachte, wurde am 26. November 2001 im Bundesgesetzblatt verkündet[73] und trat am 1. Januar 2002 in Kraft. Dieser Reform ging bereits eine zwanzig Jahre währende Debatte voraus, bei der lebhaft verschiedene Verjährungsmodelle diskutiert wurden.[74] Eine Einigung herrschte lediglich darüber, dass das Verjährungsrecht einer Überarbeitung bedarf.[75] Dem damals geltenden Verjährungsrecht, dessen Grundkonzeption aus dem Jahre 1896 stammte, lagen Verjährungsfristen zwischen sechs Wochen und dreißig Jahren zu Grunde. Mit den Jahren trat zunehmend zu Tage, dass den Regelungen eine stimmige Gesamtkonzeption fehlte und das Verjährungsinstitut nicht mehr den Anforderungen des gegenwärtigen Wirtschaftverkehrs entsprach. Das

---

71 EuGH, Rs. C-260/89 – *ERT*, Slg. 1991, I-2925 Rn. 43; EuGH, Rs. C-368/95 – *Familiapress*, Slg. 1997, 3689 Rn. 24 ff.; Calliess/Ruffert-*Kingreen*, Art. 51 GrCh Rn. 13 ff.

72 Karpenstein/Mayer-*Mayer*, Einleitung Rn. 78; Meyer-Ladewig, Einleitung Rn. 33.

73 BGBl. 2001 I, 3138 ff.

74 Birr, Rn. 4.

75 Mansel/Budzikiewicz, § 1 Rn. 14.

System war schlichtweg nicht mehr zeitgemäß.[76] Auch in ausländischen Rechtsordnungen tendierte man zunehmend zu Reformen mit einheitlichen und kürzeren Verjährungsfristen.[77] Als der Gesetzgeber in den Jahren 2001 und 2002 drei EG-Richtlinien[78] in deutsches Recht umsetzen musste, war man sich zunächst noch uneins, ob man eine punktuelle Richtlinienumsetzung präferieren („kleine Lösung“) oder einer grundlegenden Schuldrechtsreform („große Lösung“) den Vorzug geben sollte.[79] Letztlich setzte sich eine weitreichende Reform durch, die nicht nur die Dauer der Regelverjährung, sondern auch den Verjährungsbeginn grundlegend anders ausgestaltete.

1. Das objektive Verjährungsmodell der §§ 195, 198 BGB a.F.

Die regelmäßige Verjährungsfrist vor dem Schuldrechtsmodernisierungsgesetz betrug gemäß § 195 BGB a.F. dreißig Jahre. Da sich diese Frist, die noch auf das römische Recht zurück ging und im Gemeinen Recht überdauerte[80], in vielen Fällen als zu lang erwies, bemühten sich die Gerichte den Anwendungsbereich des § 195 BGB a.F. eher eng zu fassen und stattdessen den Anwendungsbereich der zahlreichen, spezielleren Verjährungsregelungen zu erweitern. Der praktische Anwendungsbereich des § 195 BGB a.F. war demzufolge vor der Reform nur noch gering.[81] Der Beginn der Verjährung hing gemäß § 198 S. 1 BGB a.F. von der Entstehung des Anspruchs ab. Einhellige Meinung war dabei, dass die Verjährung erst ab dem Zeitpunkt beginnen kann, ab dem der Gläubiger berechtigt ist, die Leistung zu verlangen. Dementsprechend wurde der Zeitpunkt der Fälligkeit als maßgebend angesehen.[82] Eine Reihe von Ausnahmebestimmungen wichen jedoch von dem Zeitpunkt der Entstehung des Anspruchs ab. So waren beispielsweise die §§ 198 S. 2, 199, 200, 201 BGB a.F. auf Grund von Sonderkonstellationen (Unterlassen, Kündigung, Anfechtung, Verjährung bei Einzelbestimmungen) von einem anderen Zeitpunkt ausgegangen, bei dem der Gläubiger erst später die reelle Möglichkeit hatte, seine Ansprüche einzufordern. Im Deliktsrecht war gemäß

76 Vgl. Abschlussbericht S. 26; BT-Drs. 14/6040, S. 89.
77 Zimmermann, JZ 2000, 853, 859 f.; Mansel, 333, 341.
78 Richtlinie 1999/44/EG, Richtlinie 2000/31/EG, Richtlinie 2000/35/EG.
79 Mansel/Budzikiewicz, § 1 Rn. 2.
80 Kaser II, S. 72; Honsell, JZ 2001, 18, 19; Zimmermann, JZ 2000, 853, 859.
81 Peters/Zimmermann, Gutachen, S. 77, 108.
82 Staudinger-*Dilcher*, 1980, § 198 Rn. 2; Schnaufer, S. 13; Otto, S. 63.

§ 852 Abs. 1 BGB a.F. für den Verjährungsbeginn der Zeitpunkt der Kenntnis des Verletzten von dem Schaden und der Person des Ersatzpflichtigen maßgeblich.[83]

Als eine Schwäche der Vielzahl an verschiedenen Verjährungsfristen wurde vor allem angesehen, dass die Mehrzahl der Verjährungsfristen an die Rechtsnatur des Anspruchs anknüpfte. Für jeden einzelnen Anspruch musste erst eine rechtliche Einordnung stattfinden, ob es sich z.B. um einen Anspruch aus Kauf-, Dienst- oder Werkvertrag handelt oder eine Haupt- oder Nebenpflicht verletzt wurde.[84] Es ist offenkundig, dass die Abgrenzung der Ansprüche mit Schwierigkeiten verbunden und fehleranfällig war. Der Ruf nach einer homogenen Lösung war daher weit verbreitet.[85]

2. Wechsel zu einem subjektiven Verjährungssystem

Nachdem der Diskussionsentwurf vom 4. August 2000 noch beinahe ausschließlich ein objektives Verjährungssystem befürwortete, änderte sich dies bereits sieben Monate später in der Konsolidierten Fassung des Diskussionsentwurfs vom 6. März 2001, der ein subjektives System vorsah.[86] Hinsichtlich der Länge der Verjährungsfrist gemäß § 195 BGB diente dem Gesetzgeber explizit die Empfehlung der Kommission für Europäisches Vertragsrecht (sog. „Lando-Kommission“)[87], welche nach 14:201 der Principles of European Contract Law eine Frist von drei Jahren befürwortete.[88]

Nach § 199 Abs. 1 BGB wurde der Verjährungsbeginn sowohl von der Anspruchsentstehung als auch von der „Kenntnis oder grob fahrlässigen Unkenntnis von den den Anspruch begründenden Umständen“ abhängig gemacht. Als Vorbild diente hierfür zum einen die Regelung des § 852 Abs. 1 BGB a.F aus dem Deliktsrecht[89], welche eine dreijährige Verjährungsfrist vorsah und auf die Kenntnis des Gläubigers von dem Schaden und dem Schädiger im Deliktsrecht

83 Schnaufer, S. 14, 16 ff.

84 Abschlussbericht, S. 26.

85 Vgl. u.a. Peters/Zimmermann, Gutachten, S. 77, 285 f.; Abschlussbericht, S. 28 f.; Mansel, 333, 338.

86 Krämer, S. 51; Leenen, JZ 2001, 552.

87 Eine genaue Auflistung der beteiligten Wissenschaftler findet sich bei Zimmermann, ZEuP 2003, 707 f.; einen guten Überblick über die Arbeitsergebnisse der Kommission im Verjährungsrecht (Kapitel 14 der PECL) bietet Otto, S. 284 ff.

88 Vgl. BT-Drs. 14/6040, S. 96; die deutsche Vorabfassung der Principles of European Contract Law ist abgedruckt in ZEuP 2001, S. 400 ff.

89 Vgl. Peters/Zimmermann, Gutachten, S. 77, 223; Leenen, JZ 2001, 552, 553.

abstellte. Bereits der Bundesgerichtshof hatte 1978 gewürdigt, dass diese Regelung einen vorbildlichen Ausgleich zwischen Gläubiger- und Schuldnerinteressen vornehme.[90] Zum anderen setzte sich unter den Reformbefürwortern das Bewusstsein durch, dass man die kürzere Frist mit dem Abstellen auf die Erkennbarkeit für den Gläubiger kompensieren müsse, um diesem eine reelle Chance zu erhalten, seinen Anspruch überhaupt durchsetzen zu können.[91] Es herrschte zunehmend die Überzeugung vor, dass ein subjektiver Verjährungsbeginn zu gerechteren Ergebnissen führen wird und der einzige Schlüssel zur Vereinheitlichung und Vereinfachung der Materie darstellt.[92] Ein Gläubiger, der überhaupt nie Kenntnis von einem Anspruch nehmen konnte, soll nicht wegen seines unverschuldeten Untätigbleibens der Härte des Verjährungsrechts ausgesetzt werden.[93]

Allerdings setzte sich die von Peters/Zimmermann[94] und der Kommission für Europäisches Vertragsrecht[95] vorgeschlagene Ausgestaltung, die Unkenntnis des Gläubigers solle einen Hemmungsgrund darstellen, nicht durch. Stattdessen gilt die Unkenntnis des Gläubigers in der heutigen Gesetzesfassung als Voraussetzung für den Verjährungsbeginn. Auswirkungen hat diese Ausgestaltung vor allem auf die Beweislast, da die Voraussetzungen für den Verjährungsbeginn der Schuldner, diejenigen eines Hemmungsgrundes jedoch der Gläubiger nachweisen muss.[96]

III. Das geltende Verjährungsmodell der §§ 195, 199 BGB

Mit dem 1. Januar 2002 sind die neuen Verjährungsvorschriften in Kraft getreten. Nicht nur im Bereich der Regelverjährung sind in den §§ 194-218 BGB erhebliche Neuerungen eingetreten, sondern auch im Bereich der speziellen Verjährungsvorschriften

90 BGH, Urt. v. 17.10.1978 – VI ZR 213/77, BGH NJW 1979, 268, 269.
91 Otto, S. 57; Abschlussbericht, S. 34.
92 Zimmermann, ZEuP 2001, 217, 220; Mansel, 333, 404 ff.; Leenen, JZ 2001, 552, 552 f.
93 Zimmermann, JZ 2000, 853, 854 f., 857.
94 Vgl. Peters/Zimmermann, Gutachten, S. 77, 315 f.
95 Vgl. Art. 14:301 PECL.
96 MüKo-*Grothe*, vor § 194 Rn. 31; Unterrieder, S. 261; Zimmermann/Kleinschmidt kritisieren die Entscheidung des Gesetzgebers, die Unkenntnis als Voraussetzung für den Verjährungsbeginn auszugestalten als „unzumutbar schwierige Aufgabe“ für den Schuldner, vgl. Zimmermann/Kleinschmidt, FS Gruber 2009, 861, 906.

wurde die Verjährung von Gewährleistungsansprüchen aus Kaufvertrag (vgl. § 438 BGB) sowie diejenige von Gewährleistungsansprüchen aus Werkvertrag (vgl. § 634a BGB) geändert. Da die Rechtsprechung zum Verjährungsaufschub wegen einer unsicheren und zweifelhaften Rechtslage Ansprüche betrifft, die der Regelverjährung der §§ 195, 199 BGB unterfallen, konzentriert sich die Darstellung vorliegend auf die Darstellung dieser Vorschriften.

1. Anwendungs- und Geltungsbereich der Regelverjährung

Auf die seit dem 1. Januar 2002 geltende, dreijährige Regelverjährungsfrist des § 195 BGB ist gemäß der Übergangsvorschrift des Art. 229 § 6 Abs. 1 S. 1 EGBGB abzustellen, wenn der maßgebliche Anspruch zu diesem Zeitpunkt bereits besteht und noch nicht verjährt ist. Gemäß Art. 220 § 6 Abs. 4 S. 1 EGBGB gilt für die Verjährungsfrist in der seit dem 1. Januar 2002 geltenden Fassung, sofern sie kürzer ist als diejenige bis zu diesem Stichtag geltende Fassung, dass die kürzere Frist vom 1. Januar 2002 an berechnet wird. Sofern nach Satz 2 die längere, bis zum 1. Januar 2002 geltende Frist früher abläuft als die seit dem 1. Januar 2002 geltende Frist, ist die Verjährung mit dem Ablauf der im Bürgerlichen Gesetzbuch in der bis zu diesem Tag geltenden Fassung bestimmten Frist vollendet. Der Bundesgerichtshof stellte 2007 grundlegend klar, dass für den Verjährungsbeginn i.S.v. Art. 229 § 6 Abs. 1, Abs. 4 EGBGB zusätzlich die subjektiven Voraussetzungen des § 199 Abs. 1 Nr. 2 BGB gelten müssen.[97]

Den §§ 195, 199 BGB unterfallen all diejenigen Ansprüche, für die anderweitig keine gesetzlichen oder privatautonom vereinbarten Sonderregelungen bestehen.[98] Grundsätzlich erfasst von dieser Definition sind bürgerlichrechtliche Primär- oder Sekundäransprüche aus Vertrag oder vertragsähnlichen Verhältnissen. Ebenfalls der Regelverjährung unterfallen Ansprüche aus Gesetz, wovon als wichtige Ansprüche diejenigen aus den §§ 677 ff. BGB (Geschäftsführung ohne Auftrag), §§ 812 ff. BGB (Bereicherungsrecht) sowie §§ 823 ff. BGB (Unerlaubte Handlungen) zu nennen sind.[99]

---

97 BGH, Urt. v. 23.1.2007 – XI ZR 44/06, BGHZ 171, 1, 8 = BGH NJW 2007, 1584, 1586; zustimmend beispielweise Erman-*Schmidt-Räntsch*, Anh Vor § 194 Rn. 6; MüKo-*Grothe*, vor § 194 Rn. 40; Palandt-*Ellenberger*, Art. 229 § 6 EGBGB Rn. 6.

98 Prütting/Wegen/Weinreich-*Kesseler*, § 195 Rn. 2.

99 Palandt-*Ellenberger*, § 195 Rn. 2 ff.

Speziellere Vorschriften, welche die Anwendbarkeit von § 195 BGB ausschließen, sind beispielsweise die §§ 196; 197 Abs. 1 BGB und im Gewährleistungsrecht die §§ 438 Abs. 1; 634a Abs. 1 Nr. 1, Nr. 2 BGB. Umgekehrt finden sich in spezielleren Normen auch ausdrückliche Bereichsausnahmen, die auf die Anwendbarkeit von § 195 BGB verweisen.[100] In zivilrechtlichen Nebengesetzen finden sich ebenfalls zahlreiche Verweisungen. Teilweise wird darin pauschal auf die Vorschriften des fünften Abschnitts des ersten Buchs des BGB verwiesen, teilweise wird ein eigener Verjährungsbeginn festgesetzt, jedoch ohne eigene Verjährungsfrist. In all diesen Fällen kommt die Regelverjährung des BGB entweder in Gänze oder zumindest zum Teil zur Anwendung.[101]

Durch die Verkürzung der Regelverjährungsfrist und das subjektive Verjährungselement ist fraglicher geworden, ob die Regelverjährung des BGB auch für all diejenigen Ansprüche außerhalb des BGB gelten soll, bei denen gar keine ausdrücklichen Verjährungsbestimmungen getroffen wurden. Vor der Schuldrechtsreform wurde auf diese Ansprüche die damalige dreißigjährige Regelverjährung des BGB analog angewandt.[102] So auch für die Ansprüche aus dem öffentlichen Recht, bei denen Sondervorschriften fehlten. Besondere Relevanz hatte die Analogie für Ansprüche aus Aufopferung, Enteignung und enteignungsgleichem Eingriff.[103] Überwiegend wird die analoge Anwendung der Regelverjährung auf öffentlichrechtliche und andere Ansprüche außerhalb des BGB auch weiterhin für unbedenklich gehalten. Schließlich sollte durch die Neuregelung des Verjährungsrechts ein allumfassender Anwendungsbereich geschaffen werden.[104]

Die Regelverjährung des § 195 BGB hat nach der Schuldrechtsreform somit einen deutlichen Bedeutungszuwachs erfahren. Die Regelverjährung stellt nun auch in der Rechtswirklichkeit die Regel dar. Die noch vor der Schuldrechtsreform bestehenden zahlreichen Sonder- und Einzelbestimmungen konnte das neue Verjährungsrecht weitestgehend hinter sich lassen.

2. Ultimo-Regel

Gemäß § 199 Abs. 1 BGB beginnt die Verjährung mit dem Schluss des Jahres, in dem der Anspruch entstanden ist und der Gläubiger von den den Anspruch

---

100 Vgl. §§ 197 Abs. 2; 438 Abs. 3; 634a Abs. 1 Nr. 3, Abs. 3 BGB.

101 Erman-*Schmidt-Räntsch*, § 195 Rn. 12.

102 MüKo-*Grothe*, § 195 Rn. 13.

103 Staudinger-*Peters/Jacoby*, 2009, § 195 Rn. 15.

104 Vgl. Prütting/Wegen/Weinreich-*Kesseler*, § 195 Rn. 5 m.w.N.

begründenden Ansprüchen und der Person des Schuldners Kenntnis erlangt hat oder grob fahrlässig nicht erlangt hat. Dieses Prinzip der Ultimoverjährung gab es bereits vor der Schuldrechtsreform in § 201 BGB a.F., es war jedoch damals beschränkt auf bestimmte Entgeltforderungen und Ansprüche auf regelmäßig wiederkehrende Leistungen.[105] Die Übernahme der Ultimo-Regel in das neue Recht hat nun zur Folge, dass dieser Regel alle Ansprüche unterfallen, die vom Anwendungsbereich der Regelverjährung nach § 199 Abs. 1 BGB erfasst sind.

Die Ultimoverjährung soll die Rechtsunsicherheiten kompensieren, die dadurch entstehen können, dass der Verjährungsbeginn nunmehr subjektiv ausgestaltet ist. Mit anderen Worten schafft sie eine Beweiserleichterung, da der Schuldner nicht auf den Tag genau nachweisen können muss, wann der Gläubiger die erforderliche Kenntnis erlangt hat oder grob fahrlässig nicht erlangt hat.[106] Auch wird es als Vorteil angesehen, dass ein Gläubiger nicht permanent seine Forderungen überwachen muss.[107] Diese Sicht gilt jedoch wegen der heute üblichen computergestützten Buchführung als antiquiert.[108]

Als ungerecht wird es ferner empfunden, dass die nunmehr geltende Jahresabschlussverjährung erhebliche Unterschiede bei der tatsächlichen Fristdauer hervorbringen kann: Entsteht der Anspruch eines Gläubigers am Jahresanfang, so hat er faktisch fast ein Jahr mehr Zeit als ein Gläubiger dessen Anspruch am Jahresende entsteht.[109] Der Vorteil einer einheitlichen und erleichterten Fristberechnung dürfte jedoch die Nachteile überwiegen.

3. Höchstfristen

Die Absätze 2 bis 4 des § 199 BGB enthalten so genannte Höchstfristen, vor deren Ablauf der Gläubiger eines Anspruchs spätestens seinen Anspruch geltend gemacht haben muss. Dies bedeutet, dass nach dem Verstreichen der Fristen die Ansprüche in jedem Fall verjährt sind. Nach Absatz 4 verjähren alle Ansprüche, die nicht Absatz 2, 3 oder 3a unterfallen, nach maximal zehn Jahren von ihrer Entstehung an. Insoweit besteht ein Unterschied zur Ultimoverjährung nach § 199 Abs. 1 BGB: Die Höchstfristen beginnen taggenau und nicht mit Ende des Jahres.[110]

105 Birr, Rn. 36.
106 MüKo-*Grothe*, § 199 Rn. 43.
107 Birr, Rn. 36.
108 Mansel, 333, 390; BT-Drs. 14/6040, S. 99.
109 Zimmermann, JuS 1984, 409, 418; Haug, S. 56; BT-Drs. 14/6040, S. 99.
110 Birr, Rn. 38.

Die Absätze 2 und 3 regeln die Höchstfristen für Schadensersatzansprüche. Absatz 3a wiederum erfasst nur erbrechtliche Ansprüche.

Die Schaffung von Höchstfristen wird als unentbehrlich angesehen, um die durch den subjektiven Verjährungsbeginn bestehenden Unsicherheiten auszugleichen. Andernfalls könnte sich die Verjährung bei Unkenntnis des Gläubigers ins Unendliche hinausschieben, was zur Folge hätte, dass manche Ansprüche praktisch unverjährbar wären. Dies würde die Verjährungszwecke der Rechtssicherheit und des Rechtsfriedens konterkarieren.[111] Die Maximalfrist gilt somit als notwendiges Korrektiv zum neuen subjektiven Verjährungsbeginn.

111 Zimmermann/Leenen/Mansel/Ernst, JZ 2001, 684, 687; Honsell, JZ 2001, 18, 20; Däubler-Gmelin, NJW 2001, 2281, 2284; Mansel, 333, 381.

2. Teil: Anspruchsentstehung und Kenntnis als Verjährungsvoraussetzungen

Die Rechtsprechung zum Verjährungsaufschub bei einer unsicheren und zweifelhaften Rechtslage knüpft an das Merkmal der Kenntnis bzw. des Kennenmüssens an: Ist die Rechtsprechung aufgrund einer undurchsichtigen Rechtslage der Ansicht, die Tatsachenkenntnisse des Gläubigers seien im konkreten Fall nicht ausreichend, um den Verjährungsbeginn auszulösen, erweitert sie das Kenntnismerkmal um das Erfordernis der ausnahmsweisen Rechtskenntnis, wodurch der Verjährungsbeginn hinausgeschoben wird. Vor der Reform des Verjährungsrechts wurden diese Ausnahmeentscheidungen innerhalb der Anwendung der kenntnisabhängigen Vorschrift des § 852 Abs. 1 BGB a.F., seit der Schuldrechtsmodernisierung innerhalb derjenigen zu §§ 195, 199 Abs. 1 BGB getroffen.

§ 199 Abs. 1 Nr. 1 BGB, das objektive Element der Anspruchsentstehung, ist dabei in den Augen der diese Rechtsprechung anführenden Gerichte erfüllt. Anders verhält es sich jedoch im Hinblick auf Nr. 2: Das subjektive Element der Kenntnis bzw. grob fahrlässigen Unkenntnis des Gläubigers wird hier nur hinsichtlich der de lege lata zu fordernden Tatsachenkenntnis, nicht jedoch hinsichtlich der ausnahmsweise zu verlangenden Rechtskenntnis bzw. daraus resultierender Unzumutbarkeit der Klageerhebung als erfüllt angesehen.

Es bedarf aufgrund dieses Umstands einerseits einer genaueren Analyse, was gemeinhin unter dem im Rahmen des § 199 Abs. 1 BGB relevanten Begriff des Anspruchs mitsamt seiner Entstehung (Nr. 1) sowie den Begriffen der Kenntnis, der grob fahrlässigen Unkenntnis, den anspruchsbegründenden Umständen und der Person des Schuldners (Nr. 2) verstanden wird. Andererseits soll unter verschiedenen Gesichtspunkten der Frage nachgegangen werden, ob die Anknüpfung der neuen Regelverjährung an objektive und subjektive Merkmale sachgerecht ist.

I. Das Wesen des Anspruchs und seine Entstehung

Der Rechtsbegriff des Anspruchs ist in der Rechtslehre vielfach thematisiert worden und hat im Laufe der Zeit eine grundlegende Wandlung erfahren. Bis zu der wegweisenden Schrift von *Bernhard Windscheid*[112] im Jahre 1856, welche die Basis für den heutigen Anspruchsbegriff des § 194 Abs. 1 BGB bildet[113], orientierte sich die Rechtslehre an dem römisch-rechtlichen Verständnis der *actio*. Der Begriff der römischen *actio* ist jedoch nicht identisch mit demjenigen des Anspruchs i.S.d. § 194 Abs. 1 BGB, der heute als das „Recht, von einem anderen ein Tun oder Unterlassen zu verlangen“ definiert wird. Die *actio* wurde als Klagerecht verstanden, als „nihil aliud (...) quam ius persequendi in iudicio quod sibi debetur“[114] und war ein prozessualer Begriff.[115] Dem römischen Verständnis nach konnte der Einzelne seine Rechte nicht ohne die Anerkennung von staatlicher Seite verfolgen.[116] Die *actio* war mithin kein einseitiger Akt des Klägers, sondern bedurfte der Gewährung durch den damaligen Justizbeamten sowie der Mitwirkung des Beklagten[117]: Nur wenn der Petent den zuständigen Prätor überzeugen konnte, ihm ein Klagerecht zu gewähren, leitete dieser ein, dass die Gegenpartei mit in den Prozess einbezogen, ein Spruchgericht eingesetzt und ein Prozessverhältnis begründet wurde.[118] Erst im Laufe der Zeit sahen die Römer den Begriff der *actio* in einer differenzierten Art und Weise und erweiterten ihn um einen materiellrechtlichen Teil. So unterschieden sie zwischen verschiedenen *actiones*, die den Klagegrund deutlicher herausstellten (*actiones in personam* und *actiones in rem*). Gleichwohl war diese Weiterentwicklung des Klagerechts um eine materiellrechtliche Komponente noch nicht vergleichbar mit dem heutigen Anspruchsbegriff, da sich diese Erweiterung letztlich nur als Reflex der nach wie vor erforderlichen staatlichen Billigung darstellte.[119] Die heute übliche trennscharfe Unterscheidung von Ansprüchen und Klagen, von materiellem und prozessualen Recht, war der römischen und der späteren Rechtslehre bis ins 19. Jahrhundert in der Form fremd geblieben, wenngleich es zu weiteren Loslösungen von dem klassischen Verständnis der *actio* kam.[120]

---

112 Die Actio des römischen Civilrechts, vom Standpunkte des heutigen Rechts.

113 Kaser/Knütel, § 4 Rn. 7; Bornemann, Rn. 0416.

114 Windscheid, Actio, S. 1.

115 Kaser I, S. 223.

116 Neussel, S. 9; Windscheid, S. 3 f.

117 Kaser I, S. 223.

118 Neussel, S. 9; Kaser I, S. 223; Bornemann, Rn. 0416.

119 Kaser I, S. 224.

120 Vgl. die Darstellung der Entwicklungen der *actio* in der nachklassichen Zeit bei Kaser II, S. 65 ff.

Die Verwerfung der Vermengung von prozessualem und materiellem Recht ist primär das Verdienst von *Bernhard Windscheid* aus dem Jahre 1856.[121] Sie ermöglichte ihm die Schaffung eines eigenständigen Anspruchsbegriffs und die gedankliche Wende weg von der „Klageverjährung" hin zur „Anspruchsverjährung".[122] *Windscheid* löste den Begriff des Anspruchs von dem vorigen prozessual geprägten Verständnis und definierte den Anspruch als „dasjenige, was man von einem Anderen verlangen kann"[123] oder anders gewendet, „was Einem gebührt."[124] In seiner Definition war der Teil der gerichtlichen Verfolgbarkeit nicht mehr enthalten. Jedoch schließt sie die prozessuale Geltendmachung nicht grundsätzlich aus; vielmehr macht die Definition klar, dass ein Anspruch nicht gerichtlich verfolgt werden *muss*, aber dennoch verfolgt werden *kann*. *Windscheids* Auffassung nach war das Moment der prozessualen Verfolgbarkeit nunmehr bloß eine mögliche Folge der rechtlichen Anerkennung des Anspruchs geworden.[125] Der Anspruch wurde unter *Windscheid* letztlich als subjektives, privates Recht aufgefasst, welches auch außergerichtlich geltend gemacht werden kann. Er setzte den Anspruch mit dem subjektiven Recht gleich, der Anspruch sei „die persönliche Richtung des subjektiven Rechts, seine Richtung nach außen auf Unterwerfung fremden Willens."[126] *Windscheid* etablierte so die Abkehr von der Klageverjährung. Seine Definition führte zu der Konsequenz, dass die Verjährung die Ansprüche und nicht die Klagen betreffen müsse.[127] Somit legte er den Grundstein dafür, dass wir heute verschiedenartige Ansprüche differenzierten Verjährungsregelungen unterwerfen.

Gegenwärtig werden Ansprüche und subjektive Rechte, in Erweiterung zu *Windscheids* Auffassung, getrennt voneinander betrachtet. Subjektive Rechte gelten als die „Ursache bzw. die Quelle" für Ansprüche, Ansprüche hingegen sind der „Ausfluss bzw. die Folge" eines Rechts.[128] Subjektive Rechte sind umfassender als Ansprüche, da sie nicht nur aus anspruchsartigen Elementen bestehen können, wie das Beispiel der Gestaltungsrechte zeigt. Erst aus der Verletzung eines subjektiven

---

121 So auch Kaser/Knütel, § 4 Rn. 7; Bornemann, Rn. 0416.

122 Vgl. auch Zimmermann, JZ 2000, 853, 856.

123 Windscheid, Actio, S. 5 f.

124 Ebd.

125 Windscheid, Actio, S. 5; vgl. auch Neussel, S. 17. Rimmelspacher, S. 21 f.; Conrads, S. 3.

126 Windscheid, Pandektenrecht, S. 111.

127 Ebd., Actio, S. 37 f.

128 Hellwig, S. 4 f.

Rechts können Ansprüche resultieren.[129] Ein Anspruch entsteht *materiell* also in dem Zeitpunkt, in dem ein subjektives Recht verletzt wird.

Um einen Anspruch *vor Gericht* erfolgreich einklagen zu können, muss ein Anspruch entstanden, nicht erloschen und durchsetzbar sein. Zur Entstehung eines materiellrechtlichen Anspruchs gehört jedoch nicht zwangsläufig seine Fälligkeit. Dies zeigt sich daran, dass auch ein nicht fälliger Anspruch die Begriffsmerkmale eines Anspruchs erfüllt und bereits abtretbar i.S.d. §§ 398 ff. BGB ist.[130]

Im *Verjährungsrecht* wird die Entstehung des Anspruchs i.S.v. § 199 Abs. 1 Nr. 1 BGB jedoch in der Regel als der Zeitpunkt seiner Fälligkeit verstanden und somit an eine spätere Phase des Anspruchs angeknüpft, nämlich an diejenige der möglichen gerichtlichen Geltendmachung. Bereits der erste Entwurf zum BGB habe in § 158 Abs. 1 den Beginn der Verjährung als den Zeitpunkt festlegen wollen, „in welchem die Befriedigung des Anspruchs rechtlich verlangt werden kann (Fälligkeit).“[131] Zwar wurde der Begriff nicht in das damalige BGB übernommen und auch der Reformgesetzgeber von 2001 hatte sich letztlich doch für die Entstehung des Anspruchs anstelle der Fälligkeit als Tatbestandsmerkmal entschieden, um die noch nicht fälligen Ansprüche beim Grundsatz der Schadenseinheit ebenfalls erfassen zu können.[132] Nichtsdestotrotz ist allgemein anerkannt, dass die Begriffe der Anspruchsentstehung und der Fälligkeit im verjährungsrechtlichen Sinne weitestgehend synonyme Verwendung finden.[133] Dies leuchtet ein, da erst ab dem Zeitpunkt der Fälligkeit des Anspruchs ein substanzieller und aussichtsreicher Klagegegenstand vorhanden ist, welcher zudem den Lauf der Verjährung hemmen[134] kann. Das Verjährungsrecht i.S.d. § 195 ff. BGB ist in vielerlei Hinsicht eng mit dem prozessualen Recht verzahnt, was sich nicht nur anhand des Begriffs der Anspruchsentstehung, sondern auch anhand der Wirkungen des Verjährungsrechts äußert.[135]

---

129 Neussel, S. 32; Bornemann, Rn. 0417.

130 Staudinger-*Peters/Jacoby*, 2009, § 194 Rn. 9.

131 Vgl. Motive zum BGB, S. 521 f.; MüKo-*Grothe*, § 199 Rn. 4.

132 BT-Drs. 14/6040, 108; Staudinger-*Peters/Jacoby*, 2009, § 199 Rn. 5.

133 Vgl. nur BGH, Urt. v. 12.2.1970 – VII ZR 168/67, BGHZ 53, 222, 225; BGH, Beschl. v. 19.12.1990 – VIII ARZ 5/90 (KG), BGHZ 113, 188, 193 = NJW 1991, 836; BGH, Urt. v. 8.12.2009 – XI ZR 181/08, BGH NJW 2010, 1284, 1286; BT-Drs. 14/6040, S. 108; Staudinger-*Peters/Jacoby*, 2009, § 199 Rn. 5; MüKo-*Grothe*, § 199 Rn. 4; Zimmermann/Kleinschmidt, FS Gruber 2009, 861, 872.

134 Vgl. § 204 Abs. 1 Nr. 1 BGB.

135 So besteht beispielsweise eine Wechselwirkung zwischen der Erhebung der Einrede im Prozess, durch welche das materiellrechtliche Leistungsverweigerungsrecht gem. § 214 Abs. 1 BGB erst entsteht, vgl. Wernecke, JA 2004, 331, 332.

Unter der Fälligkeit im verjährungsrechtlichen Sinne ist nach der einmütigen Rechtsprechung sowohl zu den rein objektiven Regelungen wie derjenigen des § 198 BGB a.F., als auch zu dem heute maßgeblichen § 199 Abs. 1 BGB der Zeitpunkt zu verstehen, an welchem der Anspruch erstmals geltend gemacht und gegebenenfalls im Wege der Klage durchgesetzt werden kann.[136] Präziser drückte dies beispielsweise das OLG Hamm in seiner Definition der Anspruchsentstehung i.R.d. § 68 StBerG a.F. aus, indem es den Passus „sobald alle Anspruchsvoraussetzungen eingetreten sind“ vor die gängige Formel „und der Anspruch klageweise geltend gemacht werden kann“ stellte.[137] Der Berechtigte soll zumindest in der Lage sein, eine Feststellungsklage zu erheben, um den Lauf der Verjährung aufzuhalten.[138] Genauso möglich ist die Erhebung einer Leistungsklage.[139] Der Fälligkeitsbegriff im Sinne des Verjährungsrechts setzt demnach nicht nur – im materiellrechtlichen Sinne – einen entstandenen Anspruch voraus, sondern auch – in prozessualer Hinsicht – die Möglichkeit der gerichtlichen Geltendmachung.

Zusammenfassend kann man das Verhältnis von entstandenem Anspruch und der Fälligkeit im Verjährungsrecht wie folgt skizzieren: Ein fälliger Anspruch kann mit hinreichenden Erfolgsaussichten vor Gericht geltend gemacht werden, weshalb er sich als Verjährungsgegenstand eignet, die

---

136 RG, Urt. v. 1.12.1936 – III 271/35, RGZ 153, 101, 107; BGH, Urt. v. 17.2.1971 – VIII ZR 4/70, BGHZ 55, 340, 341 = BGH NJW 1971, 979; BGH, Urt. v. 22.2.1979 – VII ZR 256/77, BGHZ 73, 363, 365 = BGH NJW 1979, 1550; OLG München, Beschl. v. 29.6.2000 – 3Z BR 51/00, BayObLGR 2000, 77; Schleswig-Holsteinisches OLG, Beschl. v. 31.5.2001 – 2 W 215/00, 2 W 221/00, OLGR Schleswig 2001, 387; Ebd., Urt. v. 25.10.2002 – 1 U 8/02; OLG Koblenz, Urt. v. 9.1.2006 – 12 U 622/04, OLGR Koblenz 2006, 429, 431; OLG Hamm, Urt. v. 14.12.2006 – 23 U 16/06, OLGR Hamm 2007, 510; OLG Karlsruhe, Urt. v. 22.10.2008 – 7 U 125/08, OLG Karlsruhe VersR 2009, 407.

137 OLG Hamm, Urt. v. 12.1.1979 – 25 U 48/78, OLG Hamm DStR 1979, 508; siehe auch die Darlegung bei Zimmermann/Kleinschmidt, FS Gruber 2009, 861, 872, die den Begriff der Fälligkeit mit dem Zeitpunkt umschreiben, „wenn alle Voraussetzungen eines Anspruchs erfüllt sind.“

138 RG, Urt. v. 1.12.1936 – III 271/35, RGZ 153, 101, 107; BGH Urt. v. 19.1.1978 – VII ZR 304/75, BGH WM 1978, 496 m.w.N.; BGH, Urt. v. 22.2.1979 – VII ZR 256/77, BGHZ 73, 363, 365 = BGH NJW 1979, 1550.

139 Vgl. den Wortlaut des § 204 Abs. 1 Nr. 1 BGB sowie Staudinger-*Peters/Jacoby*, 2009, § 199 Rn. 3 und 7, die an der Auffassung, die Feststellungsklage genügen zu lassen, kritisieren, dass diese für den Gläubiger keine Befriedigung bringe, sondern er gegebenenfalls noch einmal später auf Leistung klagen müsse.

Anspruchsentstehung im materiellen Sinn hängt jedoch nicht von der Fälligkeit des Anspruchs ab.

II. Anspruchsbegründende Umstände, Person des Schuldners, Kenntnis und grob fahrlässige Unkenntnis

In subjektiver Hinsicht beginnt die Verjährung, wenn die Merkmale des § 199 Abs. 1 Nr. 2 BGB erfüllt sind. Die Kenntnis oder grob fahrlässige Unkenntnis muss sich auf die anspruchsbegründenden Umstände und die Person des Schuldners beziehen. Diese Begriffsmerkmale haben durch Rechtsprechung und Lehre eine hinreichende Kontur erfahren.

1. Anspruchsbegründende Umstände

Die anspruchsbegründenden Umstände, auf die sich die Kenntnis des Gläubigers beziehen muss, werden als diejenigen Tatsachen verstanden, „aus denen der Anspruch herzuleiten ist".[140] Der Gläubiger muss also nicht alle Details des Lebenssachverhalts, der die Basis des Anspruchs darstellt, wissen. Es genügt, dass er das Geschehen in seinen Grundzügen kennt.[141] Nicht erforderlich ist, dass der Gläubiger aus diesen Umständen die zutreffende Schlussfolgerung zieht, ihm stehe ein Anspruch zu. Die richtige rechtliche Würdigung gehört nicht zu den anspruchsbegründenden Umständen.[142] Ausnahmsweise, im Falle der ungeklärten oder zu komplexen Rechtslage, soll die Kenntnis der anspruchsbegründenden Umstände auch auf die Kenntnis der Rechtslage erweitert werden.[143]

---

140 Staudinger-*Peters/Jacoby*, 2009, § 199 Rn. 62.

141 BGH, Urt. v. 6.2.1986 – III ZR 109/84, BGHZ 97, 97, 111 = BGH NJW 1986, 2309, 2312; Erman-*Schmidt-Räntsch*, § 199 Rn. 21.

142 BGH, Beschl. v. 19.3.2008 – III ZR 220/07, BGHZ 170, 260 = BGH NJW-RR 2008, 1237 f.; BGH, Urt. v. 18.12.2008 – III ZR 132/08, BGH NJW 2009, 984 Rn. 13.

143 Vgl. die Ausführungen im 3. Teil der Arbeit; die früher im Rahmen des § 852 Abs. 1 BGB a.F. (bei dem es nur auf die positive Kenntnis ankam) umstrittene Frage, ob Kenntnis vorliegt, wenn der Gläubiger Nachforschungen zur Kenntniserlangung unterlässt, ist nunmehr kein relevanter Ausnahmefall mehr, sondern der grob fahrlässigen Unkenntnis zuzuordnen, vgl. Otto, S. 139.

Zu den anspruchsbegründenden Umständen gehören nur diejenigen Tatsachen, die der Gläubiger als Anspruchsteller beweisen muss.[144] Folglich muss er keine Einwendungen oder Einreden des Schuldners kennen. Auch müssen ihm nicht die Erfolgsaussichten der Beweismöglichkeiten bewusst sein.[145] Die zu beweisenden Tatsachen sind je nach Anspruchsgrundlage unterschiedlich. Da der Anknüpfungspunkt der anspruchsbegründenden Tatsachen im Gesetz nicht definiert ist, bleibt es vor allem der Rechtsprechung überlassen, die Anknüpfungspunkte für die Kenntnis oder grob fahrlässige Unkenntnis zu konkretisieren.[146] Wie noch näher dargelegt werden wird, hat die Rechtsprechung zur unsicheren und zweifelhaften Rechtslage Schadensersatzansprüche sowie bereicherungsrechtliche Rückforderungsansprüche zum Gegenstand[147], weshalb hierauf bei der Bestimmung der anspruchsbegründenden Umstände der Augenmerk gelegt werden soll.

a. Beispiel Schadensersatzansprüche

Allen Schadensersatzansprüchen gemeinsam ist die Anforderung, dass der Gläubiger Kenntnis von der Pflichtverletzung bzw. einer entsprechenden Handlung, des Schadens und der individuellen Schadensbetroffenheit haben muss.[148] Nach dem Grundsatz der Schadenseinheit wird ein anfallender Schaden als Einheit angesehen. Dies bedeutet in der Konsequenz, dass die Kenntnis des Schadens beim erstmaligen Auftreten desselben einsetzt und auch vorhersehbare Spätfolgen erfasst.[149] Kenntnis von nicht vorhersehbaren Schadensfolgen hat der Gläubiger erst, wenn er um die neu auftretende Schadensfolge und den Kausalzusammenhang mit der Pflichtwidrigkeit weiß.[150] Werden dem Schuldner mehrere Pflichtverletzungen zugeschrieben, beginnt die Verjährung mit der Kenntnis von der jeweiligen Pflichtverletzung gesondert.[151]

---

144 Schnaufer, S. 27.

145 Staudinger-*Peters/Jacoby*, 2009, § 199 Rn. 67 f.

146 Vgl. auch Krämer, S. 63.

147 Hierzu 3. Teil, I. 1. e.

148 BGH, Urt. v. 15.10.1992 – IX ZR 43/92, BGH NJW 1993, 648, 653; BGH, Urt. v. 17.10.1995 – VI ZR 246/94, BGH NJW 1996, 117, 118.

149 RG, Urt. v. 21.12.1908 – V 11/08, RGZ 70, 150, 157; BGH, Urt.v. 14.3.1968 – VI ZR 77/65, BGHZ 50, 21, 24 = BGH NJW 1968, 1324, 1325; Erman-*Schmidt-Räntsch*, § 199 Rn. 23.

150 BGH, Urt. v. 3.6.1997 – VI ZR 71/96, BGH NJW 1997, 2448, 2449; BGH, Urt. v. 16.11.1999 – VI ZR 37/99, BGH NJW 2000, 861, 862.

151 BGH, Urt. v. 9.11.2007 – V ZR 25/07, BGH NJW 2008, 506, 507.

Im Rahmen der deliktsrechtlichen Schadensersatzansprüche nach § 831 Abs. 1 S. 1 BGB und § 839 Abs. 1 S. 1 BGB gelten hinsichtlich der Kenntnis der anspruchsbegründenden Umstände zusätzliche Besonderheiten. Da der Gläubiger nur die Umstände kennen muss, die er zu beweisen hat, muss er für einen Anspruch nach § 831 Abs. 1 S. 1 BGB nicht die Entlastungsmöglichkeiten der Gegenseite nach § 831 Abs. 1 S. 2 BGB in sein Wissen einbeziehen. Anders verhält es sich bei § 839 Abs. 1 S. 2 BGB: Als negatives Tatbestandsmerkmal muss der Gläubiger dort die mangelnde anderweitige Ersatzmöglichkeit kennen.[152]

b. Beispiel Rückforderungsansprüche aus Bereicherungsrecht

Für einen Bereicherungsanspruch aus § 812 Abs. 1 BGB ist zum einen die Kenntnis von der Leistung oder der Bereicherung in sonstiger Weise und zum anderen die Kenntnis der Tatsachen, aus denen das Fehlen des rechtlichen Grunds folgt, notwendig.[153] Bei einem Rückforderungsanspruch wegen eines nichtigen Vertrags wird die Kenntnis von den die Nichtigkeit auslösenden Tatsachen verlangt.[154] Wird ein Bereicherungsanspruch wegen einer Anfechtung nach den §§ 119 ff. BGB geltend gemacht, müssen dem Gläubiger Anfechtungsgrund und Erklärungsgegner bekannt sein.[155]

2. Person des Schuldners

Kenntnis von der Person des Schuldners hat der Gläubiger, wenn ihm Name und eine ladungsfähige Adresse des Schuldners bekannt sind.[156] Kennt der Gläubiger diese Angaben nicht, hätte er sie aber in zumutbarer Art und Weise erfahren können, ist ihm grob fahrlässige Unkenntnis ab dem Zeitpunkt vorzuhalten, ab welchem er die Kenntnis hätte erlangen können.[157] Nicht erforderlich ist hingegen, dass der Gläubiger bei Versterben des Schuldners von dessen Rechtsnachfolger

---

152 Staudinger-*Peters/Jacoby*, 2009, § 199 Rn. 63.

153 Ebd., § 199 Rn. 64.

154 BGH, Beschl. v. 19.3.2008 – III ZR 220/07, BGHZ 170, 260 = BGH NJW-RR 2008, 1237 f.

155 Staudinger-*Peters/Jacoby*, 2009, § 199 Rn. 64.

156 BGH, Urt. v. 16.12.1997 – VI ZR 408/96, BGH NJW 1998, 988, 989; BGH, Urt. v. 6.3.2001 – VI ZR 30/00, BGH NJW 2001, 1721, 1722.

157 BGH, Urt. v. 29.5.1973 – VI ZR 68/72, BGH NJW 1973, 1496.

weiß.[158] Gibt es mehrere Schuldner, tritt die Kenntnis für jede einzelne Person getrennt ein.[159] Ist hingegen unklar, ob die eine oder andere Person als Schuldner in Frage kommt, tritt Kenntnis erst ein, wenn begründete Zweifel, wer von beiden der Schuldner ist, tatsächlich ausgeräumt worden sind.[160] Als grob fahrlässig wird nicht angesehen, wenn der Gläubiger fälschlicherweise davon ausgeht, ihm sei der Schuldner bereits bekannt: Er hatte dann keine Veranlassung, Nachforschungen anzustellen.[161] Kommt als Schuldner eine Person in Betracht, die in ihrer Funktion als Mitarbeiter oder Organ einer Unternehmenseinheit gehandelt hat, muss der Gläubiger von deren Person bzw. der internen Aufgabenverteilung Kenntnis haben.[162]

3. Kenntnis

Kenntnis i.S.v. § 199 Abs. 1 BGB bedeutet positives Wissen und ist das Ergebnis eines Erkenntnisprozesses.[163] Unerheblich ist also, wie die Kenntnis vom Gläubiger erlangt wurde. Sie liegt demnach auch vor, wenn der Gläubiger mehr zur Wissenserlangung getan hat als er hätte tun müssen, oder nur rein zufällig Erkenntnisse gewonnen hat.[164] Kenntnis i.S.d. Norm erfordert keine Gewissheit bzw. ausnahmslose Sicherheit, Restzweifel dürfen durchaus bestehen bleiben.[165] Für eine Klageerhebung muss der Gläubiger lediglich die Umstände kennen, die seine Aktivlegitimation ausmachen. Er muss nicht wissen, dass er Anspruchsinhaber ist.[166] Die Kenntnis ist das gegenüber der groben Fahrlässigkeit logisch vorrangige Merkmal. Kann das Kenntnismerkmal belegt werden, kommt es auf die Frage der grob fahrlässigen Unkenntnis nicht mehr an.[167]

---

158 OLG Neustadt, Urt. v. 13.11.1962 – 1 U 301/62, OLG Neustadt MDR 1963, 413; MüKo-*Grothe,* § 199 Rn. 27.

159 BGH, Urt. v. 8.1.1963 – VI ZR 35/62, BGH VersR 1963, 285, 287.

160 BGH, Urt. v. 11.5.1964 – VII ZR 177/62, BGH VersR 1964, 927, 928; Erman-*Schmidt-Räntsch,* § 199 Rn. 28.

161 BGH, Urt. v. 14.5.1958 – V ZR 261/56, BGH VersR 1958, 519.

162 BGH, Urt. v. 12.12.2000 – VI ZR 345/99, BGH NJW 2001, 964, 965; Birr, Rn. 24.

163 Schnaufer, S. 1 und 23.

164 Otto, S. 93, 133; Staudinger-*Peters/Jacoby,* § 199 Rn. 75.

165 Staudinger-*Peters/Jacoby,* § 199 Rn. 71.

166 Mansel/Budzikiewicz, § 3 Rn. 124.

167 Otto, S. 93.

Die exakten Anforderungen an die Kenntnis sind je nach Norm unterschiedlich. Abhängig davon, worauf die jeweilige Norm abzielt und in welcher Materie sie Regelungen treffen soll, kann die Normauslegung unterschiedlich ausfallen.[168] Nach allgemeiner Meinung kann für die Auslegung der Kenntnis bei § 199 Abs. 1 Nr. 2 BGB jedoch auf die Rechtsprechung zu § 852 Abs. 1 BGB a.F. zurückgegriffen werden.[169] Dies wird jedoch nicht kritiklos hingenommen, da die Anwendungsbereiche beider Normen erheblich unterschiedlich seien.[170] Der früher im Rahmen von § 852 Abs. 1 BGB a.F. und nun bei der Regelverjährung geltende Kenntnisbegriff stellt auf die positive Kenntnis ab; reine Vermutungen, Befürchtungen oder Verdachtsmomente reichen nicht aus, damit die Verjährung anläuft.[171] Die Kenntnis galt nach ständiger Rechtsprechung für die frühere Verjährungsregelung des § 852 Abs. 1 BGB a.F. dann als erlangt, wenn der Gläubiger auf Grund der ihm bekannten *Tatsachen* zumindest in der Lage war, eine Feststellungsklage mit einigermaßen sicherer Aussicht auf Erfolg zu erheben.[172]

Der Grundsatz, dass sich die Kenntnis allein auf Tatsachen und nicht auf die Kenntnis der Rechtslage beziehen muss[173], hat nach wie vor nicht an Bedeutung verloren. Dem Gläubiger müssen die relevanten Fakten bekannt sein, aus denen sein Anspruch herzuleiten ist. Unerheblich ist es, wie er die Ereignisse rechtlich bewertet. Die Verjährung beginnt demnach auch, wenn der Gläubiger keine Kenntnis davon hat, dass ihm ein Anspruch zusteht.[174] Irrelevant ist dabei, ob seine

---

168 Vgl. Buck, S. 19.

169 BT-Drs. 14/6040, S. 107 f.; Bamberger/Roth-*Spindler*, § 199 Rn. 17; MüKo-*Grothe*, § 199 Rn. 24; Otto, S. 132; Birr, Rn. 25; Mansel/Budzikiewicz, § 3 Rn. 102.

170 Vgl. nur Theisen/Theisen, FS Nobbe, S. 453, 467; nähere Ausführungen zu dieser Problematik im Hinblick auf die Rechtsprechung zur unsicheren und zweifelhaften Rechtslage finden sich im 3. Teil, unter I. 1. c.

171 Schnaufer, S. 24.

172 RG, Urt. v. 15.1.1938 – VI 190/37, RGZ 157, 14, 18; BGH, Urt. v. 20.12.1988 – VI ZR 145/88, BGH NJW-RR 1989, 472 = BGH VersR 1989, 303, 304; BGH, Urt. v. 19.3.1991 – VI ZR 248/90, BGH NJW 1991, 2351 = BGH VersR 1991, 780 f.; BGH, Urt. v. 6.5.1993 – III ZR 2/92, BGH NJW 1993, 2303, 2305 = BGH VersR 1993, 966, 968.

173 Vgl. z.B. BGH, Urt. v. 17.10.1995 – VI ZR 246/94, BGH NJW 1996, 117, 118; BGH, Urt. v. 25.2.1999 – IX ZR 30/98, BGH NJW 1999, 2041, 2042; Palandt-*Ellenberger*, § 199 Rn. 27.

174 BGH, Beschl. v. 19.03.2008 – III ZR 220/07, BGHZ 170, 260 = BGH NJW-RR 2008, 1237; BGH, Urt. v. 18.12.2008 – III ZR 132/08, BGH NJW 2009, 984; Staudinger-*Peters/Jacoby*, 2009, § 199 Rn. 62.

fehlende Kenntnis auf die unzutreffende Bewertung eines Sachverhalts oder auf die schlichte Unkenntnis von der Existenz einer Norm zurückzuführen ist.[175] Dem Rechtsunkundigen ist zuzumuten, sich rechtlich beraten zu lassen. Aus Gründen der Rechtsklarheit und Billigkeit sollen Gläubiger nicht mit dem Hinweis auf mangelnde rechtliche Kenntnisse den Verjährungsbeginn allzu leicht verhindern können.[176] Ist die Rechtslage jedoch als schwierig und unsicher einzuordnen, soll ausnahmsweise doch Rechtsunkenntnis beachtlich sein. Denn dann würde dem Gläubiger auch ein Rechtskundiger keinen zuverlässigen Rat geben können, aufgrund dessen der Gläubiger zur gerichtlichen Geltendmachung seines Anspruchs ermuntert würde.[177]

4. Grob fahrlässige Unkenntnis

Der Gesetzestext der Vorbildregelung für § 199 Abs. 1 BGB, § 852 Abs. 1 BGB a.F., beinhaltete nur die positive Kenntnis als subjektives Tatbestandsmerkmal. Grob fahrlässige Unkenntnis war in der Vorschrift nicht enthalten.[178] Allerdings hat die Rechtsprechung zu § 852 Abs. 1 BGB a.F. den Beginn der Verjährung bereits dann einsetzen lassen, wenn der Gläubiger sich einer sich aufdrängenden Kenntnis rechtsmissbräuchlich verschlossen hatte.[179] Wollte sich der Gläubiger in solchen Fällen auf seine Unkenntnis berufen, ordnete die Rechtsprechung dies als bloße formale Ausrede ein, die den Verjährungsbeginn nicht hindern konnte.[180] An den Gläubiger wurden dabei keine zu großen Anforderungen hinsichtlich des zu erwartenden Maßes an Eigeninitiative gestellt, er sollte lediglich einfache Aufklärungsmaßnahmen ergreifen.[181] Damit wurde die grob fahrlässige Unkenntnis der positiven Kenntnis im alten

---

175 BGH, Urt. v. 11.7.1961 – VI ZR 11/61, BGH VersR 1961, 910; BGH, Urt. v. 19.3.1991 – VI ZR 248/90, BGH NJW 1991, 2351; BGH, Urt. v. 2.7.1992 – IX ZR 174/91, BGH NJW 1992, 3034; BGH, Urt. v. 15.10.1992 – IX ZR 43/92, BGH NJW 1993, 648, 653; BGH, Urt. v. 24.6.1993 – IX ZR 84/92, BGH NJW 1993, 2741, 2743; BGH, Urt. v. 24.2.1994 – III ZR 76/92, BGH NJW 1994, 3162, 3164.

176 RG, Urt. v. 6.3.1911 – VI 70/10, RGZ 76, 61, 63; BGH, Urt. v. 17.3.1966 – III ZR 263/64, BGH VersR 1966, 632, 634.

177 Zu den relevanten Fällen siehe im Einzelnen 3. Teil, I. 1. d.

178 Vgl. Schnaufer, S. 23 f.; Mansel/Budzikiewicz, § 3 Rn. 102.

179 Vgl. BGH, Urt. v. 29.11.1994 – VI ZR 189/93, BGH NJW 1995, 776, 777 f.

180 Vgl. nur Riedhammer, S. 125.

181 BGH, Urt. v. 8.10.2002 – VI ZR 182/01, BGH NJW 2003, 288, 289.

Recht zumindest angenähert, wenn auch ausdrücklich nicht gleichgestellt.[182] Im Umkehrschluss bedeutet die Aufnahme des Merkmals der groben Fahrlässigkeit in § 199 Abs. 1 Nr. 2 BGB jedoch nicht, dass die Anwendung der Vorschrift einzig auf Fälle beschränkt ist, die bei § 852 Abs. 1 BGB a.F. von der Rechtsprechung zur Erweiterung des Kriteriums der Kenntnis anerkannt waren. Vielmehr kann der Anwendungsbereich des § 199 Abs. 1 Nr. 2 BGB auch weitergehende Fälle grob fahrlässigen Verhaltens erfassen.[183]

Bei der Kenntnis handelt es sich um eine innere Tatsache, die zwar aus äußeren Tatsachen geschlossen werden kann, für den Schuldner, den die Beweislast für die Einrede der Verjährung trifft, aber nur schwer zugänglich ist.[184] Aufgrund der einfacheren Beweisbarkeit spielt die grob fahrlässige Unkenntnis in der Gerichtspraxis eine größere Rolle als die Kenntnis.[185] Mit der Aufnahme des Merkmals der grob fahrlässigen Unkenntnis in § 199 Abs. 1 Nr. 2 BGB wurde dem Schuldner nicht nur die Beweisführung erleichtert[186], sondern auch der Gefahr entgegengetreten, dass der Beginn der Verjährung nie oder nur sehr spät bewiesen werden kann. Zugleich bringt die Aufnahme in den Gesetzestext zum Ausdruck, dass es – dem Rechtsgedanken des § 277 folgend – eine eigene Angelegenheit des Gläubigers ist, von seinem möglichen Anspruch und der Person des Schuldners Kenntnis zu nehmen.[187]

Grob fahrlässige Unkenntnis bedeutet nicht, dass der Gläubiger stets Nachforschungen anstellen muss, um Anspruchsvoraussetzungen oder die Person des Schuldners zu ergründen und so zugunsten des Schuldners den Verjährungsbeginn auszulösen.[188] Grob fahrlässige Unkenntnis i.S.d. § 199 Abs. 1 Nr. 2 BGB ist aber gegeben, wenn die im Verkehr erforderliche Sorgfalt in ungewöhnlich großem Maße verletzt worden ist und der Gläubiger auch naheliegende Überlegungen, die ihn weder viel Mühe noch Geld gekostet hätten, nicht umgesetzt hat, um zu einer Erkenntnis zu gelangen.[189] Zu berücksichtigen

---

182 Vgl. Erman-*Schmidt/Räntsch*, § 199 Rn. 19; AnwK-*Mansel/Stürner*, § 199 Rn. 53.

183 AnwK-*Mansel/Stürner*, § 199 Rn. 54; Bamberger/Roth-*Spindler*, § 199 Rn. 17, 19.

184 OLG Frankfurt am Main, Urt. v. 19.11.1998 – 3 U 201/97, OLG Frankfurt am Main NJW-RR 1999, 1474, 1475 f.; Staudinger-*Peters/Jacoby*, § 199 Rn. 74; Birr, Rn. 37.

185 Staudinger-*Peters/Jacoby*, § 199 Rn. 75.

186 Peters, Zimmermann, Gutachten, S. 77, 306; Riedhammer, S. 125 f.; Otto, S. 58.

187 BT-Drs. 14/6040, S. 108; Peters/Zimmermann, Gutachten, S. 77, 306; Erman-*Schmidt-Räntsch*, § 199 Rn. 19; AnwK-*Mansel/Stürner*, § 199 Rn. 57.

188 BGH, Urt. v. 10.11.2009 – VI ZR 247/08, BGH NJW-RR 2010, 681, 683.

189 BGH, Urt. v. 11.5.1953 – IV ZR 170/52, BGHZ 10, 14, 16 = BGH NJW 1953, 1139; BGH, Urt. v. 5.12.1983 – II ZR 252/82, BGHZ 89, 153, 161 = BGH NJW 1984, 789,

sind dabei auch subjektive, auf den Gläubiger individuell zugeschnittene Sorgfaltsanforderungen, die bei Nichteinhaltung einen schweren Obliegenheitsverstoß darstellen.[190] So sind beispielsweise an einen Unternehmer höhere Sorgfaltsanforderungen zu stellen als an einen Verbraucher.[191] Für weniger versierte Gläubiger ist es daher eher zu entschuldigen, wenn sie unmittelbar auf der Hand liegende Maßnahmen nicht ergreifen, weil das Ereignis für sie ungewöhnlich ist.[192] Eine generelle Ermittlungspflicht trifft den Gläubiger jedoch nicht. Er muss nur dann tätig werden, wenn ihm dies problemlos möglich wäre oder sich ein Tätigwerden auf Grund von Anhaltspunkten geradezu aufdrängt und ein Unterlassen schlichthin unverständlich wäre.[193] Der maßgebliche Zeitpunkt für das Vorliegen von grober Fahrlässigkeit ist derjenige, in dem der Gläubiger seine grob fahrlässige Unkenntnis bei normalem Lauf der Dinge frühestens hätte beheben können.[194]

5. Fazit

Aus den vorangegangenen Darstellungen lassen sich folgende Ergebnisse festhalten: Ein Anspruch entsteht im rein *materiellen* Sinne mit der Verletzung eines subjektiven Rechts.

Unter der Anspruchentstehung bzw. Fälligkeit im *verjährungsrechtlichen* Sinne versteht man den objektiven Zeitpunkt, an dem die rechtliche Befriedigung erstmals verlangt und gegebenenfalls im Wege der Klage durchgesetzt werden kann.[195]

Kenntnis erlangt der Gläubiger von seinem Anspruch bzw. den seinen Anspruch begründenden Umständen, wenn er von der Verletzung des subjektiven Rechts, welches die Grundlage für den jeweiligen Anspruch bildet, erfährt, so dass er auf Grund der ihm bekannten Tatsachen zumindest in der Lage ist, eine Feststellungsklage mit einigermaßen sicherer Aussicht auf Erfolg

---

791; BGH, Urt. v. 29.9.1992 – XI ZR 265/91, BGH NJW 1992, 3235, 3236; BT-Drs. 14/6040, S. 108.

190 Heinrichs, BB 2001, 1417, 1418.

191 Palandt-*Ellenberger*, § 199 Rn. 39; Heinrichs, BB 2001, 1417, 1418.

192 Staudinger-*Peters/Jacoby*, § 199 Rn. 82.

193 Erman-*Schmidt-Räntsch*, § 199 Rn. 20; BGH, Urt. v. 10.11.2009 – VI ZR 247/08, BGH NJW-RR 2010, 681, 684.

194 AnwK-*Mansel/Stürner*, § 199 Rn. 55.

195 Siehe unter 2. Teil, I. 1.

zu erheben. Grob fahrlässige Unkenntnis liegt vor, wenn der Gläubiger bei gewöhnlichem Lauf der Dinge die Verletzung des subjektiven Rechts hätte bemerken können.[196]

III. Legitimation der verjährungsrechtlichen Anknüpfung an objektiv-subjektive Merkmale

Bereits skizziert wurde der Wandel des Verjährungssystems der regelmäßigen Verjährung hin von einer zuvor in den §§ 195, 198 BGB a.F. verankerten objektiven Verjährungsanknüpfung zu einem nun in § 199 Abs. 1 BGB kodifizierten, objektiv-subjektiven System.[197] Inwiefern dieser Wandel auf legitime und sachgerechte Überlegungen zurückzuführen ist, soll im Folgenden näher beleuchtet werden. Dieses Problem stellt sich als Vorfrage zur Untersuchung der Rechtsprechung zur unsicheren und zweifelhaften Rechtslage, welche die Hinausschiebung des Verjährungsbeginns mit den Unsicherheiten im subjektiven Erkenntnisbereich des Gläubigers begründet. Bis zur Schuldrechtsreform stützte sich diese den Verjährungsbeginn hinausschiebende Rechtsprechung auf § 852 Abs. 1 BGB a.F., nach der Reform wurde dies Rechtsprechung im Rahmen des § 199 Abs. 1 BGB weitergeführt. Da der Regelverjährung der §§ 195, 199 Abs. 1 BGB nunmehr deutlich mehr Ansprüche[198] unterfallen als dem früheren § 852 Abs. 1 BGB a.F., der nur im Deliktsrecht galt, steht zu erwarten, dass die Anzahl derjenigen Fälle, bei denen ein Verjährungsaufschub thematisiert wird, zunehmen wird.

Aus diesem Grund soll die objektiv-subjektive Regelung des § 199 Abs. 1 BGB unter verschiedenen Blickwinkeln, welche sowohl die legislativen als auch die judikativen Standpunkte und Überlegungen miteinbeziehen, auf den Prüfstand gestellt werden. Dabei dienen sowohl Dogmatik und Ratio als auch das allmählich gewandelte Verständnis in der deutschen Rechtsprechung als Untersuchungsgrundlage. Des Weiteren soll ein Blick auf ausländische Rechtsordnungen zeigen, wie die dortigen Verjährungssysteme ausgestaltet sind und dass die um die Jahrtausendwende vordringlich gewordene

196 Siehe unter 2. Teil, I. 2. c und d.
197 Siehe 1. Teil, II. und III.
198 Vgl. nur die Aufzählung bei Palandt-*Ellenberger*, § 195 Rn. 2 ff.

europäische Reformdiskussion[199] ebenfalls in die einzelnen ausländischen Rechtsordnungen Eingang gefunden hat.

1. Richtigkeit der Anknüpfung an objektiv-subjektive Merkmale aus dogmatischer und zweckorientierter Sicht

Angesichts der Tatsache, dass die Regelverjährung heute im Vergleich zur früheren Gesetzeslage einen deutlich breiteren Anwendungsbereich besitzt als zuvor, sollte diese gesetzliche Lösung aus verschiedenen Überlegungen heraus legitimiert sein.

Das deutsche Verjährungsrecht knüpft an die Verjährung von Ansprüchen an. § 199 Abs. 1 BGB nennt den „Anspruch" als Verjährungsgegenstand, bei § 198 BGB a.F., § 852 Abs. 1 BGB a.F. und allen übrigen Vorschriften war dies ebenso der Fall.[200] Wie § 194 Abs. 1 BGB legaldefiniert, ist ein Anspruch „das Recht, von einem anderen ein Tun oder Unterlassen zu verlangen." Wenn der Inhaber eines Rechts von einem anderen ein Tun oder Unterlassen verlangt, verlangt er von diesem etwas Tatsächliches. Zum Beispiel kann er von dem Schuldner verlangen, einen geschuldeten Geldbetrag zu bezahlen, eine Sache zu übereignen und zu übergeben oder eine Störung zu unterlassen. Wenn der Gläubiger jedoch de lege lata berechtigt ist, das reale Handeln oder Unterlassen einzufordern, muss er von dem Bestehen des Anspruchs wissen. Ohne die theoretische Möglichkeit der Kenntnisnahme läuft sein Recht ins Leere.[201] Denn erst ab diesem Zeitpunkt kann der Gläubiger wissen, dass er einen Anspruch auf ein Tun oder Unterlassen hat und die Durchsetzung des Anspruchs betreiben kann.

Stellt man die von der Rechtsprechung über Jahrzehnte im Verjährungsrecht geprägten Definitionen zur Anspruchsentstehung und Kenntniserlangung gegenüber, offenbaren sich Parallelen: Unter der Anspruchentstehung bzw. Fälligkeit im verjährungsrechtlichen Sinne versteht man den Zeitpunkt, an dem die rechtliche Befriedigung erstmals verlangt und gegebenenfalls im Wege der Feststellungsklage geltend gemacht werden kann.[202] Kenntnis des Anspruchs liegt vor, wenn

---

199 2001 fand sich beispielsweise die Commission of European Contract Law zusammen, welche die Principles of European Contract Law erarbeitete; siehe oben unter 1. Teil, II. 2. c.

200 Siehe oben im 1. Teil, III. 1. a.

201 So auch Grimmer, S. 57.

202 Siehe unter 2. Teil, I. 1.

der Gläubiger von der Verletzung des anspruchsbegründenden subjektiven Rechts erfährt. Denn dann wäre es möglich, eine Feststellungsklage zu erheben, die so viele Erfolgsaussichten hat, dass ihm die Klageerhebung zuzumuten gewesen wäre.[203] Bei dem Vergleich der verjährungsrechtlichen Definitionen fällt auf, dass beide auf die Möglichkeit der Klageerhebung abstellen. Die objektive Definition der Anspruchsentstehung zielt dabei auf die Frage: Ab welchem objektiv festzulegenden Zeitpunkt war ein Ereignis in der Welt, das eine erfolgsversprechende Klage typischerweise begründet? Die subjektive Definition der Kenntniserlangung fragt hingegen danach, ab welchem Zeitpunkt der Gläubiger von diesem Ereignis konkret wusste oder hätte wissen können, so dass er das maßgebliche Ereignis auch tatsächlich vor Gericht geltend machen konnte.

Was aber nützt dem in einem subjektiven Recht Verletzten (vgl. § 194 Abs. 1 BGB) der Zeitpunkt, zu dem das zur Forderung berechtigende Ereignis in der Welt ist, wenn er davon nicht Kenntnis erhält und auch nicht hätte erhalten können? Das Recht des Einzelnen, „von einem anderen ein Tun oder Unterlassen zu verlangen" (§ 194 Abs. 1 BGB) besteht zwar in der Rechtswirklichkeit auch, wenn es der Einzelne nicht geltend macht. Um das Recht aber tatsächlich durchzusetzen, muss der Einzelne es kennen. Mit rein an der Anspruchsentstehung orientierten Verjährungsregelungen gäbe unsere Rechtsordnung den Anspruchsberechtigten nur ein stumpfes Schwert in die Hand. Aus diesem Grund ist es richtig, die Verjährung von Ansprüchen in jedem Fall an die Kenntnis des Berechtigten zu knüpfen und nur in wenigen, besonders gerechtfertigten Fällen davon abzuweichen.[204]

---

203 Siehe unter 2. Teil, I. 2. c.

204 Der Gesetzgeber hat bei den praktisch bedeutsamen Verjährungsfristen im Kauf- und Werkvertragsrecht Ausnahmen geschaffen, die weiterhin einen *objektiven Fristbeginn* vorsehen und diesen nicht von der Kenntnis oder Kenntnisnahmemöglichkeit abhängig machen. Für Gewährleistungsansprüche im Kaufrecht beginnt die Verjährung nach § 438 Abs. 2 BGB bei Grundstücken mit der Übergabe, im Übrigen mit der Ablieferung der Sache. Im Werkvertragsrecht beginnt i.S.v. § 634a Abs. 2 BGB die Verjährung für Mängelansprüche wegen fehlerhafter Werke oder Bauwerke mit der Abnahme selbiger. Im Kontext der §§ 437 ff. BGB ist auch die Verjährung beim Unternehmerregress, die nach § 479 Abs. 1 BGB ebenfalls wie in § 438 Abs. 2 BGB mit der Ablieferung der Sache beginnt, anzuführen. Auch wenn angesichts des ausgeprägten Reformwillens die Bevorzugung des objektiven Verjährungsbeginns in diesem Bereich zunächst verwundert, ist die Sonderbehandlung der Gewährleistungsansprüche im Kauf- und Werkvertragsrecht durchaus sinnvoll. Im Falle einer Versubjektivierung der Gewährleistungsansprüche würde durch die Verjährung der Charakter der verschuldensunabhängigen Ansprüche verkehrt: Der Haftungsumfang

Auch aus zivilprozessualer Sicht ist die gesetzliche Anknüpfung an objektive und subjektive Merkmale beim Verjährungsbeginn sinnvoll. Anders als noch im Römischen Zivilrecht, bei dem der Gerichtsmagistrat dem Petenten das Klagerecht zusprach[205], ist einer der prägenden Grundsätze unseres heutigen Zivilprozessrechts der Dispositionsgrundsatz. Darunter versteht man das Recht der Parteien, über den gesamten Rechtsstreit zu verfügen, d.h. ihn selbstbestimmt zu beginnen und zu beenden, den Streitgegenstand zu bestimmen und durch Anträge den Prozess zu gestalten.[206] Wenn aber die Parteien den Verlauf des Prozesses von Anfang bis zum Ende gestalten und verantworten, ist es einleuchtend, dass der Anspruchsgläubiger/Kläger erst in der Lage ist, sein Recht einzufordern, wenn er die den Anspruch begründenden Tatsachen kennt und benennen kann.

Durch die Anknüpfung der Regelverjährung an objektiv-subjektive Merkmale wird auch der hinter der Verjährung stehende Zweck besser erreicht:

Der in § 199 Abs. 1 Nr. 1 BGB normierte objektive Anknüpfungspunkt der Anspruchsentstehung sorgt für Rechtssicherheit und Rechtsklarheit. Der subjektive Anknüpfungspunkt des § 199 Abs. 1 Nr. 2 BGB der Kenntnis oder grob fahrlässigen Unkenntnis des Gläubigers sorgt wegen seiner Flexibilität für mehr Einzelfallgerechtigkeit. Wenn der Gläubiger die Chance hatte, seine Ansprüche zu erkennen, eine Zeit lang über deren Geltendmachung nachzudenken, sich Rechtsrat einzuholen und schließlich in ausreichender Zeit Klage zu erheben, ist ein danach eintretender Rechtsfriede für ihn viel leichter zu akzeptieren als ein durch Verjährung erzwungener. Die Befriedungsfunktion der Verjährung kann

---

des Schuldners wäre uferlos, würde man den Beginn der Verjährung dieser Ansprüche von der subjektiven Kenntnis des Gläubigers abhängig machen. Kein Schuldner würde sich unter solchen Umständen für ein Geschäft, dessen Folgen unabsehbar lang sein könnten, derart lange verpflichten wollen. Bei Schadensersatzansprüchen nach den §§ 437 Abs. 1 Nr. 3 BGB und 634 Abs. 1 Nr. 4 BGB zählt dieses Argument freilich nicht. Diese Ansprüche sind verschuldensabhängig, weshalb es auf den ersten Blick nicht unverhältnismäßig erscheinen würde, wenn der Beginn der Verjährung für den Schuldner nicht exakt vorauszusehen ist. Dennoch ist auch hier ein objektiv zu bestimmender Zeitpunkt angemessen. Denn § 325 BGB stellt klar, dass sich Rücktritt und Schadensersatz nicht ausschließen, sondern nebeneinander wählbar sind. Für die Gewährleistungsrechte wird dieses Verhältnis in § 437 Abs. 1 Nr. 2 und § 634 Abs. 1 Nr. 3 BGB ebenfalls zum Ausdruck gebracht („und“). Dieser Gleichlauf zwischen Rücktritt und Schadensersatz würde jedoch durch einen subjektiven Verjährungsbeginn des Schadensersatzanspruchs gestört.

205 Siehe oben unter 2. Teil, I. 1.

206 Musielak-*Musielak*, Einl. Rn. 35; Thomas/Putzo-*Reichold*, Einl I Rn. 5.

nur Friede erzeugen, wenn der Verjährungsbeginn von dem Wissen oder Wissenkönnen des Anspruchstellers abhängt.

Die Ansprüche, bei denen die Regelverjährung zur Anwendung kommt, können in ihrer Rechtsnatur und ihren Anspruchszielen divergieren. Es ist dennoch richtig, all diese Ansprüche von der Entstehung und der Möglichkeit der Kenntnisnahme der sie begründenden Umstände abhängig zu machen. Der Gesetzgeber hat sie bewusst einer vereinheitlichten Betrachtungsweise unterzogen und somit zum Ausdruck gebracht, dass für diese Ansprüche keine Risikoerwägungen greifen, die einen anderweitigen Verjährungsbeginn erfordern. Die veränderte Anknüpfung an objektive und subjektive Merkmale bei der Regelverjährung ist geeignet, die kürzere Verjährungsfrist durch den flexibleren Beginn abzumildern.[207] Der schwierige Nachweis, wann der Gläubiger die erforderliche Kenntnis besessen hat, kann mit dem verobjektivierten und dadurch handhabbaren Begriff der groben Fahrlässigkeit ausgeglichen werden.[208]

2. Richtigkeit der Anknüpfung an objektiv-subjektive Merkmale aus Sicht der deutschen Rechtsprechung

Ob die Überzeugung von der Richtigkeit der Anknüpfung der Verjährungsvorschriften an objektive und subjektive Merkmale sich auch in der ober- und höchstinstanzlichen Rechtsprechung widerspiegelt, soll anhand einer Rechtsprechungsübersicht dargelegt werden. Wie die einzelnen Verjährungsvorschriften, die den Beginn der Verjährung regeln, am sachgerechtesten anzuwenden und auszulegen sind, beschäftigte das Reichsgericht, die Oberlandesgerichte sowie den Bundesgerichtshof gleichermaßen. Bis zur Schuldrechtsmodernisierung waren überwiegend Verjährungsvorschriften vorhanden, die den Verjährungsbeginn an den objektiven Zeitpunkt der Anspruchsentstehung knüpften.[209] Bemerkenswert an der Rechtsprechung zu den jeweiligen Vorschriften ist, dass diese zwar in der Regel, aber nicht immer streng am Wortlaut orientiert ausgelegt, sondern im Wege der Rechtsfortbildung gelegentlich erweitert wurden. Wenn ein Gericht die angestellten Erwägungen des Gesetzgebers hinsichtlich des erforderlichen Ausgleichs

207 Abschlussbericht, S. 34; Leenen, JZ 2001, 552.

208 Vgl. noch zur Regelung des § 852 Abs. 1 BGB a.F. Schnaufer, S. 226 f.

209 Z.B. §§ 198-201 BGB a.F.; 51, 51b BRAO a.F.; 68 StBerG a.F.; 51a WPO a.F.; 37a WpHG a.F.; 43 Abs. 4 GmbHG a.F.; 31 Abs. 3 S. 1 OWiG a.F.; 88 HGB a.F.; 12 Abs. 1 S. 2 VVG a.F.; 58 S. 2 TKG a.F.

von Gläubiger- und Schuldnerinteressen bei der (Neu-) Schaffung einer Norm über den Verjährungsbeginn nicht für ausreichend hielt, sah es sich vereinzelt gezwungen, besagte Normen ergänzend auszulegen.[210] Im Folgenden soll aufgezeigt werden, in welchen Fällen rein objektive Verjährungsvorschriften um Elemente der Kenntnis erweitert wurden, weil die Rechtsprechung der Überzeugung war, dass diese Erweiterung zu gerechteren Ergebnissen führen würde.

a. Reichsgericht

Eine besondere Konstellation lag einem Urteil des Reichsgerichts zu dem Schadensersatzanspruch des Mandanten gegenüber seinem Rechtsanwalt aus § 32 a RAO a.F./§ 37 RAO a.F.[211] zu Grunde, wonach die Ansprüche des Mandanten in fünf Jahren nach dem Entstehungszeitpunkt verjährten. Da der Anwalt versäumt hatte, für seinen Mandanten eine Amtshaftungsklage einzureichen, statuierte das RG eine Sekundärhaftung aus dem anwaltlichen Dienstvertrag und führte hierzu aus: „Ein solcher Vertrag verpflichtet den Rechtsanwalt zur sorgfältigen Prüfung und Sicherung des Anspruchs nach jeder Richtung. Diese Prüfung darf vor seiner eigenen Person, seiner etwaigen eigenen Haftung, nicht haltmachen.“[212] Zur Verjährung des Anspruchs konstatierte das Gericht: „Die schuldhafte Unterlassung der rechtzeitigen Herbeiführung der Streitverkündung durch den Beklagten ist weiter für die Frage der Verjährung des Schadensersatzanspruchs gegen ihn von rechtlicher Bedeutung. Aus dem (...) Rechtsanwaltsdienstvertrag ergab sich (...) die Verpflichtung des Beklagten, diesen Anspruch auch dahin zu sichern, dass er nicht verjährte. In Beachtung der Vorschrift des § 32 a RAO (§ 37 n.F.), (...), hatte er Maßnahmen zu erwägen und der Klägerin anzuraten, die geeignet waren, gegebenenfalls eine Unterbrechung des Laufes der Verjährung herbeizuführen.“[213] Das RG verpflichtete den Anwalt also in richterlicher Rechtsfortbildung dazu, den Mandanten auf die drohende Verjährung hinzuweisen, so dass dieser Kenntnis von dem Anspruch erhält. Es wich somit von dem Entstehenszeitpunkt des Anspruchs als einziger Tatbestandsvoraussetzung ab, mit der Folge, dass die Kenntnis des Gläubigers zur weiteren Voraussetzung für den Verjährungsbeginn wurde.

---

210 Vgl. z.B. BGH, Urt. v. 17.6.2005 – V ZR 202/04, BGH NJW-RR 2005, 1683, 1686 = BGH WM 2005, 1801, 1805.

211 RGBl. I 1936, S. 111.

212 RG, Urt. v. 17.5.1938 – III 172/37, RGZ 158, 130, 134.

213 RG, Urt. v. 17.5.1938 – III 172/37, RGZ 158, 130, 136.

b. Oberlandesgerichte

aa. OLG-Rechtsprechung zur Auslegung des § 198 BGB a.F.

Einer Entscheidung des OLG Hamm im Jahr 2000 lag ein Schadensersatzanspruch der im Rahmen einer Auslobung übergangenen Preisträger wegen Auftragsvergabe an einen Kontrahenten, die nicht an der Auslobung teilnahmen, zu Grunde. Auf den Anspruch war die zweijährige Verjährungsfrist des § 196 Abs. 1 BGB a.F. mit dem Beginn nach §§ 198, 201 BGB a.F. anwendbar. Das OLG Hamm wies zunächst auf den Grundsatz hin, wonach die Verjährung i.R.d. § 198 BGB a.F. mit der Entstehung des Anspruchs begann und die Kenntnis von der Anspruchsentstehung keine Rolle spielte. Von diesem Grundsatz machte das OLG Hamm jedoch gem. § 242 BGB eine Ausnahme: Da den Preisträgern der Auslobung das Schadensersatz auslösende Ereignis der Auftragsvergabe an einen Dritten verborgen geblieben war, weil sie nichts von den Verhandlungen zwischen dem Auslobenden und dem Dritten erfuhren, müsse „die Kenntnis der Preisträger zusätzliche Voraussetzung für den Verjährungsbeginn sein. Andernfalls wäre – und das ist mit Treu und Glauben nicht zu vereinbaren – die Durchsetzung des Schadensersatzanspruchs vor Vollendung der Verjährung von einer zufälligen Aufklärung der geschädigten Preisträger abhängig, die der Beklagte unschwer verhindern könnte."[214]

Ebenfalls eine Ausnahme von der objektiven Vorschrift über den Verjährungsbeginn nach §§ 198, 201 BGB a.F. machte das OLG Koblenz. Der Fall betraf die Verjährung eines Ersatzanspruchs aus culpa in contrahendo nach § 196 BGB a.F. Zwar begann die Verjährung gemäß §§ 198, 201 BGB a.F. grundsätzlich mit dem Schluss des Jahres, in dem der Anspruch entstanden ist. Das OLG hielt es jedoch nicht für angemessen, auf den für diesen Fall maßgeblichen objektiven Zeitpunkt des Zuschlags abzustellen. Vielmehr sollte es auf die Kenntnis der Klägerin von den für die Ersatzpflicht maßgeblichen Umständen ankommen: „Der Ersatzanspruch aus Verschulden bei Vertragsverhandlungen verträgt es seiner Natur nach nicht, dass die Verjährungsfrist zu laufen beginnt, bevor der Geschädigte Kenntnis von den Umständen erlangt, welche die Ersatzpflicht gerade des für den Vertragspartner handelnden Vertreters begründen."[215] Das OLG Koblenz behandelte somit Erfüllungsansprüche anders als solche aus culpa in contrahendo. Dies begründete es mit der Unterschiedlichkeit von Erfüllungsansprüchen, bei denen die Parteien bereits bei Vertragsschluss das Bewusstsein hätten, das Risiko des fehlenden

214 OLG Hamm, Urt. v. 21.3.2000 – 24 U 64/99, OLG Hamm NJW-RR 2000, 1038.
215 OLG Koblenz, Urt. v. 18.7.2003 – 10 U 1002/02, OLGR Koblenz 2004, 1.

Gegenwerts einzugehen, wogegen bei culpa in contrahendo erst die Kenntnis von der Pflichtwidrigkeit das negative Ausmaß zum Vorschein treten lasse.[216]

In einem anderen Sachverhalt, der wiederum den Verjährungsbeginn nach §§ 198, 201 BGB a.F. und die Frist des § 196 Abs. 1 BGB a.F. betraf, schob das OLG München den Verjährungsbeginn bei Vergütungs- und Aufwendungsersatzansprüchen eines Berufsbetreuers hinaus. Maßgeblich war entgegen des Wortlauts von § 198 BGB a.F. nicht das Ende des Jahres, in dem der Anspruch entstand. Da das Gesetz den Fälligkeitszeitpunkt nicht festlege und die Ansprüche des Betreuers der Festsetzung durch das Vormundschaftsgericht bedürften, käme es für den Verjährungszeitpunkt darauf an, wann dem Betreuer eine zusammenfassende Abrechnung möglich und zumutbar sei.[217] In Übertragung dieser Rechtsprechung konstatierte das OLG Köln, dass der Verjährungsbeginn bei Erstattungsansprüchen auf die Nachvergütung der Mehrwertsteuer eines Betreuungsvereins erst mit der Zustellung des Bescheids über die Feststellung seiner Steuerschuld beginne. Erst ab diesem Zeitpunkt sei es ihm zumutbar gewesen, beim Vormundschaftsgericht Erstattungsanträge einzureichen.[218] Damit stellte es sich einer Entscheidung des OLG Frankfurt entgegen, die für einen ähnlichen Sachverhalt einen rein objektiven Beginn vorsah, jedoch mittels des Gebots aus Treu und Glauben dasselbe Ergebnis erzielte.[219] Das OLG Köln meinte hierzu, dass diese andere Entscheidung nur einen Grundsatz anspreche, „im Einzelfall ein späterer Beginn der Verjährungsfrist möglich (sei).“[220]

bb. OLG-Rechtsprechung zur Auslegung des § 51 BRAO a.F./ § 51 b BRAO a.F.

Die dreijährige Verjährungsfrist des § 51 BRAO a.F. bzw. des späteren, inhaltsgleichen § 51 b Alt. 1 BRAO a.F. begann entsprechend § 198 BGB a.F. mit der Entstehung des Anspruchs und regelte die Verjährung von Schadensersatzansprüchen des Mandanten gegen seinen Rechtsanwalt. In der Vorschrift war keine subjektive Komponente vorhanden. Dennoch wurde richterrechtlich eine Hinweispflicht für den Rechtsanwalt festgelegt. Diese beinhaltete, dass den Anwalt auf Grund des Anwaltvertrags und als Organ der Rechtspflege

---

216 Ebd.

217 BayObLG Müchen, Beschl. v. 29.6.2000 – 3Z BR 51/00, BayObLGR 2000, 77, 78.

218 OLG Köln, Beschl. v. 16.7.2004 – 16 Wx 75/04, OLG Köln FamRZ 2005, 239.

219 OLG Frankfurt, Beschl. v. 17.7.2001 – 20 W 527/00, OLGR Frankfurt 2001, 250, 251 f.

220 OLG Köln, Beschl. v. 16.7.2004 – 16 Wx 75/04, OLG Köln FamRZ 2005, 239.

Sorgfaltsmaßnahmen treffen, die darauf abzielen, dem schutzwürdigen Mandanten seine Regressansprüche zu erhalten, auch wenn der Anwalt dabei auf Ansprüche gegen sich selbst hinweisen müsse.[221] Denn § 51 BRAO a.F./ § 51 b BRAO a.F. gewährte bei wortlautgetreuer Anwendung dem Mandanten nur eine kurze und kenntnisunabhängige Möglichkeit der Geltendmachung seiner Ansprüche. Deshalb, und weil der Mandant aufgrund seiner Rechtsunkenntnis Fehler des Anwalts in der Regel nicht alsbald erkennt, hatte der Anwalt den Mandanten auf seine Pflichtverletzung und die kurze Verjährungsfrist des § 51 BRAO a.F./ § 51 b BRAO a.F. hinzuweisen. Die Hinweispflicht entfiel nur bei anderweitiger anwaltlicher Beratung des Mandanten oder wenn dieser auf anderem Weg Kenntnis vom Schadensersatzanspruch und dessen Verjährung erhalten hat.[222] Bei dieser Rechtsprechung wird besonders deutlich, dass wenig Zufriedenheit mit der objektiven Regelung des § 51 BRAO a.F./ § 51 b BRAO a.F. herrschte. Der durch die Verjährung geschützte Anwalt wurde richterrechtlich dazu verpflichtet, dem durch die Norm nach Meinung der Gerichte unzureichend geschützten Mandanten bei der rechtzeitigen Geltendmachung seiner Ansprüche zu helfen, auch wenn dies seinen eigenen Interessen zuwider lief. Für den Anwalt wurde der eigene Schutz somit erheblich geschmälert. Durch die Hinweispflicht, aufgrund derer der Mandant sichere Kenntnis vom Anspruch und dessen Verjährung erhalten hat, wurde der Tatbestand indirekt versubjektiviert. So ist auch nicht erstaunlich, dass § 51 b BRAO a.F. genauso wie die übrigen berufsbezogenen Verjährungsvorschriften § 68 StBerG a.F., § 45 b PatAO a.F., § 37a WpHG a.F. und § 51 a WPO a.F. im Zuge des „Gesetzes zur Anpassung von Verjährungsvorschriften an das Gesetz zur Modernisierung des Schuldrechts“[223] bzw. später mit der Folge aufgehoben wurde, dass nun die Regelverjährung des § 199 Abs. 1 BGB für die dort bestehenden gesetzlichen Ansprüche zur Anwendung kommen kann.

---

221 Vgl. OLG Braunschweig, Urt. v. 4.11.1971 – 1 U 26/71, OLG Braunschweig MDR 1972, 324; zuvor bereits RG, Urt.v. 17.5.1938 – III 172/37, RGZ, 158, 130, 134 f.; BGH, Urt. v. 11.7.1967 – VI ZR 41/66, BGH VersR 1967, 979.

222 OLG München, Urt. v. 10.7.1998 – 21 U 2992/98, OLG München BayObLGR 1998, 318, 319 mit Bezug auf BGH, Urt. v. 21.9.1995 – IX ZR 228/94, BGH NJW 1996, 48, 50; OLG Düsseldorf, Urt. v. 8.1.2001 – 9 U 107/00 = OLGR Düsseldorf 2001, 351.

223 BGBl. 2004 I S. 3214.

cc. OLG-Rechtsprechung zur Auslegung des § 68 StBerG a.F.

Genauso wie § 51 b BRAO a.F. war die Verjährungsregelung des § 68 StBerG a.F. ausgestaltet. Hiernach begann die Verjährung von Ersatzansprüchen des Auftraggebers gegen den Steuerberater mit der Entstehung des Anspruchs für eine Frist von drei Jahren. 1977 bis 1982 wurde die Hinweispflicht von Steuerberatern gegenüber ihren Mandanten noch abgelehnt. Das OLG Stuttgart argumentierte hiergegen als erstes Oberlandesgericht zum einen mit der mangelnden Vergleichbarkeit des Berufsbilds des Rechtsanwalts, welcher über eine umfassende Ausbildung und Rechtskenntnisse verfüge, und zum anderen mit der Unangemessenheit der Ausdehnung der für das Anwalts-Mandanten-Verhältnis richterlich geschaffenen Hinweispflicht.[224] Kurz darauf wandelte sich das Verständnis in der Rechtsprechung: Der Bundesgerichtshof statuierte in einem grundlegenden Urteil 1982 die Hinweispflicht des Steuerberaters, dem die Oberlandesgerichte fortan folgen mussten.[225] Die höchstrichterliche Rechtsprechung führte also auch hier eine Versubjektivierung des Tatbestands durch.

dd. OLG-Rechtsprechung zur Auslegung des § 51 a WPO a.F.

Bis zu einem grundlegenden Urteil des Bundesgerichtshofs von 2009 waren sich Unter- und Obergerichte uneins, ob ebenfalls eine Hinweispflicht i.R.d. objektiven Verjährungsnorm des § 51 a WPO a.F. für Wirtschaftsprüfer bestehen sollte oder nicht.[226] Das OLG Hamburg und das LG Köln bejahten eine Hinweispflicht über den Lauf der Verjährung[227], das LG Mannheim, das OLG Düsseldorf und das OLG Stuttgart lehnten dies mit der Begründung ab, der Wirtschaftsprüfer sei nicht zur Aufklärung möglicher Mängel verpflichtet.[228] Zudem sei die Frist des § 51 a WPO

---

224 OLG Stuttgart, Urt. v. 31.8.1977 – 6 U 3/77, OLG Stuttgart StB 1977, 263; OLG Stuttgart, Urt. v. 16.2.1979 – 2 U 140/78, OLG Stuttgart VersR 1980, 54; vgl. auch OLG Koblenz, Urt. v. 22.3.1978 – 1 U 1262/76, OLG Koblenz DStR 1979, 265; OLG Celle, Urt. v. 18.10.1978 – 3 U 6/78, OLG Celle StB 1979, 13.

225 BGH, Urt. v. 20.1.1982 – IVa ZR 314/80, BGHZ 83, 17, 23 ff. = BGH NJW 1982, 1285; ausführlicher zur Begründung siehe unten unter 2. Teil, I. 3. c. cc. (6).

226 Vgl. OLG Düsseldorf, Urt. v. 16.12.1999 – 13 U 5/99.

227 OLG Hamburg, WPK-Mitt. 1990, 44, 45; LG Köln, Urt. v. 19.10.1989 – 2 O 71/89, LG Köln GI 1990, 62, 68.

228 LG Mannheim, Urt. v. 14.8.1990 – 9 O 136/90, LG Mannheim GI 1991, 138, 140 f.; OLG Düsseldorf, Urt. v. 16.12.1999 – 13 U 5/99, OLG Düsseldorf GI 2000, 270, 272 f.; OLG Düsseldorf, Urt. v. 30.10.2007 – I-24 U 200/06, 24 U 200/06, OLG Düsseldorf MDR 2008, 775, 776; OLG Stuttgart, Urt. v. 15.1.2008 – 12 U 75/07.

a.F. mit fünf Jahren länger als diejenige der §§ 68 StBerG a.F., 51b BRAO a.F., weshalb das Interessengefüge zwischen den Parteien hier ausgeglichener sei.[229]

ee. OLG-Rechtsprechung zur Auslegung des § 37 a WpHG a.F.

§ 37 a WpHG a.F. regelte den Verjährungsbeginn von Schadensersatzansprüchen des Kunden gegen ein Wertpapierdienstleistungsunternehmen wegen Informationspflichtverletzungen und fehlerhafter Beratung. Ansprüche verjährten hiernach in drei Jahren von dem Zeitpunkt an, in dem der Anspruch entstanden ist. Die instanzgerichtliche Rechtsprechung war sich einig, dass eine Hinweispflicht entsprechend §§ 68 StBerG a.F., 51 b BRAO a.F. mangels eines vergleichbaren dauerhaften Vertrauensverhältnisses zwischen Kunde und Bank abzulehnen ist.[230] Die Möglichkeit des Abstellens auf subjektive Elemente in § 37 a WpHG a.F. wurde auch ansonsten als verfehlt negiert.[231]

ff. OLG-Rechtsprechung zur Auslegung des § 43 Abs. 4 GmbHG

§ 43 Abs. 4 GmbHG regelt die Verjährung von Ansprüchen gegen Geschäftsführer einer Gesellschaft mit beschränkter Haftung. Für den Beginn der Verjährung nach § 43 Abs. 4 GmbHG war bis zur Schuldrechtsreform § 198 BGB a.F. maßgeblich. Die Oberlandesgerichte hielten eine wortlautgemäße, objektive Auslegung der Norm weitestgehend ein.[232] In einem Fall, in dem es um die Verjährung eines Direktanspruchs des klagenden Gesellschaftsgläubigers gegen den Geschäftsführer ging, der sowohl gegen seine gläubigerschützende Pflicht aus § 64 Abs. 1 GmbHG als auch gegen den Straftatbestand des § 263 StGB verstoßen hatte, entschied das OLG Stuttgart jedoch, dass „für den Anspruch aus unerlaubter Handlung aus Gründen des Gläubigerschutzes die Verjährung nach BGB § 852 (gilt). Es wäre nämlich nicht gerechtfertigt, bei einem solchen besonders rechtswidrigen Verhalten des Geschäftsführers einen Schadensersatzanspruch ohne Rücksicht auf die

229 OLG Düsseldorf, Urt. v. 30.10.2007 – I-24 U 200/06, OLG Düsseldorf MDR 2008, 775, 776; OLG Stuttgart, Urt. v. 15.1.2008 – 12 U 75/07 Rn. 78, 86.

230 LG Bonn, Urt. v. 3.2.2004 – 3 O 371/03; LG Zweibrücken, Urt. v. 2.7.2004 – 1 O 478/03, LG Zweibrücken NJW-RR 2004, 1690, 1691; LG Düsseldorf, Urt. v. 10.8.2004 – 7 O 74/04, LG Düsseldorf BKR 2004, 413, 414; OLG Bremen, Urt. v. 8.12.2004 – 1 U 54/04 (a), OLGR Bremen 2005, 205, 207.

231 OLG Bremen, Urt. v. 8.12.2004 – 1 U 54/04 (a), OLGR Bremen 2005, 205, 206; OLG Frankfurt, Urt. v. 27.4.2005 – 23 U 71/04, OLG Frankfurt NJW-RR 2005, 1215, 1216.

232 Vgl. OLG Frankfurt, Urt. v. 4.12.1998 – 25 U 39/98, OLG Frankfurt NZG 1999, 767.

Kenntnis der Person des Ersatzpflichtigen nach GmbHG § 43 Abs. 4 verjähren zu lassen,…“.[233]

Einmalig wurde vom OLG Köln eine Hinweispflicht i.R.d. kenntnisunabhängigen Verjährungsvorschrift des § 43 Abs. 4 GmbHG erwogen, bei welcher der Gesellschafter verpflichtet gewesen sein könnte, auf gegen ihn gerichtete Gesellschaftsansprüche hinzuweisen.[234] Dieser Gedanke wurde im Urteil jedoch auf Grund der Besonderheit der Ein-Mann-Gesellschaft verworfen.

gg. OLG-Rechtsprechung zur Auslegung des § 31 Abs. 3 S. 1 OWiG a.F.

Das OLG Hamburg ließ im Jahre 1990 eine Rechtsbeschwerde mit der Begründung zu, dass dies „zur Fortbildung des Rechts zur Frage des Beginns der Verjährung bei Unterlassungsdelikten geboten ist.“[235] Gegenstand der maßgeblichen Verjährung nach § 31 Abs. 2 Nr. 4, Abs. 3 S. 1 OWiG a.F. war ein Anspruch nach Art. 1 § 60 SGB I i.V.m. § 29 Abs. 1 Nr. 2 BKGG. Gemäß § 31 Abs. 3 S. 1 OWiG a.F. begann die Verjährung, „sobald die Handlung beendet ist“. Übertragen auf den Anspruch aus einem echten Unterlassungsdelikt gemäß Art. 1 § 60 SGB I i.V.m. § 29 Abs. 1 Nr. 2 BKGG beginne die Verjährung laut OLG erst mit Beendigung der Handlungspflicht. Die Beendigung der Handlungspflicht trete erst dann ein, „wenn der Behörde der mitteilungspflichtige Sachverhalt bekannt geworden ist, da sie erst dann nicht nur sich aus der Verletzung dieser Pflicht ergebende Ahndungsmöglichkeiten wahrnehmen, sondern vor allem erst ab diesem Zeitpunkt sich aus §§ 13 BKGG; 50 SGB ergebende Rückzahlungsforderungen geltend machen kann.“ Und weiter: „Gerade in Fällen, in denen die Einstellung der Zahlungen und der Kenntniserlangung der Behörde über mangelnde Anspruchsvoraussetzungen auseinanderfallen, ist auf letzteren Zeitpunkt abzustellen, da erst dann über den Anspruch auf Leistungen abschließend entschieden werden kann und somit die Verletzung der Anzeigepflicht erst dann zur Kenntnis der Behörde kommt und Erfolg zeitigt.“[236] Das OLG Hamburg erweiterte den Wortlaut des § 31 Abs. 3 Nr. 1 OWiG a.F. somit in Fällen echter Unterlassungsdelikte auf den Zeitpunkt der Kenntniserlangung der Behörde.

---

233 OLG Stuttgart, Urt. v. 29.6.2000 – 13 U 185/99, OLG Stuttgart NJW-RR 2001, 174; zustimmend OLG Sachsen-Anhalt, Urt. v. 21.8.2003 – 7 U 23/03, OLG Sachsen-Anhalt NJW-RR 2004, 613.

234 Vgl. OLG Köln, Urt. v. 29.6.2000 – 18 U 31/00, OLGR Köln NZG 2000, 1137.

235 OLG Hamburg, Beschl. v. 22.6.1990 – 3 Ss 12/90 OWi, OLG Hamburg MDR 1990, 850.

236 Ebd.

hh. OLG-Rechtsprechung zur Auslegung des § 88 HGB a.F.

§ 88 HGB a.F. regelte die Verjährung von sämtlichen Ansprüchen aus dem Handelsvertreterverhältnis, die vier Jahre betrug und mit dem Schluss des Jahres, in dem die Ansprüche fällig wurden, begann. Hinsichtlich der formularmäßigen Verkürzung der gesetzlichen Verjährungsfrist aus § 88 HGB a.F. auf ein Viertel der Zeit entschied das OLG München, dass dies nicht zulässig ist, „wenn nicht sicher gestellt ist, daß der Verjährungsbeginn für den Anspruchsinhaber zumindest in der Regel ohne weiteres erkennbar ist.“[237]

Das OLG München führte seine ablehnende Haltung der rein objektiven Anknüpfung des Verjährungsbeginns von Handelsvertreteransprüchen vier Jahre später fort. In dem der Entscheidung zu Grunde liegenden Sachverhalt hatten die Parteien individualvertraglich vereinbart, dass die Verjährungsfrist für Provisionsansprüche mit Eintritt der Fälligkeit der Ansprüche beginnen soll und zwölf Monate beträgt. Das OLG München hielt die Vereinbarung, nach welcher der Lauf der Verjährungsfrist ohne Rücksicht auf die Kenntnis des Anspruchsberechtigten von der Anspruchsentstehung bereits mit der Fälligkeit beginnt, für unwirksam. Die Anknüpfung an die Fälligkeit berücksichtige nicht den Grundsatz der Gleichbehandlung von Handelsvertreter und Unternehmer, die nicht dieselben Erkenntnismöglichkeiten hätten.[238]

Das KG Berlin urteilte, dass die formularmäßige Verkürzung der Verjährungsfrist aus § 88 HGB a.F. dann zulässig sei, wenn sie gleichzeitig mit der Regelung verbunden würde, dass die Verjährungsfrist frühestens mit der Kenntnis des Gläubigers von der Entstehung des Anspruchs beginnt. Denn dann wäre sichergestellt, dass Provisionsansprüche nicht schon vor Ablauf der gesetzlichen Verjährungsfrist ausscheiden, ohne dass der Vertreter davon wissen konnte.[239]

c. Bundesgerichtshof

aa. BGH-Rechtsprechung zur Auslegung des § 198 BGB a.F.

In einem Fall hatte der BGH über die Frage der Verjährung von Entgeltansprüchen des Versorgungsunternehmens für die Belieferung mit elektronischem Strom zu

---

237 OLG München, Urt. v. 7.2.1996 – 7 U 5042/95, OLG München BayObLGR 1996, 126 = OLG München NJW-RR 1996, 991, 992; bestätigend auch OLG Köln, Urt. v. 16.4.2010 – 19 U 142/09.

238 OLG München, Urt. v. 15.11.2000 – 7 U 3545/00, OLGR München 2001, 111, 112.

239 KG Berlin, Urt. v. 2.5.2002 – 2 U 7/01, KG Berlin VersR 2002, 1554.

entscheiden. Die Verjährung des Anspruchs richtete sich nach der kurzen, vierjährigen Verjährungsfrist des § 196 Abs. 1 Nr. 1, Abs. 2 BGB a.F. sowie hinsichtlich des Beginns nach §§ 198, 201 BGB a.F. Um die Kunden des Stromversorgers vor dem raschen Ablauf der objektiven Frist zu schützen, statuierte der BGH einen Schutz vor uferlosen Nachforderungen durch eine Ausschlussfrist. Hiernach musste die Fehlerberichtigung in einem Zeitraum unter zwei Jahren erfolgen. Diese Zweijahresfrist war von dem Zeitpunkt an zurückzurechnen, „in welchem der Abnehmer von der Möglichkeit, wegen eines Berechnungsfehlers in Anspruch genommen zu werden, aufgrund eigener Feststellungen oder durch Mitteilung des Versorgungsunternehmens jedenfalls dem Grunde nach Kenntnis erlangt hat."[240] Da zur Tatsachenkenntnis des Gläubigers von den Vorinstanzen keine Feststellungen getroffen wurden, verwies der BGH die Entscheidung zurück.

bb. BGH-Rechtsprechung zur Auslegung des § 51 BRAO a.F./ § 51 b BRAO a.F.

Zu § 51 BRAO a.F. bzw. dem späteren, inhaltsgleichen § 51 b BRAO, welche dem § 198 BGB a.F. nachgebildet waren und demnach einen objektiven Verjährungsbeginn vorsahen, ergingen mehrere höchstrichterliche Entscheidungen. Diese lagen ganz auf der Linie der Rechtsprechung des Reichsgerichts zu § 32 a RAO a.F. bzw. § 37 RAO a.F. und der Rechtsprechung der Oberlandesgerichte. Der BGH bekräftigte hiernach, dass einen Rechtsanwalt die Pflicht treffe, seinen Mandanten auf einen gegebenen Regressanspruch gegen ihn selbst sowie dessen Verjährung hinzuweisen, wodurch dieser von der Anspruchsmöglichkeit und der drohenden Verjährung Kenntnis erhält und somit die Regelung des § 51 BRAO a.F. bzw. § 51 b BRAO a.F. indirekt um ein subjektives Element erweitert wurde. Versäumt der Anwalt diesen Hinweis, hat der Mandant nach Ansicht des BGH einen selbstständigen Schadensersatzanspruch gegen seinen Rechtsbeistand, der in der Regel mit dem Tag des zum Ersatz berechtigenden Fehlers des Anwalts beginnt.[241] Bestand das Mandatsverhältnis fort, bekräftigte der BGH, „dass auch dann, wenn sowohl im Zeitpunkt der Verjährung des Primäranspruchs als auch drei Jahre später das Mandatsverhältnis noch andauert und der Mandant nicht zwischenzeitlich die

---

240 BGH, Urt. v. 8.7.1981 – VIII ZR 222/80, BGH NJW 1982, 930, 931.

241 BGH, Urt. v. 11.7.1967 – VI ZR 41/66, BGH VersR 1967, 979; vgl. auch BGH, Urt. v. 20.5.1975 – VI ZR 138/74, BGH NJW 1975, 1655, wo der BGH, nachdem der Anwalt seinen Fehler festgestellt, mitgeteilt und den Mandanten auf den Regressanspruch, aber nicht den Verjährungsbeginn hingewiesen hatte, die Hinweispflicht des Anwalts bezüglich des Verjährungsbeginns spätestens mit der Fortführung des Mandats durch den Anwalt für notwendig erachtete.

erforderliche Kenntnis erhalten hat, der sekundäre Anspruch grundsätzlich erst drei nach Mandatsende verjährt."[242] Wenn aber der Mandant innerhalb der Dauer des Mandats Kenntnis von der Ersatzpflicht des Anwalts erhalten hatte, bedurfte es durch den Anwalt nur noch des Hinweises auf den Beginn der dreijährigen Verjährung nach § 51 BRAO a.F. Unterließ der Anwalt jedoch auch diese zusätzliche Belehrung, begann die dreijährige Verjährung entsprechend § 852 Abs. 1 BGB a.F. erst mit der Kenntnis des Mandanten von dem Schaden, den Umständen und der ersatzpflichtigen Person.[243]

cc. BGH-Rechtsprechung zur Auslegung des § 68 StBerG a.F.

Im Jahre 1982 übertrug der BGH die eben für die sekundäre Haftung bei Anwälten aufgestellten Grundsätze auf die sekundäre Haftung eines Steuerberaters. Den Steuerberater treffe genauso wie den Rechtsanwalt eine Hinweispflicht hinsichtlich eines gegen ihn gerichteten Regressanspruchs sowie hinsichtlich der drohenden Verjährung des Anspruchs. Beide Berufsgruppen hätten die rechtliche Beratung sowie die Erledigung von Rechtsangelegenheiten zur Aufgabe. Da der Steuerberater in der Regel ein Dauermandat habe, sei das Treueverhältnis sowie die Belehrungspflichten umso enger.[244] Die Verjährung des Regressanspruchs gegen den Steuerberater gemäß § 68 StBerG beginnt regelmäßig frühestens mit der Bekanntgabe des belastenden Steuerbescheids an den Mandanten.[245]

dd. BGH-Rechtsprechung zur Vertragshaftung eines Architekten

In einem Urteil aus dem Jahre 1978 statuierte der BGH eine der Hinweispflicht des Rechtsanwalts und später des Steuerberaters entsprechende Pflicht, „auch Mängel des eigenen Architektenwerks so rechtzeitig zu offenbaren, daß der Bauherr noch vor Eintritt der Verjährung seine Rechte gegen ihn geltend machen kann.[246] Der BGH begründete dies mit der vertrauensstiftenden Sachwalterstellung, die der Architekt inne habe. So treffe ihn zum einen die Pflicht zur Wahrung der Auftraggeberrechte gegenüber den Bauunternehmern, zum anderen aber auch

---

242 BGH, Urt. v. 8.5.1984 – VI ZR 156/82, BGH NJW 1984, 2204.

243 Ebd., BGH NJW 1984, 2204, 2205.

244 BGH, Urt. v. 20.1.1982 – IVa ZR 314/80, BGHZ 83, 17, 23 ff. = BGH NJW 1982, 1285, 1287.

245 BGH, Urt. v. 2.7.1992 – IX ZR 268/91; BGHZ 119, 69 = BGH NJW 1992, 2766; BGH, Urt. v. 26.5.1994 – IX ZR 57/93, BGH BB 1994, 1522; BGH, Urt. v. 11.5.1995 – IX ZR 140/94, BGH VersR 1995, 1062.

246 BGH, Urt. v. 16.3.1978 – VII ZR 145/76, BGH NJW 1978, 1311.

die Klärung der Ursachen von Mängeln, auch wenn hierfür eigene Planungs- oder Aufsichtsmängel ursächlich waren.[247] Demnach bekam der Auftraggeber auf Grund der unterlassen Unterrichtung durch den Architekten einen selbstständigen Schadensersatzanspruch aus positiver Vertragsverletzung zugesprochen.[248]

Für einen Tragwerksplaner, der die Statik zu erstellen und die Bewehrungskontrolle durchzuführen hatte, wurde eine besondere, dem Architekten entsprechende Sachwalterstellung jedoch verneint, sofern er keine Betreuungs- und Aufklärungspflichten übernommen hatte.[249]

ee. BGH-Rechtsprechung zur Auslegung des § 51 a WPO a.F.

Nachdem die oberlandesgerichtliche Rechtsprechung die Sekundärhaftung des Wirtschaftsprüfers noch zwiegespalten beurteilte, verneinte der BGH diese im Jahre 2009 jedenfalls für den als Jahresabschlussprüfer tätigen Wirtschaftsprüfer. Der als Jahresabschlussprüfer tätige Wirtschaftsprüfer habe keine umfassende Sachwalterstellung, sondern ein eng umgrenztes Aufgabenfeld, da er nur den Jahresabschluss prüfe und keine darüber hinausgehende Verantwortung habe.[250]

ff. BGH-Rechtsprechung zur Auslegung des § 37 a WpHG a.F.

§ 37 a WpHG a.F. regelte den objektiven Verjährungsbeginn von Schadensersatzansprüchen des Kunden gegen ein Wertpapierdienstleistungsunternehmen wegen Informationspflichtverletzungen und fehlerhafter Beratung. Die Oberlandesgerichte lehnten eine Übertragung der Rechtsprechung zur Statuierung einer Sekundärhaftung für den Wertpapierdienstleister einmütig ab. Dies tat der BGH den Obergerichten gleich, indem er die Sekundärhaftung mangels dauerhaften Vertrauensverhältnisses ablehnte.[251]

§ 51 b BRAO a.F. wurde genauso wie die übrigen berufsbezogenen Verjährungsvorschriften § 68 StBerG a.F., § 45 b PatAO a.F., § 37a WpHG a.F. und § 51 a WPO a.F. im Zuge des „Gesetzes zur Anpassung von Verjährungsvorschriften an das Gesetz zur Modernisierung des Schuldrechts“[252] geändert bzw. später aufgehoben. Nunmehr kommt in diesen Bereichen die Regelverjährung zur Anwendung.

---

247 BGH, Urt. v. 16.3.1978 – VII ZR 145/76, BGH NJW 1978, 1311, 1313.
248 Ebd.
249 BGH, Urt. v. 27.9.2001 – VII ZR 320/00, BGH NJW 2002, 288, 289 f.
250 BGH, Urt. v. 10.12.2009 – VII ZR 42/08, BGH NJW 2010, 1808, 1810.
251 BGH, Urt. v. 8.3.2005 – XI ZR 170/04, BGH WM 2005, 929, 931.
252 BGBl. 2004 I S. 3214.

gg. BGH-Rechtsprechung zur Auslegung des § 88 HGB a.F.

§ 88 HGB a.F. regelte die Verjährung von sämtlichen Ansprüchen aus dem Handelsvertreterverhältnis, die vier Jahre betrug und mit dem Schluss des Jahres, in dem die Ansprüche fällig wurden, begann. Der BGH betonte in einer Entscheidung von 1990, dass der vom Gesetzgeber in den Fokus genommene Grundsatz der Gleichbehandlung von Handelsvertreter und Unternehmer bei einer vertragsmäßigen Abkürzung der Frist aus § 88 HGB a.F. stets gewahrt sein müsse. In dieser Entscheidung, in dem die Parteien den Anspruch auf sechs Monate verkürzt hatten, den Beginn des Laufs dieser Frist jedoch von der Kenntnis der Anspruchsentstehung abhängig machten, sah der BGH das Gleichgewicht als gewahrt an. Der Handelsvertreter habe nach Kenntnisnahme noch ausreichend Zeit zur Berechnung der Ansprüche.[253] Eine Klausel, die die Verkürzung der Frist aus § 88 HGB a.F. auf zwölf Monate vorsah, jedoch den Beginn der Frist bereits mit der Fälligkeit des Anspruchs und unabhängig von der Kenntnis von der Anspruchsentstehung einsetzen ließ, erklärte der BGH hingegen für unwirksam: Die Klausel könne zur Folge haben, dass Ansprüche des Handelsvertreters verjähren bevor dieser Kenntnis von den Ansprüchen haben kann.[254]

hh. BGH-Rechtsprechung zur Auslegung des § 12 Abs. 1 S. 2 VVG a.F.

Gemäß § 12 Abs. 1 S. 2 VVG a.F. begann die Verjährung von Ansprüchen aus Versicherungs- bzw. Lebensversicherungsverträgen mit dem Schluss des Jahres, in dem die Leistung verlangt werden konnte. Unter diesem Zeitpunkt wurde allgemein derjenige der Fälligkeit des Anspruchs verstanden, nach welchem eine Klage auf sofortige Leistung erhoben werden konnte.[255] § 11 Abs. 1 VVG a.F. konkretisierte den Zeitpunkt der Fälligkeit dahingehend, dass Geldleistungen des Versicherers mit Beendigung der zur Feststellung des Versicherungsfalls und des Umfangs der Leistungen nötigen Erhebungen fällig waren. In einer Entscheidung aus dem Jahre 1994 führte der BGH aus, dass „die Verjährungsfrist des § 12 Abs. 1 VVG für die Forderung eines Versicherers nicht erst mit der Kenntnis des

253 BGH, Urt. v. 10.5.1990 – I ZR 175/88, BGH NJW-RR 1991, 35, 37.
254 BGH, Urt. v. 3.4.1996 – VIII ZR 3/95, BGH BB 1996, 1188, 1189.
255 BGH, Urt. v. 10.5.1983 – IVa ZR 74/81, BGH NJW 1983, 2882; BGH, Urt. v. 4.11.1987 – IVa ZR 141/86, BGH NJW-RR 1988, 212, 213; BGH, Urt. v. 19.1.1994 – IV ZR 117/93, BGH NJW-RR 1994, 410, 411.

Versicherers vom Bestand der Forderung, sondern mit Kenntnis der die Forderung begründenden Umstände (beginnt).“[256]

ii. BGH-Rechtprechung zur Auslegung des § 58 S. 2 TKG a.F.

Gemäß § 58 S. 2 TKG a.F. verjährten Ansprüche aus § 57 TKG a.F. in zwei Jahren, wobei die Verjährung mit dem Schluss des Jahres begann, in welchem der Anspruch entstanden ist. § 57 Abs. 2 S. 2 TKG a.F. gewährte einen einmaligen Ausgleich in Geld für eine erweiterte Nutzung zu Zwecken der Telekommunikation, sofern bisher keine Leitungswege vorhanden waren, die zu Zwecken der Telekommunikation genutzt werden konnten. In einer § 58 S. 2 TKG a.F. betreffenden Entscheidung aus dem Jahre 2005 nahm der BGH besonders deutlich eine ergänzende Auslegung des Wortlauts vor: „§ 58 S. 2 TKG a.F. knüpft den Beginn der Verjährung… – entsprechend § 198 S. 1 BGB a.F. – an den objektiven Umstand der Anspruchsentstehung. Diese Regelung erweist sich jedoch als lückenhaft und bedarf, auch aus verfassungsrechtlichen Gründen, der *Ergänzung durch ein subjektives Element* auf Seiten des Anspruchsinhabers.“[257] Der BGH konstatierte folglich, dass neben der Anspruchsentstehung weitere Voraussetzung des Verjährungsbeginns sei, dass der Gläubiger Kenntnis von den anspruchsbegründenden Voraussetzungen hatte oder dass sie ihm infolge grober Fahrlässigkeit verborgen geblieben seien.[258] Als Begründung führte er an, dass der Grundstückseigentümer/Gläubiger die Nutzungsmöglichkeiten bestehender Rechte in der Regel gar nicht erkennen könne, weil sie ihm durch das Einspeisen der Kabel in vorhandene Leerrohre gar nicht bewusst würden und er dies auch nicht ohne Weiteres überprüfen könne.[259] Mit dem rein objektiven Verjährungsbeginn würden dem Gläubiger daher in unzulässiger Weise verfassungsrechtlich geschützte Eigentumsrechte abgeschnitten. Der vom Gesetzgeber unbedingt vorzunehmende Ausgleich der widerstreitenden Schuldner- und Gläubigerinteressen sei bei § 58 S. 2 TKG zu einseitig ausgefallen und auch nicht auf Grund des Überragens von Partikularinteressen gerechtfertigt. Die Vorschrift müsse deshalb verfassungskonform

---

256 BGH, Urt. v. 19.1.1994 – IV ZR 117/93, BGH NJW-RR 1994, 410, 411.

257 BGH, Urt. v. 17.6.2005 – V ZR 202/04, BGH NJW-RR 2005, 1683, 1685 = WM 2005, 1801, 1804 f.

258 BGH, Urt. v. 17.6.2005 – V ZR 202/04, BGH NJW-RR 2005, 1683 = WM 2005, 1801.

259 BGH, Urt. v. 17.6.2005 – V ZR 202/04, BGH NJW-RR 2005, 1683, 1685 f. = WM 2005, 1801, 1804.

ergänzend ausgelegt werden.[260] Es genüge auch nicht – wie dies das Berufungsgericht vorgeschlagen hatte – dem Gläubiger nur einen Einwand der unzulässigen Rechtsausübung aus § 242 BGB zuzubilligen.[261]

d. Gesamtfazit zur Rechtsprechungsübersicht

Die Rechtsprechungsübersicht der vergangenen Jahrzehnte zeigt, dass eine Entwicklung hin zur Einbeziehung von objektiven *und* subjektiven Elementen im Bereich des Verjährungsbeginns stattgefunden hat. Die Rechtsprechung erachtete es bei Ansprüchen, denen ein objektiver Verjährungsbeginn zugrunde lag, in vielen Fällen für gerechter, den Verjährungsbeginn zusätzlich von den Kenntnismöglichkeiten des Gläubigers abhängig zu machen.

Diese richterliche Erweiterung der früheren objektiven Verjährungsvorschriften half den Paradigmenwechsel einzuleiten, der mit dem Inkrafttreten des § 199 Abs. 1 BGB n.F. nun de lege lata vollzogen worden ist. Dieser Wechsel erweist sich nicht zuletzt deshalb als richtig, weil die Judikative auf diese Weise nicht mehr veranlasst ist, die durch die starren objektiven Regelungen bedingten Ungerechtigkeiten im Einzelfall durch die Einbeziehung von Kenntnismöglichkeiten beim Gläubiger zu korrigieren. Denn der Einzelfallgerechtigkeit sowie den Gläubigerinteressen wird mit der neuen Regelung, welche über einen großen Anwendungsbereich verfügt, ohnehin stärker Rechnung getragen als noch vor der Reform.[262]

3. Richtigkeit der Anknüpfung an objektiv-subjektive Merkmale aus rechtsvergleichender Sicht

Alle modernen Rechtsordnungen unterwerfen gegenwärtig entweder das Forderungsrecht selbst oder die Durchsetzung des Rechts im Klageweg einer zeitlichen Begrenzung.[263] Über Jahrzehnte hinweg war die Ausgestaltung von Fristen, Beginn, Hemmung oder gesetzlicher Verortung des Verjährungsrechts in den internationalen Verjährungssystemen sehr unterschiedlich. In Deutschland wurden nach einem zwanzig Jahre währenden wissenschaftlichen Dialog

---

260 Ebd., BGH NJW-RR 2005, 1683, 1686 = WM 2005, 1801, 1805.

261 Ebd., BGH NJW-RR 2005, 1683, 1685 = WM 2005, 1801, 1804.

262 Zum Spannungsfeld zwischen Gläubiger- und Schuldnerinteressen siehe bereits 1. Teil, I. 2.

263 Vgl. Zimmermann, JZ 2000, 853, 854.

im Jahre 2001 neue Verjährungsregelungen verabschiedet.[264] Die Diskussion wurde jedoch nicht nur auf nationaler Ebene geführt. Parallel zur deutschen Entwicklung nahm auch die europäische Idee der Rechtsvereinheitlichung im Verjährungsrecht Fahrt auf. Ebenfalls im Jahre 2001 veröffentlichte die Commission on European Contract Law ihre Principles of European Contract Law, die eigens vorab publiziert wurden, um sie für die deutsche Reformdiskussion fruchtbar zu machen.[265] Weitere Vereinheitlichungsprojekte folgten, von denen die Principles of International Commercial Contracts von Unidroit[266] und der Draft Common Frame of Reference[267] ähnlich starke internationale Beachtung fanden. Es überrascht nicht, dass Deutschland angesichts des europaweit auflebenden Bewusstseins um die Schwächen der geltenden, teils über Jahrhunderte bestehenden Verjährungsvorschriften nicht das einzige Land war, dass sein Verjährungssystem reformierte oder einleitende Schritte in diese Richtung unternahm. Ein reformiertes Verjährungsrecht findet sich nun beispielsweise in den Niederlanden, Frankreich und Dänemark.[268] In England stand die Reform des Verjährungsrechts kurz bevor, wurde aber von der damaligen Regierung 2009 erst einmal gestoppt.[269] Das Schweizer Justizdepartement hat am 31. August 2011 einen Vernehmlassungsvorschlag zu einer Reform des Verjährungsrechts vorgestellt.[270] Es scheint nicht ausgeschlossen, dass andere Nationen diesen Vorbildern nachfolgen werden.

Im Folgenden sollen die Verjährungssysteme Englands, der USA, Frankreichs, der Niederlanden, Italiens, Spaniens, der Schweiz anhand einheitlicher Kriterien untersucht werden. Die Untersuchung soll vor allen Dingen Aufschluss darüber

---

264 Gesetz zur Modernisierung des Schuldrechts, BGBl. 2001 I, 3138 ff.

265 Otto, S. 285; die Vorabfassung der PECL sind in deutscher Fassung abgedruckt in ZEuP 2001, 400 ff.; die deutsche Ausgabe des Teil III mit dem das Verjährungsrecht betreffenden Kapitel 14 der PECL stammt von v. Bar/Zimmermann, Grundregeln des Europäischen Vertragsrechts, Teil III, München 2005.

266 Verjährungsrecht in Kapitel 10, abgedruckt in Unidroit (Hrsg.) Principles of International Commercial Contracts 2004, Rom 2004.

267 Verjährungsrecht in Buch III, Kapitel 7, abgedruckt in v. Bar/Clive/Schulte-Nölke (Hrsg.), Principles, Definitions and Model Rules of European Private Law, Draft Common Frame of Reference (DCFR), München 2009; zum DCFR siehe auch den Aufsatz von Patti, Rechtssicherheit und Gerechtigkeit im Verjährungsrecht des DCFR, ZEuP 2010, 58 ff.

268 Aktuelle Nachweise zu den internationalen und europäischen Entwicklungen finden sich bei Zimmermann/Kleinschmidt, FS Gruber 2009, 861, 864 f.

269 Zum Verjährungsrecht Englands siehe 2. Teil, I. 3. aa.

270 Zum Verjährungsrecht der Schweiz siehe 2. Teil, I. 3. gg.

geben, ob andere Verjährungssysteme genauso wie der deutsche Gesetzgeber das Institut der Regelverjährung und einen objektiv-subjektiven Verjährungsbeginn eingeführt haben.

a. England

aa. Gesetzlicher Rahmen

Das englische Verjährungsrecht ist kodifiziertes Recht.[271] Der Limitation Act von 1980 enthält alle praktisch bedeutsamen Verjährungsgesetze. Dieser wurde zwar zwischen 1985 und 1987 mehrfach modifiziert[272], gleichwohl behält er nach wie vor als Hauptwerk des Verjährungsrechts seine Gültigkeit. Der Limitation Act 1980 besteht aus drei Teilen. Der erste betrifft die gewöhnlichen Zeitfristen für unterschiedliche Klagearten (Part I, s. 1–27), der zweite handelt von der Ausweitung bzw. dem Ausschluss der gewöhnlichen Zeitfristen (Part II, s. 28–33) und der dritte Teil behandelt Verschiedenes und Allgemeines (Part III, s. 34–41). Section 39 stellt klar, dass Verjährungsgesetze anderer Regelwerke nicht durch den Limitation Act 1980 verdrängt werden. So finden sich auch außerhalb des Limitation Act 1980 eine Vielzahl unzusammenhängender Fristenregelungen in anderen Gesetzen wieder.[273] Das englische Verjährungsrecht begrenzt nicht den Anspruch, sondern die Klage in zeitlicher Hinsicht.[274] Im Gegensatz zum deutschen Recht ist es dem Prozessrecht und nicht dem materiellen Recht zuzuordnen.[275] Der Prozess

---

271 Conrads, S. 9.

272 Siehe die Auflistung bei Dannemann/Karatzenis/Thomas, RabelsZ 55 (1991), 697, 701.

273 Siehe die tabellarische Übersicht der Law Commission, Consultation Paper No 151, S. 124–140.

274 Vgl. s. 1 (1) des Limitation Act 1980: „This Part of this Act gives the ordinary time limits for bringing *actions* of the various classes mentioned in the following provisions of this Part."

275 Bis zum Foreign Limitation Period Act 1984 war diese Unterscheidung des englischen Rechts von den meisten kontinentaleuropäischen Rechtsordnungen vor allem im Internationalen Privatrecht bedeutsam. Während diejenigen Rechtsordnungen Kontinentaleuropas, deren Rechtsnatur bislang nicht endgültig geklärt ist, die Verjährung dem auf den jeweiligen Anspruch anwendbaren Recht unterstellten (lex causae), unterstellten die englischen Gerichte die verfahrensrechtlichen Fristen der zeitlich längeren lex fori. Mit dem Foreign Limitation Act 1984 nivellierte sich dieser Unterschied. England qualifiziert seitdem die Verjährung auf internationaler Ebene als materiellrechtlich und wendet für Klagen, die vor einem englischen Gericht nach ausländischem Recht behandelt werden, die Verjährungsfristen der lex

muss vor dem Fristende eingeleitet werden, ansonsten kann das Klagerecht nicht mehr gerichtlich verfolgt werden.[276]

bb. Verjährungsfristen und deren Beginn

Fristen

Der Limitation Act 1980 kennt keine § 199 Abs. 1 BGB entsprechende regelmäßige Verjährungsfrist. Stattdessen werden im ersten Teil des Limitation Acts 1980 circa zwanzig Verjährungsregelungen zu den unterschiedlichen Klagearten aufgeführt. Für jeden einzelnen Klagetyp besteht somit eine eigene Fristenregelung. Die meisten der Klagen verjähren innerhalb drei, sechs oder zwölf Jahren, wogegen in Deutschland die regelmäßige Verjährungsfrist, die nun einen großen Teil der Ansprüche nach dem BGB erfasst, gem. § 199 Abs. 1 BGB drei Jahre beträgt.

Klagen wegen Ehrverletzungen („libel and slander") bzw. einer Art übler Nachrede („malicious falsehood") verjähren gemäß s. 4A in einem Jahr. Eine Zweijahresfrist sieht s. 10 (1) für die aus dem Civil Liability (Contribution) Act 1978 Begünstigten vor.

Schadensersatzklagen wegen Körperverletzungen oder Tötungen („personal injuries or death") auf Grund von Fahrlässigkeit („negligence"), gefährdenden Handlungen bzw. Unterlassungen („nuisance") oder Vertragsbruch („breach of duty") gem. s. 11 (4) (b) verjähren genauso wie Klagen aus dem Law Reform Act 1934 (s. 11 (5) (b)) in drei Jahren. Klagen wegen Ansprüchen nach dem Fatal Accidents Act 1976 verjähren gemäß s. 12 (2) (b) ebenfalls in drei Jahren. Die Dreijahresfrist wird auch auf Personenschäden angewandt, die aus anderen deliktischen Handlungen herrühren.[277] S. 11A (4) (b) sieht eine Dreijahresfrist für Klagen aus dem Consumer Protection Act 1987 vor, S. 14A (4) (b) für Klagen aus verborgenen Schäden.

Klagen aus Delikt („tort") unterliegen nach s. 2 einer sechsjährigen Frist. Gleiches gilt für Klagen aus einem einfachen, unbesiegelten Vertrag („simple contract") gemäß s. 5, wegen eines Darlehens („contract of loan") gemäß s. 6, wegen von einem Schiedsgericht festgestellter Ansprüche (s. 7), aus „sums recoverable by statute" (s. 9), Rückstände aus Mietverträgen (s. 19), Zinsansprüche aus einem

---

causae an; vgl. Danco, S. 63 ff., Nachweise zu den kontinentaleuropäischen Rechtsordnungen in Fn. 215.

276 So wird es vom englischen Kommentar Birks auch zutreffender Weise im Kapitel „Civil Procedure" behandelt, vgl. Birks-*Andrews* II, 19.94 ff., auch zum Erfordernis der rechtzeitigen Prozesseinleitung.

277 Vgl. Dannemann/Karatzenis/Thomas, RabelsZ 55 (1991), 697, 701 Fn. 15.

hypothekarisch gesicherten Darlehen (s. 20 (5)), aus einem Vertragsbruch i.S.d. s. 21 (3) und wegen durch Urteil festgestellter Ansprüche (s. 24).

Eine Zwölfjahresfrist ist für Klagen aus einem unter Siegel geschlossenen Vertrag („specialty") gem. s. 8 vorgesehen. Ebenfalls in zwölf Jahren verjähren Klagen auf Wiedererlangung von Grundbesitz („recover land") gem. s. 15 (1), Klagen auf Rückzahlung eines hypothekarisch gesicherten Darlehens (s. 20 (1)) und den Nachlass eines Verstorbenen (s. 22). Klagen bezüglich Treuhandvermögen („trust property") gem. s. 21 (1) sind unverjährbar.

Beginn

Außer den Regelungen, die eine dreijährige Frist aufweisen[278], beginnen alle anderen Regelungen des Limitation Acts 1980 von einem objektiven Zeitpunkt an.[279] Genauso verhält es sich mit Verjährungsregelungen aus anderen Gesetzen.[280] In der Regel ist im englischen Gesetz als Verjährungszeitpunkt der Tag der „accrual of cause of action", also der Tag der Entstehung des Klagegrundes, genannt. Wann dieser Entstehungszeitpunkt vorliegt, wird vom Limitation Act 1980 nicht definiert.[281] In der englischen Literatur und Gerichtspraxis wird davon ausgegangen, dass der Zeitpunkt maßgeblich ist, an dem der Gläubiger den Anspruch erstmals gerichtlich durchsetzen kann.[282] Das ist derjenige Zeitpunkt, an dem die Tatsachen eingetreten sind, die der Kläger im Bestreitensfall beweisen müßte, um eine Verurteilung des Beklagten zu erreichen.[283] Je nach Klagetyp und dazugehörigem Klagegrund sind an diese Zeitpunkte unterschiedliche Anforderungen zu stellen.[284]

---

278 Vgl. ss. 11 (4) (b), 11 (5) (b), 11A (4) (b), 12 (2) (b), 14A (4) (b).

279 Siehe auch die tabellarische Übersicht der Law Commission, Consultation Paper No 151, S. 23–25.

280 Siehe die tabellarische Übersicht der Law Commission, Consultation Paper No 151, S. 124–140.

281 Vgl. Chitty-*Burrows*, Rn. 28–031.

282 Chitty-*Burrows*, Rn. 28–031; *Lord Esther in Read versus Brown* (1888) 22 Q.B.D. 128, 131; *Cooke versus Gill* (1873) L.R. 8 C.P. 107, 116; *Reeves versus Butcher* (1891) 2 Q.B. 509, 511; *Coburn versus Colledge* (1897) 1 Q.B. 702, 706, 707; Dannemann/Karatzenis/Thomas, RabelsZ 55 (1991), 697, 702 m.w.N.

283 Conrads, S. 49 unter Bezugnahme auf die Urteile *Lord Esther in Read versus Brown* (1888) 22 Q.B.D. 128, 131; *Reeves versus Butcher* (1891) 2 Q.B. 509, 511.

284 Beispiele für die einzelnen Zeitpunkte finden sich bei Dannemann/Karatzenis/Thomas, RabelsZ 55 (1991), 697, 702 m.w.N.; Conrads, S. 55 ff.; Chitty-*Burrows*, Rn. 28–032 ff.

Bei den Schadensersatzklagen aus ss. 11 (4), 11 (5), 12 (2) hängt der Verjährungsbeginn alternativ *entweder* von dem Tag, an dem der Klagegrund entstand, *oder* von dem Tag, an dem der Geschädigte Kenntnis erlangte, ab. Welche genauen Anforderungen an die Kenntniserlangung gestellt werden, bestimmt s. 14.

Nach s. 14 (1) ist der Zeitpunkt maßgeblich, an dem der Kläger erstmals von bestimmten Tatsachen wusste. Er muss hiernach u.a. wissen, dass (a) die Verletzung bedeutsam („significant") war und dass sie (b) insgesamt oder teilweise einer Handlung oder Unterlassung zuzurechnen war, die einen Schadensersatzanspruch wegen Körperverletzung aus „negligence", „nuisance" oder „breach of duty" begründet. Zudem muss er wissen, (c) wer Beklagter ist und (d) wenn behauptet wird, die Handlung oder Unterlassung sei die einer anderen Person als der des Beklagten, wer diese Person war. Als irrelevant bezeichnet der letzte Halbsatz von s. 14 (1) die Kenntnis, dass Handlungen oder Unterlassungen im rechtlichen Sinne als „negligence", „nuisance" oder „breach of duty" bewertet werden.[285] Demnach ist – entsprechend § 852 Abs. 1 BGB a.F. und auch heute i.R.d. § 199 Abs. 1 BGB über das Deliktsrecht hinaus – auch beim deliktischen Verjährungsbeginn im englischen Recht Tatsachenkenntnis ausschlaggebend.

S. 14 (2) definiert, wann eine Verletzung als bedeutsam i.S.v. s. 14 (1) (a) angesehen wird. S. 14 (3) bestimmt darüber hinaus, dass keine Unkenntnis beim Geschädigten vorliegt, wenn man von ihm vernünftigerweise erwarten durfte, die von ihm bemerkbaren und feststellbaren Tatsachen zu erkennen, oder er sie durch die Inanspruchnahme eines medizinischen oder sonstigen Sachverständigen erkannt hätte. Im Rahmen der ss. 11 (4), 11 (5), 12 (2) wird also fahrlässig verschuldete Unkenntnis der Kenntnis gleichgestellt.

S. 14A (4) legt die Verjährungsfrist und deren Beginn für Klagen wegen verborgener Schäden unterschiedlich fest. Die Frist beträgt entweder (a) sechs Jahre ab dem Zeitpunkt der Entstehung des Klagegrunds oder (b) drei Jahre ab dem in Absatz (5) definierten Zeitpunkt an, wenn diese Frist später als die in Absatz (a) genannte Frist vollendet wird. S. 14A (5) bestimmt den subjektiven Zeitpunkt aus s. 14A (4) (b) als den frühesten Zeitpunkt, von dem an der Kläger erstmals erkannt hat, dass er sowohl einen eine Schadensersatzklage begründenden Schaden erlitten hat, als auch ein Klagerecht geltend machen kann. Die Voraussetzungen für die Kenntniserlangung sind in ss. 14A (6) bis (10) aufgelistet und entsprechen fast

285 „(…) knowledge that any acts or omissions did or did not, as a matter of law, involve negligence, nuisance or breach of duty is irrelevant."

vollständig denen aus s. 14. Auch in s. 14A (10) wird die fahrlässige Unkenntnis der Kenntnis gleichgestellt.

S. 11A (4) sieht für Klagen aus dem Consumer Protection Act 1987 ebenfalls wie s. 14A (4) einen alternativen subjektiven Verjährungsbeginn zum gewöhnlichen objektiven vor. Die Anforderungen an die Kenntnis entsprechen denen aus s. 14 und s. 14A. In einem Punkt unterscheiden sie sich jedoch: Der Geschädigte, der wegen einer Eigentumsverletzung klagt, soll erst Kenntnis besitzen können, wenn der Anspruch entstanden ist. Die Frist für Eigentumsschäden kann demnach später einsetzen als diejenige für Personenschäden.[286]

Begrenzungen finden die Klagen aus ss. 11A und 14A in den objektiven Ausschlussfristen von s. 11 (3), welche zehn Jahre beträgt, und s. 14B (1), welche fünfzehn Jahre vorsieht. Insoweit kennen die beiden englischen subjektiven Verjährungsnormen ebenso wie das deutsche subjektive Modell des § 199 BGB in den Absätzen 2 bis 4 eine Begrenzung durch objektive Höchstfristen.

Exkurs: Reformvorhaben

Die englische Law Commission, deren Mitglieder vom Lord Chancellor ernannt werden, wurde 1965 ins Leben gerufen, um bei Bedarf Reformvorschläge zu allen Bereichen des geltenden Rechts erarbeiten zu können.[287] Bereits im Jahre 1995 wurde die Kommission ersucht, eine Analyse zum geltenden Verjährungsrecht zu erstellen sowie den Reformbedarf zu prüfen. Nachdem die Law Commission 1998 ein erstes, umfassendes Konsultationspapier[288] veröffentlicht hatte, legte sie 2001 einen abschließenden Bericht[289] vor. Das Urteil über das geltende Verjährungsrecht fiel verheerend aus. Die Kommission befand 1998, das Recht sei „uneven, uncertain and unnecessarily complex".[290] Die Law Commission rügte die Systemlosigkeit des englischen Verjährungsrechts, dessen ganz unterschiedliche Fristen sie für einen bloßen historischen Zufall hielt.[291] Aber auch die schwierige und unübersichtliche Abgrenzung der Klagegründe, die bei jedem Klagetyp anders

---

286 Vgl. Conrads, S. 146.

287 Law Commission, Annual Report 2009–2010, S. 4.

288 Ebd., Consultation Paper No 151, London 1998.

289 Ebd., Law Com No 270, London 2001.

290 Ebd., Consultation Paper No 151, S. 1.

291 „The lengths of the various periods are to a large extent a matter of historical accident", vgl. ebd., Consultation Paper No 151, S. 21.

aufgefasst werden, sowie der sich nicht erschließende Wechsel zwischen teils objektivem, teils subjektivem Fristbeginn, wurde kritisiert.[292]

Die Law Commission wollte daher das Verjährungsrecht grundlegend modernisieren. Sie schlug die Einführung eines einheitlichen Verjährungsregimes („core regime“) vor: Genauso wie bei Art. 14:201 PECL und § 199 Abs. 1 BGB sollte nach dem Dafürhalten der Kommission eine allgemeine, dreijährige Verjährungsfrist eingeführt werden. Diese sollte grundsätzlich auf alle Klagen anwendbar sein. Ausgenommen werden sollten nur Klagen aus Körperverletzungen, bei denen es im Ermessen des Gerichts stehen sollte, die kurze Frist nicht anzuwenden. Der Beginn der Frist sollte nach Ansicht der Kommission subjektiv ausgestaltet sein und mit dem Zeitpunkt beginnen, zu dem der Kläger wusste oder hätte wissen sollen, dass er einen Klagegrund hat.[293] Der englische Reformvorschlag sah demnach entsprechend der deutschen Regelverjährung vor, dass der Kläger Kenntnis oder grob fahrlässige Unkenntnis von dem Gegenstand seines Rechts hat. So wie im jetzigen deutschen Verjährungsmodell des § 199 Abs. 2 bis 4 BGB sollte diese allgemeine Frist durch eine Höchstfrist von zehn Jahren bzw. bei Schadensersatzklagen aus Körperverletzungen von dreißig Jahren begrenzt werden, um den nicht abschätzbaren subjektiven Verjährungsbeginn durch einen feststehenden objektiven Zeitpunkt einzuschränken.[294]

Die Vorschläge der Law Commission hätten das englische Verjährungsrecht wesentlich vereinfacht und entsprachen inhaltlich den europäischen Reformbemühungen der Commission on Contract Law und des deutschen Modells. Im November 2009 wurde das Vorhaben jedoch von der parlamentarischen Staatssekretärin des Justizministeriums der bis 2010 regierenden „Labour Party“ gestoppt, weil die angepriesenen Vorteile für zu gering erachtet wurden und der Reformaufwand als zu teuer eingestuft wurde. Außerdem wurde zur Ablehnung hinzugefügt, die Gerichte hätten bereits einige der hauptsächlichen Kritikpunkte am Verjährungsrecht aufgegriffen und in ihrer Rechtsprechung berücksichtigt.[295] Angesichts des europäischen Trends, mit welchem die

292 Vgl. ebd., Law Com No 270, S. 2 ff.

293 Vgl. Law Commission, Consultation Paper No 151, S. 245 f.; ebd., Law Com No 270, S. 4 f.: „There would be an initial limitation period of three years that would run from when the plaintiff knows, or ought reasonably to know, that he or she has a cause of action.“

294 Law Commission, Law Com No 270, S. 4.

295 Ebd., Annual Report 2009–2010, S. 37; Im Jahre 2008 änderte sich tatsächlich die Rechtsprechung zur Verjährung von Schadensersatzklagen wegen sexuellen

Vorschläge der Law Commission in Einklang stehen, und der Unzufriedenheit mit dem Limitation Act 1980, scheint es jedoch nicht ausgeschlossen zu sein, dass das Reformprojekt zu einem späteren Zeitpunkt von einer anderen Regierung aufgegriffen und umgesetzt wird.

cc. Fazit

Der Limitation Act 1980 knüpft den Verjährungsbeginn mehrheitlich an objektive Ereignisse, wie die Entstehung des Klagegrunds, an. Nur bei deliktsähnlichen Klagen kennt er auch eine subjektive Anknüpfung. Das englische Recht lässt nicht Ansprüche, sondern Klagen verjähren. Vergleichbar sind jedoch die Zeitpunkte der Anspruchsentstehung und derjenige der Entstehung des Klagegrunds. Beide Male ist der Zeitpunkt maßgeblich, an dem der Gläubiger den Anspruch erstmals gerichtlich geltend machen kann. Die Länge der Fristen ist sehr verschiedenartig. Insoweit bestehen große Unterschiede zum heute geltenden deutschen Verjährungsrecht. Allerdings zeigen der in England gewachsene Unmut über das Verjährungsrecht und die anfänglich vorhandene Zustimmung zu den Entwürfen der Law Commission, dass in England mehr als dreißig Jahre nach dem Erlass des Limitation Act 1980 Reformgedanken aufgekommen sind. Bemerkenswert ist in diesem Zusammenhang, dass die Vorschläge der Law Commission hinsichtlich Methodik und Inhalt des befürworteten einheitlichen Verjährungssystems dem geltenden deutschen Recht entsprechen.

b. USA

Das Privatrecht der USA untersteht nicht wie dasjenige Deutschlands der Bundesgesetzgebung, sondern der Zuständigkeit der Einzelstaaten. In jedem der fünfzig Einzelstaaten bildete sich auf diese Weise im amerikanischen Privatrecht sowohl unterschiedliches Gesetzes- und Richterrecht heraus.[296] Mehr als das englische Recht macht das amerikanische Recht von Kodifizierungen Gebrauch[297], so auch im Fall des Verjährungsrechts.

Missbrauchs, die seit längerer Zeit wegen der Aufrechterhaltung eines gesetzlichen Wertungswiderspruchs in der Kritik stand, vgl. hierzu Zimmermann/Kleinschmidt, FS Gruber 2009, 861, 912 ff.

296 Grossfeld, RabelsZ 39 (1975), 5, 16; Currie, JZ 1996, 930, 931.

297 Vgl. Hay, Rn. 17.

aa. Gesetzlicher Rahmen

Im amerikanischen Recht bestehen entsprechend der Anzahl der Bundesstaaten fünfzig verschiedene Gesetze („statutes of limitations") zur Regelung der Verjährung von Zivilklagen.[298] Eine über die Dauer der gesetzlichen Fristenregelungen hinaus gehende richterrechtliche Ausdehnung der Fristen erfolgt in der Regel nicht.[299] Die einzelnen Verjährungsgesetze weisen Parallelen auf: Eine Vielzahl von Verjährungsfristen, Fristenbeginne mit ganz überwiegend objektivem Zeitpunkt, Regelungen zur vertraglichen Abänderung der Verjährung, Regelungen über die Unterbrechung der Verjährungsfrist („tolling statutes"[300]) sowie kongruente Anforderungen an einen Verzicht des Klägers auf das Verjährungsrecht („waiving the defense"[301]) sind mehrfach zu finden. Vorschriften, die wie im englischen Recht auf die Unabhängigkeit von Equity-Ansprüchen hinweisen, enthalten die amerikanischen Verjährungsgesetze nicht. Allen fünfzig Verjährungsgesetzen ist der Verjährungsgegenstand

---

298 Alabama Code § 6-2; Alaska Stat. § 09.10.010; Arizona Rev. Stat. Ann. § 12-501 ff.; Arkansas Code Ann. § 16-56-101; California Civ. Proc. Code § 312 ff.; Colorado Rev. Stat. § 13-80-101; Connecticut Gen. Stat. Ann. § 52-575; Deleware Code Ann. tit. 10; § 8101; District of Columbia Code § 12-301; Florida Stat. Ann. § 95.011; Georgia Code Ann. § 9-3-20; Hawaii Rev. Stat. § 657-1; Idaho Code § 5-201; 735 Illinois Comp. Stat. 5/13-201; Indiana Code Ann. § 34-11-2-1; Iowa Code Ann. § 614.1; Kansas Stat. Ann. § 60-501; Kentucky Rev. Stat. Ann. § 413.080; Louisiana Civil Code § 3492; Maine Rev. Stat. Ann. title 14 14, § 751; Maryland CJPC Ann. § 5-101; Massachusetts Ann. Laws Chapter 260, § 1; Michigan Comp. Laws § 600.5801; Minnesota Stat. Ann. § 541.01; Mississippi Code Ann. § 15-1-1; Missouri Rev. Stat. § 516.097; Montana Code Ann. § 27-2-2021; Nebraska Rev. Stat. § 25-201; Nevada Rev. Stat. Ann. § 11.010; New Hampshire Rev. Stat. Ann. § 508:1; New Jersey Stat. Ann. § 2 a:14-1; New Mexico Stat. Ann. § 37-1-1; NY CPLR § 201; North Carolina Gen. Stat. 1-14; North Dakota Cent. Code § 28-01-01; Ohio Rev. Code Ann. § 2305.03; Oklahoma Stat. Ann. title 12, § 91; Oregon Rev. Stat. § 12.010; 42 Pennsylvania Cons. Stat. Ann. § 5501; Rhode Island Gen. Laws § 9-1-12; South Carolina Code Ann. § 15-3-510; South Dakota Codified Laws Ann. § 15-2-1; Tennessee Code Ann. § 28-3-101; Texas CPRC § 16.001; Utah Code Ann. § 78-12-22; Vermont Stat. Ann. title 12 § 461; Virginia Code Ann. § 8.01-228; Washington Rev. Code Ann. § 4.16.005; West Virginia Code § 55-2-1; Wisconsin Stat. Ann. § 893.01; Wyoming Stat. 1-3-102.

299 Vgl. West's Encyclopedia of American Law Vol. 9, S. 331; New York CPLR § 201 verbietet dies sogar explizit: „No court shall extend the time limited by law for the commencement of an action."

300 Mitscherlich/Jander, RIW 1978, 358, 361.

301 West's Encyclopedia of American Law Vol. 9, S. 333.

gemein: Genauso wie im englischen Recht verjährt hier nicht ein Anspruch, sondern das Klagerecht. Das Verjährungsrecht ist somit auch in den USA eine Materie des Zivilprozessrechts.[302]

bb. Verjährungsfristen und deren Beginn

Fristen

Jedes der verschiedenen amerikanischen Verjährungsgesetze kennt eine Vielzahl von unterschiedlichen Verjährungsfristen. Dabei finden sich die aus dem englischen Recht bereits bekannten Klagegründe „contract", „personal injury", „wrongful death", „fraud", „malicious falsehood", „libel", „slander" und viele weitere wieder. Je nach Klagegrund sind für die verschiedenen Klagetypen Fristen von unterschiedlichster Dauer vorgesehen. Der Alabama Code sieht beispielsweise in § 6-2-32 bis § 6-2-40 Verjährungsfristen von sechs Monaten, zwei, drei, vier, fünf, sechs, zehn und zwanzig Jahren vor. Alle anderen Verjährungsgesetze weisen ebenso willkürliche Fristen und Klageeinteilungen auf.[303] Eine Folge dieser Vielfalt an Fristen ist, dass ein Sachverhalt mit Grenzbezug nach dem Recht des einen Bundesstaates innerhalb einer viel geringeren Verjährungsfrist verjähren kann als im Recht des anderen Bundesstaates.[304] Die Verjährungsfristen der einzelnen Rechtsordnungen entziehen sich einer verbindlichen Systematisierung, das Recht des betroffenen Bundesstaates muss für jeden Einzelfall genauestens untersucht werden.

Beginn

Die Systematik hinsichtlich der Bestimmungen über den Verjährungsbeginn ist unterschiedlich. Manche Gesetze sehen allgemeine Regelungen vor, die den Zeitpunkt des Verjährungsbeginns für alle Klagen – bis auf die explizit davon

302 Die gesetzliche Zuordnung des Verjährungsrechts zum Prozessrecht zeigen z.B. bereits die Bezeichnungen der Gesetze California Code of Civil Procedure oder Maryland Courts and Judical Proceedings (CJPC).

303 So beinhaltet z.B. der Ohio Rev. Code Ann. § 2305.10 (A) bis (B5) allein sechs verschiedene Ursachenbezugspunkte für das Enstehen einer „bodily injury".

304 So sieht beispielsweise der Ohio Rev. Code Ann. § 2305.06 vor, dass eine Klage aus einem schriftlichen Vertrag („contract in writing") nach dem Ablauf von 15 Jahren nicht mehr geltend gemacht werden kann, wogegen der North Carolina Gen. Stat. § 1-52 (1) für denselben Klagegrund nur eine Verjährungsfrist von drei Jahren vorsieht.

ausgenommenen – einheitlich festsetzen.[305] Andere amerikanische Gesetze wiederum benennen den Verjährungsbeginn für jeden einzelnen Klagetyp gesondert.[306] Der Zeitpunkt des Verjährungsbeginns ist jedoch bei beiden Gestaltungsvarianten ein objektiver Zeitpunkt, und zwar in der Regel derjenige, an dem der Klagegrund entstanden ist („accrual of the cause of action“).[307] Nach der Legaldefinition des § 95.031 (1) des Florida Statutes ist der Zeitpunkt der Entstehung des Klagegrunds dann eingetreten, wenn das letzte, den Klagegrund begründende Ereignis

---

305 Z.B. Alaska Stat. § 09.10.010: „A person may not commence a civil action except within the periods prescribed in this chapter after the cause of action has accrued, except when, in special cases, a different limitation is prescribed by statute.“; Alabama Code § 6-2-30 (a): „All civil actions must be commenced after the cause of action has accrued within the period prescribed in this article and not afterwards, unless otherwise specifically provided for in this code.“; Florida Stat. Ann. § 95.031: „Except…, the time within which an action shall be begun under any statute of limitations runs from the time the cause of action accrues.“; Nevada Rev. Stat. Ann. § 11.010: „Civil actions can only be commenced within the periods prescribed in this chapter, after the cause of action shall have accrued, except where a different limitation is prescribed by statute.“ California Civ. Prod. Code § 312: „Civil actions, without exception, can only be commenced within the periods prescribed in this title, after the cause of action shall have accrued, unless where, in special cases, a different limitation is prescribed by statute.“; North Carolina Gen. Stat. § 1-15 (a): „Civil actions can only be commenced within the periods prescribed in this Chapter, after the cause of action has accrued, except where in special cases a different limitation is prescribed by statute.“

306 Z.B. Alabama Code § 6-2-3 für den Zeitpunkt der Entstehung bei „fraud“, § 6-2-4 für denjenigen beim „right of entry“; Texas CPRC § 16.002 ff., der die Verjährungsregelungen nach der unterschiedlichen Fristdauer von ein, zwei, vier, fünf Jahren und nachfolgend nach Klagegründen einteilt und jeweils den Verjährungsbeginn gesondert in diese Regelungen aufnimmt; ebenfalls nach diesem Prinzip verfährt der Ohio Rev. Code Ann. § 2305.04 ff.

307 Z.B. Florida Stat. Ann. § 95.031: „Except…, the time within which an action shall be begun under any statute of limitations runs from the time the cause of action accrues.“; North Carolina Gen. Stat. § 1-15 (a): „Civil actions can only be commenced within the periods prescribed in this Chapter, after the cause of action has accrued, except where in special cases a different limitation is prescribed by statute.“; Nevada Rev. Stat. Ann. § 11.010: „Civil actions can only be commenced within the periods prescribed in this chapter, after the cause of action shall have accrued, except where a different limitation is prescribed by statute.“; Texas CPRC § 16.002: „A person must bring suit for…not longer than one year after the day the cause of acction accrues.“; Ohio Rev. Code Ann. § 2305.04: „An action…shall be brought within twenty-one years after the cause of action accrued.“

eingetreten ist.[308] Da der Kläger nach Vollendung dieses Zeitpunkts ohnehin erst in der Lage ist, eine Klage vor Gericht zu begründen, entspricht dieses Verständnis von dem Eintreten des Klagegrunds dem des englischen Rechts. Subjektive Zeitpunkte für den Verjährungsbeginn sind hingegen kaum zu finden.[309]

cc. Fazit

Der Zeitpunkt der Entstehung des Klagegrunds im amerikanischen Privatrecht ist mit demjenigen der Anspruchsentstehung in Deutschland vergleichbar. Beide Male ist grundsätzlich der Zeitpunkt maßgeblich, an dem der Gläubiger den Anspruch erstmals gerichtlich geltend machen kann.

Das amerikanische Verjährungsrecht gewichtet das Ziel der Rechtssicherheit jedoch insgesamt deutlich höher als dasjenige der ausgewogenenen Berücksichtigung von Individualinteressen. Im komplizierten Gefüge des Einzelstaatenrechts besteht zwar auf diese Weise hinsichtlich des objektiven Verjährungsbeginns Einmütigkeit. Problematisch sind jedoch die Vielzahl unterschiedlich langer Verjährungsfristen sowie die unklare Zuordnung eines Sachverhalts zu einer bestimmten Klage. Das Verjährungsrecht der USA zeichnet sich durch einen „besonders hohen Grad an Kompliziertheit" aus und wird von zahlreichen Korrekturvorschlägen aus der amerikanischen Rechtswissenschaft begleitet.[310]

c. Frankreich

Mit Gesetz vom 17. Juni 2008[311] wurde das Verjährungsrecht in Frankreich grundlegend geändert. Voraus ging dieser Reform ein seit längerem vorhanden gewesener Wunsch nach Erneuerung[312] des in seinen Grundzügen seit 1804

---

308 „A cause of action accrues when the last element constituting the cause of action occurs."

309 Als fortschrittlich kann z.B. die Regelung des § 214-c (2) des New York CPLR angesehen werden, die den Verjährungsbeginn bei Schadensersatzklagen wegen der Verletzung einer Person oder des Eigentums von dem Tag an einsetzen lässt, an dem die Schädigung vom Kläger entdeckt wurde oder bei gehöriger Sorgfalt hätte entdeckt werden können. Florida Stat. Ann. § 95.031 (2) sieht einen subjektiven Verjährungsbeginn für Klagen, die sich auf Arglist stützen, oder für Klagen aus Produkthaftung vor.

310 Mitscherlich/Jander, RIW 1978, 358, 364.

311 Loi n° 2008-561 du 17 juin 2008 portant réforme de la prescription en matière civile.

312 Vgl. Kleinschmidt, RIW 2008, 590, 591 mit zahlreichen Nachweisen aus der französischen Literatur in Fn. 8.

bestehenden Verjährungsrechts, der in der Erarbeitung eines Reformentwurfs mündete, welcher 2005 dem französischen Justizministerium übergeben wurde.[313] Das verabschiedete Reformgesetz folgte nicht in allen Punkten dem 2005 vorgelegten Vorentwurf. Der französische Gesetzgeber stützte sich bei dem Verjährungsreformgesetz sowohl auf den Vorentwurf, als auch auf die internationalen Reformprojekte der Unidroit Principles of International Commercial Contracts und der Principles of European Contract Law, aber auch auf das deutsche Vorbild.[314] Gerade im Hinblick auf die regelmäßige Verjährungsfrist ist dabei eine dem deutschen Recht sehr ähnliche Regelung entsprungen. Die Rechtsnatur des Instituts der Verjährung ist in Frankreich nach wie vor ungeklärt. Genauso wie in der vorigen Fassung des Code civil macht die aktuelle Fassung von 2008 sowohl von dem materiellrechtlichen Begriff „droit", als auch von dem prozessualen Begriff „action" gleichermaßen Gebrauch.[315]

aa. Gesetzlicher Rahmen

Mit dem Reformgesetz wurde hauptsächlich der in seinen Grundzügen seit 1804 bestehende Titel XX. des Buches III des Code civil erneuert.[316] Die zuvor im Code civil enthaltene, antiquierte Zusammenfassung der Verjährung im eigentlichen Sinne („prescription extinctive") und der sachenrechtlichen Ersitzung („prescription acquisitive"), die noch aus der römischen Rechtstradition herrührte, aber von der französischen Rechtswissenschaft schon längst abgelehnt wurde[317], wurde aufgegeben. Nunmehr enthält der Code civil zwei separate Titel für beide Rechtsinstitute.[318]

---

313 „Avant-projet de réforme du droit des obligations (articles 1101 à 1386 du Code civil) et du droit de la prescription (articles 2234 à 2281 du Code civil), rapport à monsieur Pascal Clément, Garde des Sceaux, Ministre de la Justice, 22 septembre 2005; deutsche Übersetzung von Sonnenberger, Hans Jürgen, Vorentwurf einer Reform des Schuldrechts (droit des obligations, Art. 1101-1386 des Code civil) und des Verjährungsrechts (Art. 2234-2281 des Code civil), ZEuP 2007, 633 ff.

314 Kleinschmidt, RIW 2008, 590, 591.

315 So enthalten die Artt. 2219, 2221, 2232, 2240 des Code civil den Begriff „droit", wogegen sich in den Artt. 2224-2227 Code civil der Begriff „action" wiederfindet.

316 Vgl. Art. 1 III. des loi n° 2008-561 du 17 juin 2008 portant réforme de la prescription en matière civile.

317 Ferid/Sonnenberger, Rn. 1 C 190 f.

318 „Titre XX. De la prescription extinctive" (Artt. 2219-2254 Code civil) und „Titre XXI. De la possession et de la prescription acquisitive" (Artt. 2255-2279 Code civil).

Im ersten Kapitel des Titel XX. finden sich in den Artt. 2219-2223 Code civil generelle Verjährungsbestimmungen („Dispositions générales"). Das zweite Kapitel enthält in den Artt. 2224-2227 Code civil Regelungen zu Verjährungsfristen und dem Verjährungsbeginn („Des délais et du point de départ de la prescription extinctive"), wobei sich das erste Unterkapitel mit der Regelverjährung und das zweite mit speziellen Fristen befasst. Im dritten Kapitel („Du cours de la prescription extinctive", Artt. 2228-2246 Code civil) wird der Lauf der Verjährung mitsamt den Hemmungs- und Unterbrechungsgründen behandelt. Das vierte Kapitel („Des conditions de la prescription extinctive", Artt. 2247-2254) beschäftigt sich mit den Themenbereichen Geltendmachung, Verzicht und vertragliche Abänderung.

bb. Verjährungsfristen und deren Beginn

Fristen

Genauso wie das deutsche Recht vor der Schuldrechtsmodernisierung, kannte das französische Recht bereits eine regelmäßige Verjährung („délai de droit commun") von 30 Jahren.[319] Entsprechend der früheren Situation in Deutschland erfüllte die regelmäßige Verjährung jedoch nicht ihre zugedachte Funktion, sondern wurde durch zahlreiche besondere Vorschriften relativiert. Sowohl in den Artt. 2270 ff. Code civil a.F. als auch in Gesetzen außerhalb des Code civil waren unzählige Verjährungsregelungen zu finden.[320]

Nunmehr enthält der französische Code civil in Art. 2224 eine Regelverjährung von fünf Jahren. Damit folgte der Gesetzgeber den europäischen Tendenzen zur Verkürzung der Fristen, wenngleich sich der von den Deutschen umgesetzte und von der englischen Law Commission vorgeschlagene Rahmen von drei Jahren nicht durchsetzte.[321] Die Regelverjährung erfasst zwar nun deutlich mehr Ansprüche als zuvor[322] und auch die in der Praxis bedeutsame Frist für Ansprüche aus Geschäften mit Kaufmannsbeteiligung aus dem Code de commerce wurde eigens

319 Art. 2262 Code civil a.F.

320 Siehe die Übersicht zu den alten Fristen bei Mazeaud/Mazeaud/Mazeaud/Chabas, Leçons de droit civil Tome II, Vol. I, Nr. 1174.

321 Vgl. zu den allgemeinen Tendenzen Malaurie, Philippe, Exposé des motifs, 193, 195 f., in: „Avant-projet de réforme du droit des obligations (articles 1101 à 1386 du Code civil) et du droit de la prescription (articles 2234 à 2281 du Code civil), rapport à monsieur Pascal Clément, Garde des Sceaux, Ministre de la Justice, 22 septembre 2005; Zimmermann, JZ 2000, 853, 859.

322 Vgl. nur Kleinschmidt, RIW 2008, 590, 592.

von zehn auf fünf Jahre reduziert[323], dennoch sind einige längere oder kürzere Fristen verblieben. Die Zehnjahresfristen für Gewährleistungsansprüche bei Bauwerken[324] und für deliktsrechtliche Ersatzanprüche wegen Körperschäden bzw. Schäden auf Grund von Quälerei, Barbarei und sexuellen Übergriffen gegen minderjährige Personen[325] sind genauso erhalten geblieben wie die Zweijahresfrist bei Ansprüchen aus Kaufverträgen[326]. Ansprüche eines Unternehmers gegen einen Verbraucher aus Warenlieferungen oder Dienstleistungen verjähren wie zuvor innerhalb von zwei Jahren.[327] Immobiliarsachenrechtliche Ansprüche verjähren innerhalb von dreißig Jahren.[328] Die frühere Unterscheidung zwischen vertraglichen und außervertraglichen Ersatzansprüchen ist jedoch aufgegeben worden.[329]

Beginn

Im Code Civil vor der Reform von 2008 war in manchen der einzelnen Normen explizit der Beginn der Verjährung geregelt. Wo dies nicht der Fall war, wie z.B. bei der Regelverjährung des Art. 2262 Code Civil a.F., galt der objektive Verjährungsbeginn der Fälligkeit des Anspruchs. Es kam demnach darauf an, wann der Gläubiger seinen Anspruch klageweise geltend machen konnte.[330]

Die geltende Regelverjährung fixiert nun einen festgelegten Zeitpunkt, der für alle der Regelverjährung unterfallenden Ansprüche gilt. Hiernach beginnt die Verjährung mit dem Tag, an dem der Rechtsinhaber die Tatsachen, die ihm die Geltendmachung des Anspruchs ermöglichen, kennt oder hätte kennen müssen.[331] Gemeinsam ist der französischen und deutschen Regelverjährung das Erfordernis der Kenntnis von den anspruchsbegründenden Tatsachen, welche das Fundament des Anspruchs bilden. Anders als die deutsche regelmäßige Verjährung, die mit dem Schluss des Jahres beginnt, in welchem die objektiven und subjektiven Anforderungen vorliegen, beginnt die französische Regelung mit dem Tag, an dem die Voraussetzungen gegeben sind. Die Umsetzung des subjektiven Kriteriums der Kenntnis bzw. der Erkennbarkeit

323 Siehe Art. L110-4 I Code de commerce.

324 Art. 1792-4 ff. Code civil.

325 Art. 2226 Code civil.

326 Art. 1648 Code civil.

327 Art. L137-2 Code de la consommation.

328 Art. 2227 Code civil.

329 Kleinschmidt, RIW 2008, 590, 593.

330 Danco, S. 110 f.; Ferid/Sonnenberger, Rn. 1 C 214 f. m.w.N.

331 Art. 2224 Code civil: „Les actions personnelles ou mobilières se prescrivent par cinq ans à compter du jour où le titulaire d'un droit a connu ou aurait dû connaître les faits lui permettant de l'exercer.“

ist in beiden Ländern hingegen gleich verlaufen: Die Verjährung beginnt demnach erst, wenn der Gläubiger Kenntnis erlangt hat oder hätte erlangen müssen. Frankreich hat sich folglich für das deutsche und gegen ein anderes Modell entschieden, wie es etwa die Commission on European Contract Law vorschlug. Nach diesem Modell sollte die Verjährung zwar mit der Fälligkeit des Anspruchs beginnen, aber gehemmt sein, solange der Gläubiger nicht die erforderliche Kenntnis von den anspruchsbegründenden Tatsachen hatte oder vernünftiger Weise nicht hätte haben können.[332] Bei der französischen und deutschen Ausgestaltung muss der Schuldner vor Gericht das Vorliegen des subjektiven Kriteriums beim Gläubiger beweisen, bei dem Modell der PECL wäre der Gläubiger in der Beweispflicht.[333] Ein charakteristisches Merkmal des Modells, welches die Verjährung erst mit dem Vorliegen der subjektiven Kriterien eintreten lässt, ist die Begrenzung der Verjährungsfrist durch Maximalfristen. Auf diese Weise stellt der Gesetzgeber auch in Deutschland sicher, dass die Periode des Nichtanlaufens der Verjährung irgendwann endet und nicht durch den unbestimmten subjektiven Verjährungseintritt unendlich hinausgezögert wird.[334] Das deutsche Recht nennt in § 199 Abs. 2-4 BGB Begrenzungsfristen von zehn bzw. dreißig Jahren. Im französischen Recht ist in Art. 2232 Code civil eine Höchstfrist von zwanzig Jahren vorgesehen. Allerdings benennt dieselbe Vorschrift einige Ausnahmen, für welche die Höchsfrist nicht gelten soll.[335]

Der französische Gesetzgeber hat die schon im alten Code civil bestehende Fülle an unterschiedlichen Anfangszeitpunkten, die meist objektiver Natur waren[336], jedoch nicht vollständig beseitigt. Einen subjektiven Anfangszeitpunkt für dingliche Ansprüche, der identisch ist mit dem genannten Zeitpunkt in der Regelverjährung, enthält noch Art. 2227 Code civil[337], Fristen mit objektivem Beginn finden sich aber weiterhin mehrfach. Überraschend statuiert beispielsweise Art. 2226 Code civil für Ersatzansprüche wegen körperlicher Schäden, anders als dies für gewöhnlich in anderen europäischen Rechtsordnungen der

332 Art. 14:301 PECL.

333 Siehe zur Beweislast MüKo-*Grothe*, vor § 194 Rn. 31; Unterrieder, S. 261.

334 Siehe bereits oben 1. Teil, III. 3.

335 Genannt werden sowohl die besonderen Verjährungsfristen der Artt. 2226, 2227 Code civil, als auch die Hemmungs- und Unterbrechungsgründe der Artt. 2233, 2236, 2241, 2244 Code civil.

336 Siehe die Aufzählung bei Ferid/Sonnenberger, Rn. 1 C 214.

337 „Sous cette réserve, les actions réelles immobilières se prescrivent par trente ans à compter du jour où le titulaire d`un droit a connu ou aurait dû connaître les faits lui permettant de l´exercer.“

Fall ist[338], einen objektiven Verjährungsbeginn. Demnach beginnt die Frist bei deliktischen Ansprüchen mit dem Zeitpunkt, als der Schaden anfänglich auftrat oder sich verschlimmerte.[339] Art. 2225 Code civil enthält ebenfalls einen objektiven Beginn für Ersatzansprüche gegen juristische Vertreter oder Berater, der mit dem Ende des Mandats einsetzt.[340] Genauso wurde bei Ansprüchen aus Geschäften mit Kaufmannsbeteiligung der objektive Anfangszeitpunkt beibehalten.[341]

cc. Fazit

Innerhalb weniger Jahre wurde das französische Verjährungsrecht umfassend reformiert. Entstanden ist dabei ein modernes Verjährungsrecht, an dessen Spitze eine Regelverjährung steht, die den Verjährungsbeginn von der Kenntnis oder grob fahrlässigen Unkenntnis des Gläubigers von den anspruchsbegründenden Tatsachen abhängig macht. Anders als im deutschen Recht ist die Anspruchsentstehung keine explizite Tatbestandsvoraussetzung. Die Regelverjährung erfasst nun deutlich mehr Ansprüche als zuvor. Zwar sind einige spezielle und vorrangige Fristen erhalten geblieben, dennoch hat sich nun auch in Frankreich die Sichtweise durchgesetzt, dass kürzere, subjektive Verjährungsfristen zu gerechteren und zeitgemäßeren Ergebnissen führen.[342]

d. Niederlande

aa. Gesetzlicher Rahmen

Die letzte grundlegende Änderung des niederländischen Zivilgesetzbuchs stammt aus dem Jahre 1992, als die Bücher 3, 5, 6 sowie vier Teile aus dem 7. Buch des „Nieuw Burgerlijk Wetboek" in Kraft traten.[343] Das dritte Buch des NBW, welches den Titel

---

338 Siehe nur den subjektiven Beginn in s. 11 Limitation Act 1980, Art. 60 schweizerisches OR, Art. 310 Abs. 1 NBW, Art. 1968 Nr. 2 Codigo Civil oder im früheren § 852 BGB.

339 „...à compter de la date de la consolidation du dommage initial ou aggravé."; das französische Recht kannte auch zuvor bereits einen objektiven Beginn für außervertragliche Haftungsansprüche, vgl. Art. 2270-1 Code civil a.F.

340 „...à compter de la fin de leur mission."

341 Vgl. Art. L110-4 I Code de commerce.

342 Vgl. Malaurie, Philippe, Exposé des motifs, 193, in: „Avant-projet de réforme du droit des obligations (articles 1101 à 1386 du Code civil) et du droit de la prescription (articles 2234 à 2281 du Code civil), rapport à monsieur Pascal Clément, Garde des Sceaux, Ministre de la Justice, 22 septembre 2005 m.w.N.

343 Hondius, AcP 191 (1991), 378.

„Vermögensrecht im Allgemeinen" trägt, enthält im vierten Titel „Erwerb und Verlust von Gütern" den Abschnitt 3, welcher vom „Erwerb und Verlust durch Verjährung und Ersitzung" handelt.[344] Darin finden sich gleichzeitig – ähnlich dem einflussreichen französischen Vorbild des alten Code civil[345] – diverse Vorschriften zur Verjährung und zur Ersitzung. Im elften Titel „Ansprüche"[346] sind in den Artt. 3:306 ff. NBW die wichtigen Vorschriften über die Verjährungsfristen und deren Beginn verortet.

bb. Verjährungsfristen und deren Beginn

Fristen

Das niederländische Recht sieht in Art. 3:306 NBW eine regelmäßige Verjährungsfrist von zwanzig Jahren vor.[347] Zur Anwendung kommt sie allerdings kaum, da die eigentlich dominierende Fristlänge fünf Jahre beträgt.[348] So sieht Art. 3:307 NBW für die Erfüllung vertraglicher Pflichten, Art. 3:308 NBW für die Zahlung periodischer Schulden, Art. 3:309 NBW für die Leistungskondiktion, Art. 3:310 Abs. 1 NBW für Ansprüche auf Schadensersatz bzw. auf Zahlung einer vereinbarten Vertragsstrafe sowie Art. 3:311 NBW für Rücktritt, Nachbesserung und Rückgewähransprüche nach Rücktritt jeweils eine Verjährungsfrist von fünf Jahren vor.

Beginn

Art. 3:313 NBW enthält eine Regelung zum Verjährungsbeginn, die immer dann einschlägig ist, wenn eine Vorschrift nicht etwas Abweichendes bestimmt. Da die Regelverjährung aus Art. 3:306 NBW keinen Anfangszeitpunkt benennt, ist für sie also auch Art. 3:313 NBW maßgeblich, der den Verjährungsbeginn mit der Fälligkeit des Anspruchs umschreibt.[349]

344 Die niederländisch-deutsche Übersetzung der Vorschriften zur Verjährung im „Nieuw Burgerlijk Wetboek" findet sich bei Nieper, F./Westerdijk, A.S. (Hrsg), Niederländisches Bürgerliches Gesetzbuch, Buch 3, 4, 5, München, Den Haag, London, Boston 1996.

345 Zum französischen Einfluss auf das niederländische Recht siehe Mincke, S. 38, 84; Hondius, AcP 191 (1991), 378, 382.

346 „Rechtsvorderingen", womit zugleich die Rechtsnatur des Verjährungsgegenstands bestimmt ist.

347 „Indien de wet niet anders bepaalt, verjaart een rechtsvordering door verloop van twintig jaren."

348 Vgl. Dannemann/Karatzenis/Thomas, RabelsZ 55 (1991), 697, 707.

349 „Wenn nicht das Gesetz etwas anderes bestimmt, beginnt die Verjährungsfrist eines Anspruchs auf Erfüllung einer Verpflichtung zum Geben oder zum Tun mit dem

Der Beginn für die fünfjährigen Fristen ist unterschiedlich ausgestaltet. Artt. 3:307 und 3:308 NBW sehen für die Erfüllung vertraglicher Pflichten bzw. für die Zahlung periodischer Schulden ebenfalls den Zeitpunkt der Fälligkeit vor.

Art. 3:309 NBW sieht für die Leistungskondiktion einen subjektiven Beginn vor, nämlich den Beginn des Tages, der auf den folgt, an welchem dem Gläubiger die Forderung und der Schuldner bekannt geworden sind. Den gleichen subjektiven Beginn enthält Art. 3:310 Abs. 1 NBW für Schadensersatzansprüche bzw. Vertragsstrafen. Beide Vorschriften werden durch eine objektive Frist von zwanzig Jahren begrenzt, die bei Art. 3:309 NBW mit dem Entstehen der Forderung und bei Art. 3:310 Abs. 1 NBW mit dem schädigenden Ereignis bzw. der Fälligkeit der Vertragsstrafe beginnt. Dasselbe Wechselspiel eines subjektiven Beginns und einer objektiven Begrenzung von zwanzig Jahren kennt auch Art. 3:311 NBW für Rücktritt, Nachbesserung und Rückgewähr. Auch der Schadensersatzanspruch wegen zu vertretender Nichterfüllung der Leistungspflicht nach Art. 74 Abs. 1 des sechsten Buches des NBW verjährt wie alle Schadensersatzansprüche erst ab der Kenntnis des Gläubigers von Schaden, Haftungsanspruch und Schädiger, spätestens jedoch in zwanzig Jahren ab dem schädigenden Ereignis wie auch Art. 3:310 Abs. 1 NBW. Interessanterweise verjähren auch die kaufrechtlichen Gewährleistungsansprüche anders als im deutschen Recht erst mit der Kenntnis des Käufers. Dagegen verjähren die werkvertraglichen Gewährleistungsansprüche objektiv mit zehn Jahren ab der Ablieferung bzw. zwanzig Jahren seit der Abnahme des Werks.[350]

cc. Fazit

Wenngleich das „Nieuw Burgerlijk Wetboek“ von 1992 noch eine zehnjährige Regelverjährung mit objektivem Fristbeginn vorsieht, enthält das Gesetz für praktisch alle wichtigen Anspruchsfristen einen relativen subjektiven Anfangszeitpunkt, der durch absolute objektive Zeitpunkte ergänzt wird. Die Regelverjährung spielt dadurch – mehr noch als in anderen Rechtsordnungen – eine untergeordnete Rolle. Es verbleibt für die Regelverjährung schlichtweg nur ein marginaler Anwendungsraum.[351]

Beginn des Tages, der auf den folgt, an dem die sofortige Erfüllung gefordert werden kann.“; vgl. die deutsche Übersetzung von Art. 313 NBW bei Danco, S. 108.

350 Zu den kauf- und werkvertragsrechtlichen Fristen Dannemann/Karatzenis/Thomas, RabelsZ 55 (1991), 697, 708.

351 So auch Dannemann/Karatzenis/Thomas, RabelsZ 55 (1991), 697, 707.

e. Italien

aa. Gesetzlicher Rahmen

Der Codice civile stammt in der bis heute geltenden Fassung aus dem Jahre 1942.[352] Das Verjährungsrecht ist im sechsten Buch im fünften Titel „Verjährung und Verwirkung“ verortet. Im ersten Teil finden sich dort Allgemeine Bestimmungen, im zweiten Teil Vorschriften zur Hemmung, im dritten Teil zur Unterbrechung der Verjährung und im vierten und letzten Teil zu den Verjährungsfristen.

Das italienische Verjährungsrecht hat Rechte zum Verjährungsgegenstand.[353] Das Gesetz weist an einigen Stellen auf Ansprüche hin, die nicht verjähren. So stellt Art. 2934 Abs. 2 Codice civile klar, dass der Verjährung keine Rechte unterliegen, über die nicht verfügt werden können, sowie keine Gesetze, die explizit auf die Unverjährbarkeit hinweisen. Gemeint ist damit beispielsweise Art. 948 Abs. 3 Codice civile, der auf die Unverjährbarkeit von Herausgabeansprüchen hinweist, oder Art. 533 Abs. 2 Codice civile, wonach der Anspruch eines Erben auf Anerkennung seiner Erbeneigenschaft ebenfalls unverjährbar ist. Des Weiteren unterliegen persönlichkeits- und familienrechtliche Ansprüche ebensowenig der Verjährung wie das Eigentumsrecht oder das Recht, die Nichtigkeit eines Rechtsgeschäfts geltend zu machen.[354]

bb. Verjährungsfristen und deren Beginn

Fristen

Die ordentliche Verjährung beträgt nach Art. 2946 Codice civile zehn Jahre. Daneben kennt der Codice civile eine Reihe von Sonderfristen. Dingliche Rechte wie das Erbbaurecht[355], das Erbpachtrecht[356], das Nießbrauchsrecht[357], das Dienstbarkeitsrecht[358], die Hypothek an von Dritten erworbenen Sachen[359], verjähren innerhalb von zwanzig Jahren. Die Artt. 2947 bis 2952 Codice civile enthalten eine Reihe von abweichenden, kürzeren Fristen, wie die fünfjährige

---

352 Grundmann/Zaccaria-*Troiano*, S. 111; eine italienisch-deutsche Übersetzung ist zu finden von Bauer, Max/Eccher, Bernhard/König, Bernhard/Kreuzer, Josef/Zanon, Heinz, Italienisches Zivilgesetzbuch – Codice civile, 5. Auflage, Bern, Bozen 2010.

353 „Diritto“ bzw. „diritti“, vgl. Artt. 2934, 2935, 2937, 2946 ff. Codice civile.

354 Patti, Rn. 2/333 f.; Grundmann/Zaccaria-*Troiano*, S. 369.

355 Art. 954 Abs. 4 Codice civile.

356 Art. 970 Codice civile.

357 Art. 1014 Codice civile.

358 Art. 1073 Codice civile.

359 Art. 2880 Codice civile.

Frist bei deliktischen Schadensersatzansprüchen[360], Miet- und Pachtzinsen, Arbeitsverhältnissen[361] und gesellschaftrechtlichen Ansprüchen[362]. Als Besonderheit des italienischen Rechts stellt sich die „Vermutete Verjährung“[363] dar. Diese gilt für Ansprüche, die für gewöhnlich schnell beglichen werden, wie die von Kaufleuten oder Gastwirten. Wenn bei diesen Rechtsverhältnissen eine im Gesetz bestimmte, kurze Frist vergangen ist, wird die Erfüllung des Anspruchs vermutet.[364] Die Folge ist, dass die Vermutung die Durchsetzbarkeit des Rechts hindert. Diese Vermutung kann nur entkräftet werden, wenn der Gläubiger dem Schuldner vor Gericht die Leistung eines Eids auferlegt. Kommt der Schuldner dem Eid nicht glaubhaft nach, greift die für die Verbindlichkeit sonst übliche Verjährung.[365]

Beginn

Die Regelungen über den Beginn der Verjährung sind im italienischen Recht nicht sehr vielfältig. Gemäß Art. 2935 Codice civile beginnt die Verjährung von dem Tag an zu laufen, an dem das Recht geltend gemacht werden kann.[366] Maßgeblich ist deshalb auch hier die Fälligkeit des Rechts.[367] Einzelne Vorschriften enthalten präzisere Aussagen zum Verjährungsbeginn, der aber auch dort objektiver Natur ist.[368]

---

360 Art. 2947 Abs. 1 Codice civile; bei durch Fahrzeuge verursachte Schäden beträgt die Frist allerdings nur zwei Jahre, vgl. Art. 2947 Abs. 2 Codice civile.

361 Art. 2948 Nr. 3 und 5 Codice Civile.

362 Art. 2949 Codice civile.

363 Artt. 2954-2961 Codice civile.

364 Patti, Rn. 2/352.

365 Kindler, § 9 Rn. 4.

366 „La prescrizione comincia a decorrere dal giorno in cui il diritto può essere fatto valere.“

367 Vgl. Grundmann/Zaccaria-*Troiano*, S. 370.

368 Vgl. z.B. Art. 2947 Codice civile, in dem der Schadensersatzanspruch in fünf Jahren ab dem Tag verjährt, an dem sich die schädigende Handlung ereignet hat: „Il diritto al risarcimento del danno derivante da fatto illecito si prescrive in cinque anni dal giorno in cui il fatto si è verificato.“; Art. 2951 Abs. 3 Codice civile, in dem die Ansprüche aus einem Speditions- oder Beförderungsvertrag ab der Ankunft der beförderten Person am Zielort bzw. mit der Ablieferung der Sache beginnt: „Il termine decorre dall'arrivo a destinazione della persona o, in caso di sinistro, dal giorno di questo, ovvero dal giorno in cui è avvenuta o sarrebe dovuta avvenire la riconsegna della cosa al luogo di destinazione.“

cc. Fazit

Das italienische Recht ist in seiner Ausgestaltung klar strukturiert. Diese klare Struktur kann jedoch auch als nachteilig bewertet werden. Der rein objektive Verjährungsbeginn bei der Regelverjährung ist wenig flexibel und starr. Zudem ist die Regelfrist mit zehn Jahren vergleichsweise lang.

f. Spanien

aa. Gesetzlicher Rahmen

Die Vorschriften über das spanische Verjährungsrecht sind so alt wie der Código civil, welcher aus dem Jahre 1889 stammt.[369] Das Verjährungsrecht ist im letzten Titel des vierten Buches des Código civil, welches von den Verbindlichkeiten und den Verträgen handelt, verortet. Dort wird – entsprechend der alten französischen Manier – nicht nur die Verjährung, sondern auch die Ersitzung behandelt.[370] Im ersten Kapitel des letzten Titels sind allgemeine Bestimmungen aufgeführt. Das zweite Kapitel handelt von der Ersitzung, das dritte und letzte Kapitel von der Verjährung.

bb. Verjährungsfristen und deren Beginn

Fristen

Die Regelverjährung findet sich etwas versteckt in Art. 1964 Hs. 2 Código civil wieder. Hiernach verjähren Ansprüche, für die nichts anderes bestimmt ist, innerhalb von fünfzehn Jahren. Dingliche Ansprüche an beweglichen Gütern verjähren innerhalb von sechs Jahren[371], dingliche Ansprüche an unbeweglichen Gütern innerhalb dreißig Jahren[372]. Hypothekenansprüche verjähren in zwanzig Jahren[373], Unterhalts- und Mietzinsansprüche sowie Ansprüche aus sonstigen Dauerschuldverhältnissen[374] verjähren innerhalb von fünf Jahren. Ansprüche aus diversen Dienstleistungen verjähren in drei Jahren[375], Besitz- und Schadensersatzansprüche in einem Jahr.[376]

---

369 Vgl. Peuster, S. XXXII; bei Peuster findet sich auch eine spanisch-deutsche Übersetzung des Código civil.

370 Vgl. Peuster, S. 965, der darlegt, dass das spanische Wort „prescripción" beide Begriffe vereint.

371 Art. 1962 Código civil.

372 Art. 1963 Código civil.

373 Art. 1964 Hs. 1 Código civil.

374 Art. 1966 Código civil.

375 Art. 1967 Código civil.

376 Art. 1968 Código civil.

Beginn

Für die allermeisten Ansprüche und somit auch für die Regelverjährung setzt Art. 1969 Código civil den Verjährungsbeginn zu dem Tag fest, an dem die Klage geltend gemacht werden konnte.[377] Dies ist mithin der Fälligkeitszeitpunkt. Das spanische Gesetz spricht bereits in der Überschrift des dritten Kapitels von der Verjährung von Klagen[378] und nicht von Ansprüchen. Insofern weist der Gesetzestext Unterschiede zu den übrigen kontinentaleuropäischen Rechtsordnungen auf. Allerdings impliziert die jeweilige Klage das dazugehörige Recht. Denn die „Entstehung" der Klage fällt mit der Entstehung des Rechts zusammen.[379] Die Unterschiede hinsichtlich der Rechtsnatur der Verjährung im spanischen Recht sind also zu vernachlässigen.

Die Artt. 1970 bis 1972 Código civil enthalten abweichende Verjährungszeitpunkte, die aber allesamt objektiver Art sind. Nur Art. 1968 Nr. 2 Código civil normiert für Schadensersatzansprüche einen subjektiven Beginn.[380] Hiernach ist der Zeitpunkt maßgeblich, an dem der Betroffene von der Verbindlichkeit wusste.

cc. Fazit

Genauso wie das italienische Recht ist das spanische Recht von den Einflüssen des früheren französischen Code civil geprägt. Für fast alle Fristen gilt ein objektiver Beginn, der im Falle der Regelverjährung mit der Fälligkeit des Anspruchs einsetzt. Genauso wie im italienischen Recht erscheint dieser rein objektive Verjährungsbeginn jedoch starr und die Regelfrist von fünfzehn Jahren vergleichsweise lang.

g. Schweiz

Das aus dem Jahre 1911 stammende Verjährungsrecht der Schweiz soll im Zuge einer nationalen und europäischen Harmonisierung des Verjährungsrechts

---

377 „El tiempo para la prescripción de toda clase de acciones, cuando no haya disposición especial que otra cosa determine, se contará desde el día en que pudieron ejercitarse."

378 „De la prescripción de las acciones".

379 Vgl. Díez-Picazo, S. 82: „El „nacimiento" de la acción coincide con el nacimiento del derecho. Todo derecho subjetivo, desde su nacimiento, va ya acompañado de las correspondientes acciones para su ejercicio y defensa."; vgl. auch Paz-Areas Rodriguez/Díez-Picazo/Bercovitz/Salvador Coderch-*Díez-Picazo*, Art. 1.969.

380 „Prescriben por el transcurso de un año: La acción para exigir la responsabilidad civil por injuria o calumnia, y por las obligaciones derivadas de la culpa o negligencia de que se trata en el artículo 1.902, desde que lo supo el agraviado."

reformiert werden.[381] Am 21. Januar 2009 hatte der Bundesrat, welcher gemäß Art. 174 der Bundesverfassung der Schweizerischen Eidgenossenschaft die oberste leitende und vollziehende Bundesbehörde der Schweiz ist, das Eidgenössische Justiz- und Polizeidepartement mit der Erarbeitung eines Vernehmlassungsvorschlags zur Revision des Verjährungsrechts beauftragt.[382] Den erarbeiteten Vorentwurf[383] schickte der Bundesrat am 31. August 2011 in die Vernehmlassung.[384] Eine Entscheidung des Bundesrats über die Verabschiedung des Entwurfs steht noch aus, der Entwurf wurde jedoch in der Vernehmlassung bislang überwiegend begrüßt und Revisionsbedarf anerkannt.[385] Mit dem vorgeschlagenen Verjährungsentwurf könnte ein Wandel im Konzept der schweizerischen Regelverjährung erfolgen: Das bisherige objektive System würde bei Verabschiedung des Konzepts von einem objektiv-subjektiven Verjährungsbeginn abgelöst werden.

aa. Gesetzlicher Rahmen

Das privatrechtliche Verjährungsrecht der Schweiz ist im sogenannten Obligationenrecht verortet. Es ist ein formal vom schweizerischen Zivilgesetzbuch unabhängiges Gesetz, welches nur auf Grund der Übersichtlichkeit nicht direkt im Zivilgesetzbuch angegliedert wurde und materiell dem Zivilgesetzbuch zuzurechnen ist.[386] Das OR gliedert sich in fünf Abteilungen, wovon die ersten beiden dem Zivilrecht und die letzten drei dem Handelsrecht zuzuordnen sind.[387] Im dritten Titel der ersten Abteilung („Das Erlöschen der Obligationen“) befindet sich in den Artt.

---

381 EJPD, Obligationenrecht, Bericht zum Vorentwurf, S. 8, 18.

382 EJPD, Obligationenrecht, Bericht zum Vorentwurf, S. 5 f.

383 Abrufbar unter: http://www.ejpd.admin.ch/content/dam/data/wirtschaft/gesetzgebung/verjaehrungsfristen/vorentw-d.pdf (Stand: 4.1.2013).

384 Medienmitteilung des Bundesrats vom 31. August 2011, „Das gesamte Verjährungsrecht soll vereinheitlicht werden – Bundesrat schickt Teilrevision des OR in die Vernehmlassung“; abrufbar unter: http://www.ejpd.admin.ch/ejpd/de/home/dokumentation/mi/2011/2011-08-31.html (Stand: 4.1.2013).

385 Medienmitteilung des Bundesrats vom 29. August 2012, „Vereinfachung des Verjährungsrechts“; abrufbar unter: http://www.ejpd.admin.ch/content/ejpd/de/home/dokumentation/mi/2012/2012-08-290.html (Stand: 4.1.2013).

386 Vgl. Honsell/Vogt/Wiegand-*Bucher*, Einl. vor Art. 1 ff. Rn. 21; so erklärt sich auch der offizielle Name des OR, welches amtlich „Bundesgesetz betreffend die Ergänzung des Schweizerischen Zivilgesetzbuches“ heißt.

387 1. Abteilung: Allgemeine Bestimmungen (Art. 1-183); 2. Abteilung: Die einzelnen Vertragsverhältnisse (Art. 184-551); 3. Abteilung: Die Handelsgesellschaften und die Genossenschaft (Art. 552-926); 4. Abteilung: Handelsregister, Geschäftsfirmen

127 bis 142 OR der Großteil der Verjährungsvorschriften, die Regelverjährung eingeschlossen. In den Abschnitten über unerlaubte Handlungen und ungerechtfertigte Bereicherung sind ferner speziellere Vorschriften enthalten.[388]

Gegenstand der Verjährung im Obligationenrecht sind alle obligatorischen Forderungen sowie gemäß Art. 7 Zivilgesetzbuch alle relativen Forderungsrechte des übrigen Bundeszivilrechts. Absolute Rechte, wozu dingliche, quasi-dingliche, immaterialgüter- und persönlichkeitsbezogene Rechte zählen, unterfallen nicht dem Obligationenrecht.[389] So unterliegt beispielsweise die Eigentumsherausgabeklage nicht der zeitlichen Beschränkung[390], andere absolute Rechte jedoch schon.[391] Forderungen aus eidgenössischem und kantonalem öffentlichen Recht unterliegen nicht dem Obligationenrecht. Jenes kann allenfalls analog oder subsidiär zur Anwendung kommen.[392]

bb. Verjährungsfristen und deren Beginn

Fristen

Die regelmäßige Verjährung beträgt bisher nach Art. 127 OR zehn Jahre und gilt für alle Forderungen, für die das Bundeszivilrecht nichts anderes bestimmt. Gemäß Art. 128 OR beträgt die Verjährung der praxisrelevanten Forderungen aus Miet-, Pacht-, Handwerks-, Dienst- und Arbeitsverhältnissen sowie anderen periodischen Leistungen fünf Jahre. Die Artt. 60 Abs. 1 und 67 Abs. 1 OR kennen eine Doppelfrist von ein bzw. zehn Jahren für Ansprüche aus ungerechtfertigter Bereicherung und unerlaubter Handlung. Daneben gibt es zahlreiche Sonderbestimmungen.[393] Kritisch gesehen wird am bestehenden Verjährungsrecht vor allem – was auch in anderen Rechtsordnungen bereits als Ausgangspunkt für Reformen diente – die fehlende Kongruenz von vertraglichen und außervertraglichen Verjährungsbestimmungen. Auch bestehen weiterhin zahlreiche Probleme, Ansprüche richtig zuzuordnen.[394]

---

und kaufmännische Buchführung (Art. 927-964); 5. Abteilung: Die Wertpapiere (Art. 965-1186).

388 Vgl. Artt. 60 und 67 OR.

389 Schwenzer, Rn. 83.02; Honsell/Vogt/Wiegand-*Däppen*, Art. 127 OR Rn. 6.

390 Vgl. nur BGE, 2. Senat, Urt. v. 15.2.1922, BGE 48 II 38, 44 f.

391 Vgl. z.B. BGE, 2. Senat, Urt. v. 23.12.1999, BGE 126 III 161, 163 f. zur Persönlichkeitsverletzung.

392 Honsell/Vogt/Wiegand-*Däppen*, Art. 127 OR Rn. 7.

393 Vgl. die Aufzählung in EJPD, Obligationenrecht, Bericht zum Vorentwurf, S. 8; Schwenzer, Rn. 84.08, Rn. 84.18 ff.

394 EJPD, Obligationenrecht, Bericht zum Vorentwurf, S. 8 ff.

Beginn

Art. 130 Abs. 1 OR bestimmt, dass die Verjährung mit der Fälligkeit der Forderung beginnt. Die Vorschrift gilt sowohl für die Regelverjährung als auch für alle anderen nicht von dem Fälligkeitszeitpunkt abweichenden Vorschriften.[395] Fälligkeit liegt nach dem schweizerischen Recht zu dem Zeitpunkt vor, zu dem der Gläubiger die Leistung verlangen kann. Dieser Zeitpunkt wird wie im deutschen Recht regelmäßig mit dem Zeitpunkt der Forderungsentstehung gleichgesetzt.[396]

Dies bedeutet für sofort fällige Verpflichtungen, dass der Zeitpunkt maßgeblich ist, an dem das vertragliche oder gesetzliche Schuldverhältnis entsteht.[397] Bei Sekundäransprüchen, die bei Nicht- oder Schlechtleistung gegeben sind, beginnt die Verjährungsfrist mit dem Zeitpunkt, zu dem die Erfüllung gefordert hätte werden dürfen.[398] Bei einem Unterlassungsanspruch ist der Zeitpunkt der Beseitigung des rechtswidrigen Zustands bzw. bei einem Schadensersatzanspruch der Zeitpunkt der Zuwiderhandlung relevant.[399] Daneben enthält Art. 131 OR einen objektiven Verjährungsbeginn für periodische Leistungen, wonach die Verjährungsfrist mit der Fälligkeit der ersten rückständigen Leistung anläuft.[400]

Von dem rein objektiven Zeitpunkt weichen die Artt. 60 Abs. 1 und 67 Abs. 1 OR ab. Nach beiden Vorschriften verjähren die Ansprüche aus unerlaubter Handlung bzw. ungerechtfertigter Bereicherung innerhalb eines Jahres von dem Tag an, an dem der Anspruchsberechtigte Kenntnis von den anspruchsbegründenden Merkmalen hatte, spätestens aber mit dem Ablauf von zehn Jahren ab dem Tag der schädigenden Handlung bzw. der Anspruchsentstehung. Die Vorschriften sehen also eine subjektive Frist mit immanenter objektiver Höchstfrist vor.

---

395 Honsell/Vogt/Wiegand-*Däppen*, Art. 130 OR Rn. 2.

396 Spiro I, S. 35 ff.; Honsell/Vogt/Wiegand-*Däppen*, Art. 130 OR Rn. 6; Schwenzer, Rn. 84.13; umstritten ist der Eintritt der Fälligkeit bei vertraglichen Schadensersatzansprüchen, vgl. hierzu EJPD, Obligationenrecht, Bericht zum Vorentwurf, S. 9 f. m.w.N.

397 Guhl/Merz/Koller, S. 294.

398 BGE, 1. Senat, Urt. v. 25.10.1927, BGE 53 II 336, 342; BGE, 1. Senat, Urt. v. 19.9.1961, BGE 87 II 155, 159; BGE, 1. Senat, Beschl. v. 17.12.1974, BGE 100 II 339, 343; Schwenzer, Rn. 84.14.

399 Schwenzer, Rn. 84.16; Guhl/Merz/Koller, S. 294.

400 Weitere abweichende Fristbeginne finden sich in Artt. 210, 219, 315, 371, 454 OR.

Exkurs: Reformvorhaben

Nach Art. 128 des Vorentwurfs des EJPD[401] soll die Regelverjährungsfrist nur noch drei Jahre betragen. Damit würde sich die Schweiz auf dieselbe Länge der Regelverjährung wie zuvor bereits Deutschland und Dänemark festlegen. Beginnen soll die Frist „mit dem Tag, an dem der Gläubiger Kenntnis der Forderung und der Person des Schuldners erlangt hat, frühestens aber ab Beginn der absoluten Frist.“ Die absolute Frist soll im Allgemeinen zehn Jahre betragen und mit Fälligkeit der Forderung enden.[402]

Dieser Fälligkeitszeitpunkt soll bei Schadensersatzforderungen entsprechend Art. 60 Abs. 1 OR mit der schädigenden Handlung und bei periodischen Leistungen entsprechend Art. 131 OR mit der Fälligkeit der ersten rückständigen Leistung erfüllt sein. Gemäß Art. 130 des Entwurfs soll die absolute Frist für Forderungen aus Personenschäden wie bei § 199 Abs. 2 BGB dreißig Jahre ab der schädigenden Handlung betragen.

cc. Fazit

Das über einhundert Jahre alte Verjährungsrecht der Schweiz sieht bisher viele Sonderfristen sowie eine antiquierte zehn Jahre betragende objektive Regelverjährung vor. Die Verabschiedung des Vorentwurfs würde die Vereinheitlichung von vertraglichen und außervertraglichen Fristen mit sich bringen. Zudem würde der Entwurf für die Regelverjährung die inzwischen auch in anderen Ländern favorisierte Frist von drei Jahren und einen maßgeblichen subjektiv-objektiven Beginn einführen, der wie in Deutschland von der Kenntnis und der Fälligkeit des Anspruchs geprägt wäre.

h. Dänemark

Zum 1. Januar 2008 ist in Dänemark ein neues Verjährungsgesetz in Kraft getreten.[403] Es löste die allgemeinen dänischen Gesetze aus dem Jahre 1683 und das bisherige Verjährungsgesetz von 1908 ab.[404] Das Verjährungsrecht war in

401 Abrufbar unter: http://www.ejpd.admin.ch/content/dam/data/wirtschaft/gesetzgebung/verjaehrungsfristen/vorentw-d.pdf (Stand: 4.1.2013).

402 Medienmitteilung des Bundesrats vom 29. August 2012, „Vereinfachung des Verjährungsrechts“; abrufbar unter: http://www.ejpd.admin.ch/content/ejpd/de/home/dokumentation/mi/2012/2012-08-290.html (Stand: 4.1.2013).

403 Gesetz Nr. 522 vom 6. Juni 2007 (*forældelsesloven).*

404 Fötschl, RIW 2011, 696.

diesen Gesetzen nur fragmentarisch geregelt und galt als veraltet. Wichtige Fragen wurden der Rechtsprechung überlassen, die – ähnlich wie die deutsche Rechtsprechung- immer wieder mit Schwierigkeiten bei der Anspruchszuordnung konfrontiert war.[405] Der dänische Gesetzgeber orientierte sich bei der Schaffung des neuen Verjährungsrechts im Wesentlichen an dem Modell der PECL, was weitläufige Auswirkungen auf die Ausgestaltung der Regelverjährung hatte.[406]

aa. Gesetzlicher Rahmen

Das neue Gesetz ist eingeteilt in neun Kapitel: Anwendungsbereich (§ 1), Beginn der Verjährung (§ 2), Allgemeine Verjährungsfrist (§ 3), Besondere Verjährungsfristen (§§ 4-14), Unterbrechung (§§ 15-19), vorläufige Unterbrechung (§§ 20-22), Wirkung (§§ 23-25), Abänderbarkeit (§§ 26-28) und Inkrafttreten (§§ 29-31). Verjährungsgegenstand im dänischen Recht sind wie im deutschen Recht Ansprüche.[407] Das dänische Recht erfasst die Verjährung aller privat- und öffentlichrechtlichen Forderungen auf Geld und andere Leistungen. Darüber hinaus sind familienrechtliche und sachenrechtliche Ansprüche sowie Gestaltungsrechte ebenfalls von der Verjährung erfasst. Unterlassungsansprüche unterliegen genauso wenig wie der eigentumsrechtliche Herausgabeanspruch dem Verjährungsregime.[408]

bb. Verjährungsfristen und deren Beginn

Fristen

Die allgemeine Verjährungsfrist, die früher zwanzig Jahre betrug[409], beträgt heute genauso wie in Deutschland drei Jahre und erfasst alle Ansprüche unabhängig vom Entstehungsgrund.[410] In den §§ 4-14 sind mehrere besondere Fristen vorgesehen. Ansprüche aus Arbeitsverhältnissen verjähren dort innerhalb von fünf Jahren. Verbriefte und schriftlich anerkannte Forderungen sowie Gelddarlehen und Kontoüberziehungen verjähren in zehn Jahren. Einlagen bei Geldinstituten verjähren in zwanzig Jahren, wiederkehrende Leistungen in zehn Jahren. Daneben kennt

---

405 Vgl. Schweizerisches Institut für Rvgl., Gutachten zum Recht der Verjährung, S. 17.

406 Vgl. Fötschl, RIW 2011, 696.

407 „Fordringer“, vgl. § 3 Gesetz Nr. 522 vom 6. Juni 2007 (*forældelsesloven).*

408 Zu allem Fötschl, RIW 2011, 696, 697.

409 Vgl. „Danske Lover“, Abschnitt 5-14-4.

410 Vgl. § 3 Abs. 1 Gesetz Nr. 522 vom 6. Juni 2007 (*forældelsesloven)*: „Forældelsesfristen er 3 år, medmindre andet følger af andre bestemmelser.“

das Gesetz in den §§ 9-11 Zusatz- bzw. Sonderfristen für Geschäftsunfähige oder rechtsgeschäftlich bestellte Vertreter.[411]

Beginn

Die dreijährige Regelverjährung beginnt nach § 3 Abs. 1 objektiv mit dem Zeitpunkt der Fälligkeit, also zu dem Zeitpunkt, zu dem der Gläubiger frühestens die Erfüllung des Anspruchs fordern kann.[412] Dies ist ein Novum im Vergleich zum früheren Recht, bei dem es auf den Zeitpunkt ankam, zu dem der Schuldner durch ein bestimmtes rechtliches oder tatsächliches Verhalten eine Grundlage für die Verbindlichkeit geschaffen hat und der Verjährungsbeginn hierbei bereits mit der Verwirklichung des ersten Tatbestandmerkmals und nicht erst mit der Vollendung des Tatbestands einsetzte.[413] Die frühere Regelverjährung kannte demnach zwar einen objektiven Fristbeginn, machte diesen jedoch nicht wie andere Rechtsordnungen von der Fälligkeit abhängig.

Die neue Regelverjährung ist dennoch keine rein objektive Frist geblieben. Denn sie läuft nach § 3 Abs. 2 bei Unkenntnis des Gläubigers von dem Anspruch und/oder der Person des Schuldners erst mit der Kenntnis bzw. dem Kennenmüssen des Gläubigers von den anspruchsbegründenden Umständen an.[414] Diese Suspensionsregel bewirkt demnach, dass das dänische Verjährungsrecht letztlich genau dieselben Voraussetzungen wie die deutsche Regelverjährung fordert, nämlich Fälligkeit und Kenntnis von den anspruchsbegründenden Umständen. Die Ausgestaltung der Regelung bewirkt allerdings, dass beim dänischen Ansatz der Gläubiger beweisen muss, dass er erst ab einem gewissen Zeitpunkt Kenntnis von dem Umständen hatte oder hätte haben können und nicht wie im deutschen Recht der Schuldner in der Beweispflicht ist.

Genauso wie im deutschen Recht wird auch das dänische objektiv-subjektive Verjährungsregime durch Maximalfristen begrenzt. Die gewöhnliche Höchstfrist beträgt wie bei § 199 Abs. 4 BGB zehn Jahre und beginnt mit dem Lauf der re-

411 Vgl. die Übersichten beim Schweizerisches Institut für Rvgl., Gutachten zum Recht der Verjährung, S. 57 f.; Fötschl, RIW 2011, 696, 699 f.

412 Fötschl, RIW 2011, 696, 698.

413 Vgl. hierzu Danco, S. 113.

414 § 3 Abs. 2 Gesetz Nr. 522 vom 6. Juni 2007 (*forældelsesloven)*: „Var fordringshaveren ubekendt med fordringen eller skyldneren, regnes forældelsesfristen i stk. 1 først fra den dag, da fordringshaveren fik eller burde have fået kendskab hertil."

gulären Frist, also mit Fälligkeit zu laufen.[415] Bei Personen- und Umweltschäden beträgt die Maximalfrist wie in § 199 Abs. 2 BGB dreißig Jahre beginnend mit dem Abschluss der schädigenden Handlung.[416] Der gleiche Zeitpunkt gilt auch für die zehnjährige Maximalfrist für außervertragliche Schadensersatzansprüche.[417]

Die Suspensionsregel gilt nicht nur für die Regelverjährung, sondern auch für die fünfjährige Verjährung von Ansprüchen aus Arbeitsverhältnissen und für Schadensersatzansprüche aus außervertraglicher Haftung.[418] Der Verjährungsbeginn der übrigen besonderen Fristen nach den §§ 5-14 ist objektiv ausgestaltet und beginnt meist mit Fälligkeit des Anspruchs.[419] Bei Ansprüchen aus der Nichterfüllung eines Vertrags beginnt die Verjährungsfrist mit dem Zeitpunkt der Nichterfüllung zu laufen.[420]

cc. Fazit

Dem Vorbild der PECL folgend hat sich nun auch der dänische Gesetzgeber in die europäische Reformbewegung des Verjährungsrechts eingereiht. Die dänische Regelverjährung ist in der Funktionsweise der deutschen sehr ähnlich. Zum einen erfasst sie als Regelverjährung deutlich mehr Ansprüche als zuvor, zum anderen macht sie den Verjährungsbeginn sowohl von einem objektiven (Fälligkeit) als auch von einem subjektiven Ereignis (Kenntnis) abhängig. Das dänische Recht macht anders als das deutsche Recht die Kenntnis von den anspruchsbegründenden Umständen nicht zur Voraussetzung des Verjährungsbeginns, sondern suspendiert den Beginn bis die subjektiven

---

415 § 3 Abs. 3 Nr. 3 Gesetz Nr. 522 vom 6. Juni 2007 *(forældelsesloven)*: „Forældelse indtræder senest 10 år efter begyndelsestidspunktet i henhold til § 2 for andre fordringer."

416 § 3 Abs. 3 Nr. 1 Gesetz Nr. 522 vom 6. Juni 2007 *(forældelsesloven)*: „Forældelse indtræder senest 30 år efter den skadevoldende handlings ophør for fordringer på erstatning eller godtgørelse i anledning af personskade og for fordringer på erstatning for skade forvoldt ved forurening af luft, vand, jord eller undergrund eller ved forstyrrelser ved støj, rystelser el.lign."

417 § 3 Abs. 3 Nr. 2 Gesetz Nr. 522 vom 6. Juni 2007 *(forældelsesloven)*: „Forældelse indtræder senest 10 år efter den skadevoldende handlings ophør for fordringer på erstatning for skade forvoldt uden for kontraktforhold, som ikke er omfattet af nr. 1, og."

418 Fötschl, RIW 2011, 696, 698.

419 Fötschl, RIW 2011, 696, 698.

420 Vgl. § 2 Abs. 3 Gesetz Nr. 522 vom 6. Juni 2007 *(forældelsesloven)*: „For fordringer, som opstår ved misligholdelse af kontrakt, regnes forældelsesfristen fra tidspunktet for misligholdelsen."

Voraussetzungen vorliegen. Die Wirkung ist jedoch dieselbe: Die Verjährung beginnt erst, wenn das subjektive Kenntniskriterium beim Gläubiger vorliegt. Begrenzt wird der Verjährungsbeginn wie in Deutschland durch in Differenzierung und Dauer vergleichbare Höchstfristen.

i. Schlussfolgerungen zur rechtsvergleichenden Untersuchung

Die Untersuchung der verschiedenen Rechtsordnungen belegt, dass sich die einzelnen Länder in der konkreten Ausgestaltung ihres Verjährungsrechts noch teilweise auf traditionellen Pfaden bewegen, überwiegend jedoch einen einheitlichen, modernen Weg einschlagen. Die Common Law-Länder England und USA sind bislang von einem stark objektiven Verjährungssystem geprägt, welches den Verjährungsbeginn mehrheitlich von der Entstehung des Klagegrunds abhängig macht. Eine Vergleichbarkeit zur deutschen Anspruchsverjährung besteht hinsichtlich des Zeitpunkts der Anspruchsentstehung und demjenigen der Entstehung des Klagegrunds. Denn beide Male ist der Zeitpunkt maßgeblich, an dem der Gläubiger die Forderung erstmals gerichtlich geltend machen kann.[421] Eine Regelverjährung kennen beide Länder nicht. Auf den Zeitpunkt der Fälligkeit rekurrieren auch weiterhin Italien und Spanien, welche allerdings das Institut der Regelverjährung kennen.

Das niederländische Recht tut dies formal den beiden südeuropäischen Rechtsordnungen gleich, kennt allerdings für alle praktisch wichtigen Ansprüche eine fünfjährige Verjährungsfrist mit einem subjektiven, von der Kenntnis des Gläubigers abhängigen Zeitpunkt, der die mit der Fälligkeit beginnende Regelverjährung de facto überflüssig macht. Bemerkenswert ist, dass das dänische, französische, englische und schweizerische Recht seit dem Erscheinen der Ergebnisse von länderübergreifenden Kommissionen wie den Principles of European Contract Law bzw. den Principles of International Commercial Contracts ihr Verjährungsrecht änderten bzw. dies erwägen. Frankreich schuf ein System, welches von einer zentralen Regelverjährung geprägt ist, die den Lauf der Verjährung von der Kenntnis bzw. grob fahrlässigen Unkenntnis des Gläubigers abhängig macht. Die Law Commission schlug dies ebenfalls für das englische Recht vor. Die Voraussetzungen der Fälligkeit des Anspruchs und der Kenntnis wurden auch im dänischen Recht und dem gerade der Verabschiedung harrenden schweizerischen Reformentwurf aufgegriffen. Das dänische Recht folgte den Vorschlägen der Principles of European Contract Law, die das Erfordernis

421 Dannemann/Karatzenis/Thomas, RabelsZ 55 (1991), 697, 702.

der Kenntnis als Hemmungsgrund ausgestaltet haben. Im Gegensatz dazu haben der deutsche und der französische Gesetzgeber die Kenntnis zur tatbestandlichen Voraussetzung für den Lauf der Verjährungsfrist gemacht, die Reformüberlegungen in England und der Schweiz würden ebenfalls diesen Weg wählen. Unterschiede zwischen den beiden Modellen ergeben sich nur hinsichtlich der Beweislast.

Der objektive Zeitpunkt der Fälligkeit des Anspruchs wird in den untersuchten Rechtsordnungen genauso wie im deutschen Recht als der Zeitpunkt der möglichen Geltendmachung des Rechts definiert. Auch in den Rechtsordnungen, in denen das subjektive Element eine Voraussetzung für den Verjährungsbeginn darstellt, bezieht sich die Kenntnis wie im deutschen Recht auf die anspruchsbegründenden Umstände.

Immer mehr Rechtsordnungen suchen die Abkehr von den seit Jahrzehnten bestehenden, einzig mit der Fälligkeit des Anspruchs beginnenden Verjährungsfristen. Ähnlich wie in Deutschland gewinnt dabei die Überzeugung von der gerechteren Austarierung der Gläubiger- und Schuldnerinteressen durch das Erfordernis der Erkennbarkeit auf Seiten des Gläubigers Oberhand.[422] Die Fälligkeit des Anspruchs als einzige Voraussetzung für den regelmäßigen Beginn der Verjährung zu verlangen, scheint angesichts der Vielgestaltigkeit der Lebenssachverhalte heutzutage keine zufriedenstellende Lösung mehr zu sein.

4. Gesamtfazit

Alle Untersuchungsansätze ergeben ein einheitliches Bild. Nicht nur in dogmatischer Hinsicht, auch aus Sicht der Gerichte und ausländischer Rechtsordnungen überzeugt der objektiv-subjektive Verjährungsbeginn der Regelverjährung. Wenngleich das subjektive Kriterium im Einzelfall Schwierigkeiten bereiten kann, weil der Zeitpunkt des Eintritts der Kenntnis oder des Kennenmüssens nicht immer einfach zu bestimmen ist, tritt dieser mögliche Nachteil angesichts der Vorteile in den Hintergrund. Denn das subjektive Kriterium bietet prinzipiell einen guten Ausgleich zwischen den Interessen des Schuldners, vor Beweisnot und dem Verlust seiner Dispositionsfreiheit geschützt zu werden, dem öffentlichen Interesse nach Rechtssicherheit und Rechtsfrieden und dem Gläubigerinteresse nach Erkenntnismöglichkeiten und einer ausreichend bemessenen Zeitspanne der Anspruchsgeltendmachung.[423]

---

422 So auch Zimmermann/Kleinschmidt, FS Bucher 2009, 861, 876.

423 Siehe oben 1. Teil, I. 1.

Die Kenntnis bzw. grob fahrlässige Unkenntnis der anspruchsbegründenden Umstände kann jedoch in manchen Fällen – zu denen auch diejenigen Fälle zur unsicheren und zweifelhaften Rechtslage gehören – bisweilen schwieriger zu bestimmen sein. Diese Problematik bestand jedoch auch vor der Einführung bzw. Extension des subjektiven Erkenntniskriteriums bei der Regelverjährung bereits im Rahmen des § 852 Abs. 1 BGB a.F.

Trotz der zuweilen schwierigen Bestimmung des Kenntniszeitpunkts ist das Kriterium der Kenntnis oder grob fahrlässigen Unkenntnis, wie die unterschiedlichen Ausführungen gezeigt haben, grundsätzlich ein geeignetes Kriterium, um den Verjährungsbeginn auszulösen. Wie im folgenden Kapitel aufgezeigt wird, ist vielmehr der konkrete Umgang der Rechtsprechung mit dem subjektiven Merkmal als fehlerhaft zu bewerten.

3. Teil: Verjährungsbeginn bei unsicherer und zweifelhafter Rechtslage

Wie schon bei der früheren deliktsrechtlichen Verjährung gemäß § 852 Abs. 1 BGB a.F. wird auch im Rahmen des § 199 Abs. 1 BGB in ständiger Rechtsprechung betont, dass für das Tatbestandsmerkmal der „Kenntnis" regelmäßig nur Tatsachenkenntnis, nicht aber Rechtskenntnis zu fordern sei.[424] In einigen Fällen, denen nach Einschätzung der Gerichte eine besonders komplexe und undurchsichtige Rechtslage zugrunde lag, soll die Rechtsunkenntnis des Gläubigers jedoch Berücksichtigung finden und dazu führen, dass der Verjährungsbeginn eines Anspruchs hinausgeschoben wird. Die eigentlich im Rahmen des Verjährungsbeginns irrelevante Rechtskenntnis wird damit zum entscheidenden Kriterium für das Einsetzen des Verjährungsbeginns.

Im dritten Teil dieser Arbeit soll erstmals[425] umfassend untersucht werden, welche Fallkonstellationen dieser Rechtsprechung zugrunde liegen. Denn in welchen Fällen eine unsichere und zweifelhafte Rechtslage gegeben sein soll, wird bislang nur unzureichend dargelegt: Sowohl die Gerichte als auch die rechtswissenschaftliche Literatur nehmen nur wenige positive Eingrenzungen hinsichtlich der einschlägigen Fallgruppen vor.[426] Es finden sich bislang eher negative, auf bestimmte Themenbereiche beschränkte Abgrenzungen.[427] Bei genauerer Betrachtung der

---

424 Vgl. BGH, Beschl. v. 19.03.2008 – III ZR 220/07, BGHZ 170, 260 = BGH NJW-RR 2008, 1237; BGH, Urt. v. 3.06.2008 – XI ZR 319/06, BGH WM 2008, 1346, 1349; BGH, Urt. v. 23.09.2008 – XI ZR 262/07 Rn. 15, WM 2008, 2155, 2156 = NJW-RR 2009, 547.

425 In der Kommentarliteratur findet sich regelmäßig nur die Wiedergabe der Rechtsprechungsformel, jedoch keine bzw. nur eine rudimentäre Fallcharakterisierung, vgl. MüKo-*Grothe*, § 199 Rn. 26; Palandt-*Ellenberger*, § 199 Rn. 27; jurisPK-*Lakkis*, § 199 Rn. 47; Prütting/Wegen/Weinreich-*Kesseler*, § 199 Rn. 13; die Aufsätze von Otto, VersR 2009, 760 ff., Theisen/Theisen, FS Nobbe, 453 ff., Schwintowski, BKR 2009, 89 ff., Jacoby, ZMR 2010, 335 ff.; Stoffels, NZA 2011, 1057 ff. und Bitter/Alles, NJW 2011, 2081 ff. behandeln genauso wie die Monographien von Schnaufer, S. 34 ff. und Otto, S. 171 ff. nur ausschnittsweise die einschlägige Kasuistik.

426 So auch Bitter/Alles, NJW 2011, 2081, 2083.

427 z.B. bei Otto, S. 172 f.; Schwintowski, BKR 2009, 89 ff.; Bitter/Alles, NJW 2011, 2081 ff.; Theisen/Theisen, FS Nobbe, S. 453 ff.; jurisPK-*Lakkis*, § 199 Rn. 47.

maßgeblichen Fälle lassen sich jedoch gemeinsame Fallmerkmale und Rechtsbereiche ausfindig machen.

An der Rechtsprechung zur unsicheren und zweifelhaften Rechtslage ergeben sich mancherlei Kritikpunkte. Die im Einzelfall nicht voraussehbare Einstufung, ob dem konkreten Sachverhalt eine unsichere Rechtslage zu Grunde liegt oder nicht, lässt Zweifel an der Verwirklichung der Verjährungsziele aufkommen. Die Ungewissheit, ob die Gerichte im konkreten Einzelfall eine unsichere und zweifelhafte Rechtslage als gegeben ansehen und deshalb den Verjährungsbeginn zu Gunsten des Gläubigers später einsetzen lassen, zwingt viele Gläubiger dazu, Klage zu erheben, um einer regulären Verjährung des Anspruchs zu entgehen. Dennoch bleibt für die Gläubiger auf Grund dieser unsicheren Einordnung ungewiss, ob die Verjährungseinrede des Schuldners Erfolg haben wird oder nicht. Diese Art und Weise der Einbeziehung von Rechtskenntnissen durch die Gerichte fördert Rechtsunsicherheit. Von Interesse ist deshalb auch, wie ausländische Rechtsordnungen mit der Einbeziehung von Rechtskenntnissen umgehen.

Kritisch wird sodann im Abschnitt II. des dritten Teils der dogmatische Ansatz der Rechtsprechung zu beleuchten sein, welche ihre Rechtsauffassung anhand des subjektiven Kenntniskriteriums bzw. der Zumutbarkeit der Klageerhebung festmacht. Bei näherer Betrachtung wird sich zeigen, dass sich die Probleme durch die Anknüpfung an die Anspruchsentstehung sachgerechter und stringenter lösen lassen. Welche Auswirkungen diese andere Sichtweise auf die maßgeblichen Fälle haben wird und welche praktischen Vorteile sich anhand des neuen Ansatzes ergeben werden, wird ebenfalls Untersuchungsgegenstand dieses dritten Teils sein.

I. Die Rechtsprechung zum Verjährungsaufschub bei unsicherer und zweifelhafter Rechtslage

1. Charakterisierung der Rechtsprechung

a. Terminologie

Ausnahmen vom Erfordernis der Tatsachenkenntnis billigten die deutschen Zivilgerichte schon vor vielen Jahrzehnten. So findet sich bereits in der reichsgerichtlichen Judikatur ein Urteil aus dem Jahre 1933, welches vom alleinigen Erfordernis der Tatsachenkenntnis abrückte und wegen fehlender Rechtskenntnisse den Gläubigern einen Verjährungsaufschub gewährte, bis diese Kenntnis von den maßgeblichen rechtlichen Umständen hatten, welche sie nach Ansicht des Reichsgerichts durch ein Urteil des Oberlandesgerichts erst erhielten.[428] Das Reichsgericht benutzte in diesem Urteil jedoch noch keinen Terminus, der demjenigen der unsicheren und zweifelhaften Rechtslage entspricht.[429] Erstmalig vom Reichsgericht aufgegriffen wurde die Überlegung, ob es bei „sehr verwickelten und zweifelhaften Rechtsfragen"[430] auf Rechtskenntnisse ankommen solle, im Jahre 1938.

Das erste Urteil des Bundesgerichtshofs, welches von einer „verwickelten und zweifelhaften Rechtslage"[431] spricht, stammt aus dem Jahre 1952. Seit diesem Zeitpunkt kennt die Vielfalt der Terminologie keine Grenzen. Es finden sich Formulierungen wie „ganz ungewöhnliche Rechtslage"[432], „ganz ungewöhnlich schwierige Rechtslage"[433], „besonders verwickelte und zweifelhafte Rechtslage"[434], „verwickelte oder zweifelhafte Rechtslage"[435], „unübersichtliche oder zweifelhafte Rechtslage"[436], „unsichere oder zweifelhafte Rechtslage"[437], „besonders verwickelte und unklare Rechtslage"[438], „unübersichtliche und zweifelhafte

---

428 RG, Urt. v. 23.11.1933 – VI 269/33, RGZ 142, 280, 283.

429 So auch Bitter/Alles, NJW 2011, 2081, 2083.

430 RG, Urt. v. 15.1.1938 – VI 190/37, RGZ 157, 14, 20.

431 BGH, Urt. v. 9.6.1952 – III ZR 128/51, BGHZ 6, 195, 202; siehe nachfolgend BGH, Urt. v. 15.11.1973 – III ZR 42/72, BGH VersR 1974, 358; BGH, Urt. v. 21.9.1976 – VI ZR 69/75, BGH NJW 1977, 198, 199.

432 BGH, Urt. v. 11.7.1961 – VI ZR 11/61, BGH VersR 1961, 910.

433 BGH, Urt. v. 27.10.1970 – VI ZR 66/69, BGH VersR 1971, 154, 155.

434 BGH, Urt. v. 6.11.1973 – VI ZR 199/71, BGH WM 1974, 182, 184 = VersR 1974, 197, 198; BGH, Urt. v. 11.2.1980 – II ZR 259/78, BGH WM 1980, 825; BGH, Urt. v. 13.3.1980 – II ZR 258/78, BGH NJW 1980, 1470.

435 BGH, Urt. v. 29.4.1982 – III ZR 163/80, BGH WM 1982, 824, 825.

436 BGH, Urt. v. 15.10.1992 – IX ZR 43/92, BGH WM 1993, 251, 259 = NJW 1993, 648, 653; BGH, Urt. v. 25.2.1999 – IX ZR 30/98, BGH WM 1999, 974, 975; BGH, Urt. v. 15.4.1999 – IX ZR 328/97, BGH NJW 1999, 2183, 2186; BGH, Urt. v. 3.3.2005 – III ZR 353/04, BGH WM 2005, 1328, 1330; BGH, Beschl. v. 15.11.2007 – IX ZR 254/06; BGH, Beschl. v. 19.3.2008 – III ZR 220/07, BGH NJW-RR 2008, 1237, 1238; BGH, Urt. v. 6.2.2009 – V ZR 26/08, BGH NVwZ-RR 2009, 412; BGH, Urt. v. 1.6.2011 – VIII ZR 91/10, BGH NJW 2011, 2570, 2571.

437 BGH, Urt. v. 24.2.1994 – III ZR 76/92, BGH WM 1994, 988, 991 = NJW 1994, 3162, 3164; BGH, Urt. v. 2.4.1998 – III ZR 309/96, BGHZ 138, 247, 252.

438 BGH, Urt. v. 17.10.1995 – VI ZR 246/94, BGH WM 1996, 125, 127.

Rechtslage“[439], „unsichere und zweifelhafte Rechtslage“[440]. Inhaltlich ist mit diesen Formulierungen jedoch keine Differenzierung verbunden, es wird nur ein und dasselbe Problem in verschiedener Gestalt skizziert.

b. Vorliegen einer unsicheren und zweifelhaften Rechtslage nach Auffassung der Gerichte

Die Gerichte versuchen sich auf höchst unterschiedliche Weise an einer Beschreibung, wann eine Rechtslage so unsicher sein soll, dass ein Verjährungsaufschub in Betracht zu ziehen sei.

Nach einem Urteil des BGH aus dem Jahre 2010 sei für das Vorliegen einer den Verjährungsbeginn hinausschiebenden unsicheren und zweifelhaften Rechtslage nicht ausreichend, „wenn noch keine höchstrichterliche Entscheidung einer bestimmten Frage vorliegt“[441]. Vielmehr sei hierfür ein „ernsthafter Meinungsstreit in Rechtsprechung und Schrifttum erforderlich“[442]. Das OLG Hamm war 1992 hingegen der Ansicht, dass „jedenfalls dann, wenn die Frage, (…), bislang auch unter Berücksichtigung der höchstrichterlichen Rechtsprechung zweifelhaft und ungeklärt ist, (…) die Verjährungsfrist erst zu dem Zeitpunkt, zu dem die Zweifel ausgeräumt sind (beginnt).“ Dies sei nicht vor dem rechtskräftigen Abschluss des Rechtsstreits möglich, mithin nicht vor der höchstrichterlichen Klärung durch den BGH.[443]

Ein anderer Senat des OLG Hamm konstatierte, dass „allein ein Streit um eine Rechtsfrage (…) die Rechtslage indes weder unübersichtlich noch zweifelhaft (macht).“[444] Die Verjährung liefe nur dann nicht, „wenn selbst ein rechtskundiger

---

439 BGH, Urt. v. 15.10.1992 – IX ZR 43/92, BGH NJW 1993, 648, 653; BGH, Beschl. v. 19.3.2008 – III ZR 220/07, BGH NJW-RR 2008, 1237, 1238; BGH, Urt. v. 18.12.2008 – III ZR 132/08, BGH NJW 2009, 984.

440 BGH, Urt. v. 14.3.2002 – III ZR 302/00, BGHZ 150, 172, 186; BGH, Urt. v. 16.9.2004 – III ZR 346/03, BGHZ 160, 216, 231 f. = BGH NJW 2005, 429, 432; BGH, Urt. v. 23.09.2008 – XI ZR 262/07, BGH WM 2008, 2155, 2156 = NJW-RR 2009, 547; BGH, Urt. v. 15.6.2010 – XI ZR 309/09, BGH NJW-RR 2010, 1574, 1575; BGH, Urt. v. 14.7.2010 – IV ZR 208/09, BGH WM 2010, 1708, 1710; BGH, Urt. v. 7.12.2010 – XI ZR 348/09, BGH NJW 2011, 1278, 1279; BGH, Urt. v. 14.7.2010 – IV ZR 208/09, BGH NJW 2011, 73, 75; BGH, Beschl. v. 31.1.2012 – VIII ZR 141/11, BGH NJW 2012, 1572.

441 BGH, Urt. v. 7.12.2010 – XI ZR 348/09, BGH NJW 2011, 1278, 1279; zuvor auch BGH, Urt. v. 14.7.2010 – IV ZR 208/09, BGH WM 2010, 1708, 1710.

442 BGH, Urt. v. 7.12.2010 – XI ZR 348/09, BGH NJW 2011, 1278, 1279.

443 OLG Hamm, Urt. v. 3.12.1992 – 27 U 194/91, OLG Hamm NZV 1993, 270.

444 OLG Hamm, Urt. v. 19.4.2010 – I-31 U 79/09, 31 U 79/09.

Dritter die Rechtslage nicht mehr überblickt und Gefahr läuft, auch unter größten Anstrengungen die falschen Maßnahmen zu ergreifen."[445] Ähnlich restriktiv war das OLG Köln, dass der Ansicht war, dass „allein der Umstand, dass sich bei der Bewertung bestimmter Rechtsfragen unterschiedliche Standpunkte vertreten ließen, (…) weder einen Ausschluss des Verjährungsbeginns noch eine Verjährungshemmung (begründet)."[446]

Das OLG Stuttgart hielt es für zweifelhaft, „ob (bereits) eine klar zu formulierende Rechtsfrage, zu der zwei Meinungen vertreten werden, eine besonders verwickelte und zweifelhafte Rechtslage darstellt"[447] und bezog sich stattdessen auf die Definition des Bundesgerichtshofs aus dem Jahre 1995, in dem der BGH eine undurchsichtige Rechtslage annahm, wenn die zu einem konkreten Rechtsproblem vertretenen Auffassungen, „in ihrer Fülle, Komplexität und Unterschiedlichkeit kaum noch zu überschauen und zu bewerten (sind) (und) in dieser unsicheren Lage nur der Gesetzgeber oder eine höchstrichterliche Entscheidung die nötige Klärung herbeiführen (kann)".[448]

Das LG Bonn sah es für eine unsichere und zweifelhafte Rechtslage nicht als ausreichend an, dass „Oberlandesgerichte und die übrigen Instanzgerichte zu einer Rechtsfrage unterschiedlich Stellung nehmen."[449] Es handele sich des Weiteren bei den für die Ausnahmerechtsprechung zum Verjährungsbeginn relevanten Fällen um eine „Spezialmaterie, (…), bei der die Kenntnis der Grundtatsachen alleine schon deshalb dem Anspruchsberechtigten oftmals nicht weiterhilft, weil er ohne Unterstützung eines Spezialisten nicht die erforderlichen Schlussfolgerungen, seien sie tatsächlicher oder rechtlicher Natur, zu ziehen vermag."[450]

In manchen der Fälle zur unsicheren und zweifelhaften Rechtslage anerkannte der BGH, dass zu dem relevanten Kenntniszeitpunkt entweder keine in die für den Gläubiger positive Richtung zeigende[451] bzw. sogar gegenläufige[452] Urteile vorlagen, die eine Klage für den Gläubiger als aussichtslos erschienen ließen und

---

445 Ebd.

446 OLG Köln, Urt. v. 11.9.2009 – 19 U 64/09.

447 OLG Stuttgart, Urt. v. 20.6.2000 – 12 U 37/00, OLG Stuttgart NJW 2000, 2680, 2682.

448 BGH, Urt. v. 28.4.1995 – LwZR 9/94, BGHZ 129, 282, 289.

449 LG Bonn, Urt. v. 14.5.2008 – 5 S 58/08, LG Bonn MDR 2008, 1383, 1384.

450 Ebd.

451 BGH, Urt. v. 9.6.1952 – III ZR 128/51, BGHZ 6, 195, 202; BGH, Urt. v. 25.2.1999 – IX ZR 30-98, BGH NJW 1999, 2041, 2043; für das öffentliche Recht BayVGH München, Urt. v. 10.3.2010 – 14 B 09.630; BayVGH München, Urt. v. 10.3.2010 – 14 BV 08.2444.

452 BGH, Urt. v. 14.3.2002 – III ZR 302/00, BGH WM 2002, 1137, 1142.

deshalb die Zumutbarkeit der Klage hinderten. In derselben Weise entschied der BGH auch im Falle von anders lautenden Verwaltungsentscheidungen.[453]

In anderen Fällen wurde die Rechtslage solange als unsicher eingeschätzt bis parallel laufende, andere Verfahren, deren Klärung für den von der Verjährung bedrohten Anspruch Relevanz hatten, für den Gläubiger ein eindeutiges Bild ergeben haben. Die zeitgleiche Erhebung einer Klage wurde zum Beispiel bis zur Klärung der anderweitigen Ersatzmöglichkeit im Rahmen eines Amtshaftungsprozesses[454] bzw. einer schadensrechtlichen, für den Amtshaftungsanspruch relevanten Vorfrage[455], bis zur strafgerichtlichen Entscheidung über die Eröffnung eines Hauptverfahrens[456] oder bis zum Abschluss eines bereits laufenden Bußgeldverfahrens[457] ausnahmsweise als unzumutbar eingeordnet. In letzterem Fall sei die Beurteilung der maßgeblichen handwerksrechtlichen Fragen so schwierig und zweifelhaft gewesen, dass der Gläubiger bis dato keine Veranlassung zur Erhebung einer Amtshaftungsklage gehabt hätte.[458] Nicht jeder noch ausstehende Verfahrensabschluss wurde jedoch als Aufschiebungsgrund für die Verjährung des anderen Anspruchs anerkannt.[459]

In einem Urteil aus dem Jahre 2004 konstatierte der BGH, dass Rechtsunkenntnis im Einzelfall „erst recht“ den Verjährungsbeginn hinausschieben müsse, „wenn sich die Beurteilung der Rechtslage in der höchstrichterlichen Judikatur ändert.“[460]

Dieser Auffassung folgt das OLG Saarbrücken nicht, wenn es im Zusammenhang mit dem Vorliegen einer unsicheren und zweifelhaften Rechtslage feststellt, dass „Änderungen der bisherigen oder eine neue höchstrichterliche Rechtsprechung (…) nicht über das Enstehen des Anspruchs oder über den Beginn der Verjährung entscheiden (können).“[461] Ebenfalls in diese Richtung gehen die Ausführungen des OLG Frankfurt. Es sei für den Verjährungsbeginn unschädlich,

---

453 BGH, Urt. v. 29.4.1982 – III ZR 163/80, BGH VersR 1982, 898, 899 f.

454 OLG Hamm, Urt. v. 3.12.1992 – 27 U 194/91, OLG Hamm NZV 1993, 270; BGH, Urt. v. 3.3.2005 – III ZR 353/04, BGH WM 2005, 1328, 1330.

455 BGH, Urt. v. 23.3.2000 – III ZR 152/99, BGH NJW 2000, 3358, 3360.

456 BGH, Urt. v. 2.4.1998 – III ZR 309/96, BGHZ 138, 247, 255 = NJW 1998, 2051, 2052 f.

457 BGH, Urt. v. 24.2.1994 – III ZR 76/92, BGH NJW 1994, 3162, 3164.

458 Ebd.

459 Vgl. BGH, Urt. v. 13.2.1975 – VI ZR 175/72, BGH VersR 1975, 520, 521 f.; LG Bonn, Urt. v. 14.5.2008 – 5 S 58/08, LG Bonn MDR 2008, 1383, 1384.

460 BGH, Urt. v. 16.9.2004 – III ZR 346/03, BGHZ 160, 216, 232 = NJW 2005, 429, 433.

461 OLG Saarbrücken, Urt. v. 24.4.2007 – 4 U 410/06-133, OLGR Saarbrücken 2007, 718, 721.

„dass die Rechtsprechung in der Folgezeit weitere Lösungsansätze entwickelt hat, insbesondere der BGH (…).“[462] Und weiter: „Hat der Lauf der Verjährungsfrist einmal begonnen, weil der Gläubiger die anspruchsbegründenden Tatsachen kennt und er über deren (derzeit aktuelle) rechtliche Bedeutung hinreichend in Kenntnis gesetzt ist, so führt weder der Umstand, dass die derzeitige Rechtsprechung eine Anspruchsdurchsetzung nicht als erfolgsversprechend erscheinen lässt noch eine nachträgliche Änderung der Rechtsprechung zu einer Hemmung oder zu einem Neubeginn dieser Frist.“[463]

Kein Fall einer unsicheren und zweifelhaften Rechtslage soll in negativer Abgrenzung vorliegen, wenn bloß zweifelhaft ist, „zu welchem Ergebnis die rechtliche Würdigung eines im wesentlichen bekannten Sachverhalts anhand von feststehenden Rechtsnormen führen mußte.“[464] Demnach liege immer dann, wenn bei bekannter Sachlage lediglich die richterliche Beurteilung allgemeiner Rechtsfragen ungewiss ist, ansonsten die Rechtslage aber klar ist, kein Grund zur Verschiebung des Verjährungsbeginns vor.[465] Dann handele es sich um ein normales Prozessrisiko, bei welchem dem Kläger lediglich eine stets mögliche Fehleinschätzung der rechtlichen Situation droht.[466]

c. Anwendungs- und Geltungsbereich der bisherigen Rechtsprechung

Die Rechtsprechung zum Verjährungsbeginn bei unsicherer und zweifelhafter Rechtslage erstreckt sich gegenwärtig ausschließlich auf den Anwendungsbereich des § 199 Abs. 1 BGB. Die Rechtsprechungsproblematik stellt sich jedoch theoretisch bei allen kenntnisabhängigen Verjährungsvorschriften in spezielleren Gesetzen.[467] Denn bei all diesen Vorschriften ist Dreh- und Angelpunkt der Rechtsprechung die subjektive Kenntnis des Gläubigers, insofern bestehen keine

---

462 OLG Frankfurt, Beschl. v. 22.5.2007 – 9 U 125/06, OLGR Frankfurt 2008, 59.

463 OLG Frankfurt, Beschl. v. 22.5.2007 – 9 U 125/06, OLGR Frankfurt 2008, 59, 60.

464 BGH, Urt. v. 6.11.1973 – VI ZR 199/71, BGH WM 1974, 182, 184 = VersR 1974, 197, 198.

465 Vgl. auch BGH, Urt. v. 18.1.1972 – VI ZR 204/70, BGH VersR 1972, 394, 395; BGH, Urt. v. 5.2.1985 – VI ZR 61/83, BGH NJW 1985, 2022, 2023; BGH, Urt. v. 18.1.1994 – VI ZR 190/93, BGH NJW 1994, 1150, 1152; BGH, Urt. v. 20.9.1994 – VI ZR 336/93, BGH NJW 1994, 3092, 3093.

466 Vgl. auch Bitter/Alles, NJW 2011, 2081, 2083 f.

467 So auch Otto, VersR 2009, 760; Vorschriften mit rein positiver Kenntnis sind die § 36 Abs. 1, Abs. 3 Wohnungseigentumsgesetz, § 4 Erbbauverordnung, § 46 Börsengesetz und § 13a Abs. 5 Verkaufsprospektgesetz; Kenntnis oder grob fahrlässige Unkenntnis fordern § 11 Abs. 1 UWG, die §§ 61 Abs. 2, 113 Abs. 3 HGB sowie

grundlegenden Unterschiede zwischen den einzelnen Regelungen.[468] Sofern in Verträgen an § 199 Abs. 1 BGB angelehnte Vereinbarungen bzw. Klauseln getroffen worden sind, muss grundsätzlich – mangels andersgewählter Formulierungen rechtskundiger Personen – davon ausgegangen werden, dass die § 199 Abs. 1 BGB zugrunde liegende Rechtsprechung übertragen werden könnte.[469]

In der Vergangenheit lag der Hauptanwendungsbereich des Problems bei der kenntnisabhängigen Verjährungsnorm des § 852 Abs. 1 BGB a.F.[470] Der Gesetzgeber hat sich zwar weder allgemein noch bezogen auf die vorliegend maßgebliche Problemrechtsprechung zu der Übertragbarkeit der Grundsätze geäußert, setzt die allgemeine Übertragbarkeit aber implizit voraus.[471] Nach der Reform des Verjährungsrechts wurde jedoch teilweise bezweifelt, ob die im Deliktsrecht zu § 852 Abs. 1 BGB a.F. ergangenen alten Grundsätze der Gerichte zum Umgang mit einer unsicheren und zweifelhaften Rechtslage ohne Weiteres auf die Regelverjährung des § 199 Abs. 1 BGB übertragen werden können.[472] Kritisch wurde vor allem

§§ 88 Abs. 3 S. 1, 284 Abs. 3 AktG; Kenntnis oder fahrlässige Unkenntnis sind i.R.d. § 12 Abs. 1 Produkthaftungsgesetz und § 32 Abs. 1 Atomgesetz Voraussetzung.

468 Ähnlich Otto, S. 28, der auf den „zumeist identischen Wortlaut“ der Normen abstellt.

469 Eine entsprechende Übertragung auf das Vertragsrecht nahm der BGH zu § 852 Abs. 1 BGB a.F. vor, vgl. BGH, Urt. v. 27.3.2001 – VI ZR 12/00, BGH NJW 2001, 2535, 2536.

470 Vgl. z.B. BGH, Urt. v. 9.6.1952 – III ZR 128/51, BGHZ 6, 195, 202; BGH, Urt. v. 27.10.1970 – VI ZR 66/69, BGH VersR 1971, 154, 155; BGH, Urt. v. 18.1.1972 – VI ZR 204/70, BGH VersR 1972, 394, 395; BGH, Urt. v. 6.11.1973 – VI ZR 199/71, BGH WM 1974, 182, 184 = VersR 1974, 197, 198; BGH, Urt. v. 15.10.1992 – IX ZR 43/92, BGH VersR 1993, 648, 653.

471 Vgl. BT-Drs. 14/6040, S. 107: „Dieses Defizit will der Entwurf dadurch ausgleichen, dass er für die regelmäßige Verjährungsfrist einen einheitlichen Beginn festlegt, der dem bisherigen § 852 Abs. 1 nachgebildet ist.“; beipflichtend u.a. Bamberger/Roth-*Spindler*, § 199 Rn. 17; MüKo-*Grothe*, § 199 Abs. 24; ablehnend Theisen/Theisen, FS Nobbe, S. 453, 467.

472 Im Ergebnis gegen die Übertragbarkeit der Rechtsprechung zu § 852 Abs. 1 BGB a.F. in Bezug auf die Fälle zur unsicheren und zweifelhaften Rechtslage Theisen/Theisen, FS Nobbe, S. 453, 469; für die allgemeine Übertragbarkeit von den Grundsätzen zu § 852 Abs. 1 BGB a.F. auf § 199 Abs. 1 BGB sprechen sich hingegen explizit aus BT-Drs. 14/6040, S. 107; BGH, Urt. v. 9.11.2007 – V ZR 25/07, BGH NJW 2008, 506, 507; BGH, Urt. v. 19.3.2008 – III ZR 220/07, BGH NJW-RR 2008, 1237; BGH, Urt. v. 27.5.2008 – XI ZR 132/07, BGH NJW-RR 2008, 1495, 1497; BGH, Urt. v. 3.6.2008 – XI ZR 319/06, BGH WM 2008, 1346, 1349; BGH, Urt. v. 23.9.2008 – XI ZR 262/07, BGH WM 2008, 2155, 2156 = NJW-RR 2009, 547; Otto, VersR 2009, 760, 761; Bamberger/Roth-*Spindler*, § 199 Rn. 17; MüKo-*Grothe*, § 199 Abs. 24.

der unterschiedlich große Anwendungsbereich beider Normen gesehen.[473] Weder die Rechtsprechungsformel vom Verjährungsaufschub noch die Anwendungspraxis der Gerichte haben sich nach der Reform verändert.[474] § 199 Abs. 1 BGB erfasst nunmehr auch deliktische Ansprüche, weshalb mehr dafür spricht, dass die früheren Grundsätze zu § 852 Abs. 1 BGB a.F. prinzipiell auch für § 199 Abs. 1 BGB Geltung beanspruchen.[475] Auch der Einwand, die Rechtsprechung zum Verjährungsaufschub habe nach der Schuldrechtsreform an Bedeutung verloren, ist nicht zutreffend. Es mag sein, dass diese Rechtsprechung innerhalb der letzten elf Jahre im Vergleich zu den vielen Jahrzehnten vor der Reform seltener Gegenstand von Entscheidungen des Bundesgerichtshofs gewesen ist.[476] Wie anhand der Fallübersicht verdeutlicht wird, ist ihr Vorkommen jedoch nicht auf die Rechtsprechung des Bundesgerichtshofs und auch nicht auf eine geringe Anzahl von Fällen beschränkt.[477]

d. Maßgebliche Rechtsmaterien

Die Rechtsprechung zur unsicheren und zweifelhaften Rechtslage zieht sich durch die unterschiedlichsten Rechtsgebiete. In der zivilrechtlichen Judikatur ist der Verjährungsaufschub bei unsicherer und zweifelhafter Rechtslage zum Beispiel im Bereich finanzierter Kapitalanlagegeschäfte, im Darlehensrecht oder auch im Amts- und Notarhaftungsrecht zu finden.[478] Daneben sind vereinzelt Urteile in der arbeits- und öffentlichrechtlichen Judikatur vorhanden. Alle diese Fälle haben gemein, dass ihnen ungeklärte Rechtsfragen zugrunde liegen. Manche der Fälle sind inhaltsähnlich und kategorisierbar, andere wiederum nicht.

---

473 Vgl. Theisen/Theisen, FS Nobbe, S. 453, 468.

474 So auch Otto, VersR 2009, 760, 762.

475 Im Ergebnis – ohne nähere Begründung – so auch AnwK-*Mansel/Stürner*, § 199 Rn. 27, die anführen, dass § 199 Abs. 1 Nr. 2 BGB den § 852 Abs. 1 a.F. in leicht modifizierter Form „verallgemeinert": „Die durch die Rechtsprechung und Lehre bei der Auslegung des § 852 Abs. 1 a.F. gefundenen Ergebnisse zu Fragen der Feststellung des Verjährungsbeginns sind auf Abs. 1 Nr. 2 übertragbar, und zwar nicht nur für die bisher § 852 Abs. 1 a.F. unterfallenden Ansprüche, sondern auch für die anderen Ansprüche."

476 So Stoffels, NZA 2011, 1057, 1060.

477 Als zu knapp fällt daher die Fallskizzierung von Otto, VersR 2009, 760, 762 f.; Bitter/Alles, NJW 2011, 2081, 2083 und Stoffels, NZA 2011, 1057, 1060 aus.

478 A.A. Bitter/Alles, NJW 2011, 2081, 2083, die als Anwendungsfall für die Rechtsprechung zur unsicheren und zweifelhaften Rechtslage nur die Amts- und Notarhaftung als einschlägig betrachten.

Nicht jedes Urteil, das die Formulierung von der unsicheren und zweifelhaften Rechtslage verwendet, begründet damit jedoch im Ergebnis einen Aufschub des Verjährungsbeginns. In jeglichen Rechtsmaterien finden sich Fälle, in denen die Frage nach der Relevanz der ausnahmsweise den Verjährungsbeginn hinausschiebenden Rechtsunkenntnis bei unsicherer und zweifelhafter Rechtslage in Urteilen aufgeworfen, letztlich aber nicht als streitentscheidend herangezogen wurde.[479] Die folgende Fallübersicht konzentriert sich deshalb auf die Erwähnung derjenigen Fälle, bei denen ein Verjährungsaufschub nicht nur am Rande erwähnt, sondern eingehender thematisiert wurde.

aa. Zivilrechtliche Judikatur

(1) Rechtsprechung zur Amts- und Notarhaftung

Rechtsprechung, welche einen Verjährungsaufschub wegen ausnahmsweise zu fordernder, aber fehlender Rechtskenntnisse gewährt, findet sich in Bezug auf Amtshaftungsansprüche i.R.d. § 839 Abs. 1 BGB sowie in Bezug auf Notarhaftungsansprüche i.R.d. § 19 Abs. 1 Bundesnotarordnung.

Dabei lassen sich verschiedene Gruppierungen ausmachen, bei denen das Vorliegen einer unsicheren und zweifelhaften Rechtslage diskutiert wurde. Es standen dabei zum einen Fälle in Rede, bei denen unklar war, ob der Gläubiger von einer dritten Person anderweitigen Ersatz seines Schadens erlangen konnte. Denn sowohl bei § 839 Abs. 1 S. 2 BGB als auch bei § 19 Abs. 1 S. 2 BNotO ist tatbestandliche Voraussetzung, dass der Staat bzw. der Notar nur dann haftet, wenn „der Verletzte nicht auf andere Weise Ersatz zu erlangen vermag". In diesen Fällen stellte sich zumeist erst letztinstanzlich heraus, dass *keine anderweitige Ersatzmöglichkeit* besteht, sondern der Staat bzw. der Notar der richtige Anspruchsgegner ist.[480] Der Gläubiger konnte demnach erst durch die Klärung

479 Z.B. BGH, Urt. v. 12.12.1957 – VI ZR 274/56, BGH VersR 1958, 109; BGH, Urt. v. 27.10.1970 – VI ZR 66/69, BGH VersR 1971, 154, 155; BGH, Urt. v. 21.9.1976 – VI ZR 69/75, BGH VersR 1977, 249, 250; BGH, Urt. v. 15.10.1992 – IX ZR 43/92, BGH NJW 1993, 648, 653; BGH, Urt. v. 18.12.2008 – III ZR 132/08, BGH NJW 2009, 984; OLG Nürnberg, Urt. v. 30.3.2009 – 14 U 297/07, OLG Nürnberg BKR 2010, 458, 464; OLG Köln, Urt. v. 11.9.2009 – 19 U 64/09.

480 BGH, Urt. v. 25.2.1999 – IX ZR 30-98, BGH NJW 1999, 2041, 2043; BGH, Urt. v. 23.03.2000 – III ZR 152/99, BGH NJW 2000, 3358, 3360; BGH, Urt. v. 3.3.2005 – III ZR 353/04, BGH WM 2005, 1328, 1330; nicht streitentscheidend bei BGH, Urt. v. 21.9.1976 – VI ZR 69/75, BGH VersR 1977, 249, 250; BGH, Urt. v. 15.10.1992 – IX ZR 43/92, BGH NJW 1993, 648, 653; BGH, Urt. v. 16.9.2004 – III ZR 346/03, BGHZ 160, 216, 232 = BGH NJW 2005, 429, 433.

dieser Rechtsfrage Kenntnis von den den Anspruch begründenden Umständen und dem richtigen Anspruchsgegner erlangen. Die rechtliche Schwierigkeit liegt bei dieser Fallgruppierung in der Besonderheit, dass bevor die Klage im Hauptverhältnis gegen den Staat bzw. Notar mit Erfolgsaussicht erhoben werden kann, die Rechtslage in dem anderen Rechtsverhältnis gegen den Dritten geklärt sein muss.[481]

Der Anwendungsbereich der Amts- und Notarhaftung beschränkt sich jedoch nicht nur auf Fälle der fehlenden anderweitigen Ersatzmöglichkeit.[482] Im Rahmen des § 839 Abs. 1 S. 1 BGB bzw. § 19 Abs. 1 S. 1 BNotO muss die fragliche *Amtspflichtverletzung rechtswidrig* sein. Wann eine Amtspflichtverletzung als rechtswidrig eingestuft werden sollte, war in Einzelfällen genauso undurchsichtig zu beurteilen wie die Frage nach der fehlenden anderweitigen Ersatzmöglichkeit. Beispielsweise sei aufgrund von schwierigen handwerksrechtlichen Fragen in einem parallel laufenden Bußgeldverfahren die Einschätzung, ob die Verwaltungsbehörde rechtmäßig oder rechtswidrig handelte, so zweifelhaft gewesen, dass dem Gläubiger eine Klageerhebung nicht vor dem Abschluss des Bußgeldverfahrens zumutbar gewesen sei.[483] Wenn eine Staatsanwaltschaft durch die Erhebung der öffentlichen Klage eine Amtspflichtverletzung begangen haben soll, soll der Gläubiger nicht vor der rechtskräftigen Entscheidung des für die Hauptverhandlung zuständigen Gerichts über die Eröffnung des Hauptverfahrens Kenntnis von der Rechtswidrigkeit des Amtshandelns haben können. Denn erst zu diesem Zeitpunkt und nicht schon im Stadium des Zwischenverfahrens sei seine Kenntnis von der Rechtswidrigkeit genügend gesichert.[484] Ebensolche Zweifel an der Rechtswidrigkeit des Amtshandelns bestanden in einem Fall, in dem der Gläubiger aufgrund der behördlichen und untergerichtlichen Einschätzung solange den Eindruck haben musste, das Amtshandeln sei nicht rechtswidrig gewesen, bis das höchste Gericht in Finanzsachen, der Bundesfinanzhof, diese Einschätzung widerlegte und für rechtswidrig befand.[485] Gleichfalls verhielt es sich in einem Verfahren, in dem die Mehrzahl von Gerichten in ähnlich gelagerten Verfahren ein Überweisungsverbot für Basis-Laboruntersuchungen, welches von der Kassenärztlichen Bundesvereinigung für Ärzte verhängt wurde, als rechtmäßig einstuften, und erst das

481 So Bitter/Alles, NJW 2011, 2081, 2083.
482 A.A. Bitter/Alles, NJW 2011, 2081, 2083.
483 BGH, Urt. v. 24.2.1994 – III ZR 76/92, BGH VersR 1994, 3162, 3164.
484 BGH, Urt. v. 2.4.1998 – III ZR 309/96, BGHZ 138, 247, 255 f. = BGH NJW 1998, 2051, 2052 f.
485 BGH, Urt. v. 29.4.1982 – III ZR 163/80, BGH VersR 1982, 898, 899 f.

Bundessozialgericht diese gerichtliche Beurteilung als falsch und damit die Amtshandlung als rechtswidrig einstufte.[486] In all diesen Fällen konnte der Gläubiger nach Einschätzung der Revisionsgerichte solange keine gesicherte Kenntnis von der Rechtswidrigkeit der Amtshandlung erlangen, bis diese für seinen Anspruch wesentliche Information rechtsverbindlich geklärt war.

(2) Rechtsprechung zu Schenkkreisen

Bei Rückforderungsansprüchen i.R.v. § 812 Abs. 1 S. 1 Alt. 1 BGB wegen Zahlungen innerhalb so genannter Schenkkreise[487] ist schon seit längerer Zeit durch die Rechtsprechung des Bundesgerichtshofs geklärt worden, dass derartige Rechtsgeschäfte als sittenwidrig einzuordnen sind. Problematisch war hingegen weiterhin der Gesichtspunkt der Verjährung der Ansprüche geblieben. Völlig unterschiedlich beantwortet wurde dabei die entscheidende Frage, ob die bestehenden Unsicherheiten hinsichtlich der tatbestandlichen Voraussetzungen aus §§ 812 Abs. 1 S. 1 Alt. 1, 817 S. 2 BGB der Tatsachen- oder eher der Rechtsebene zuzuordnen sind.

Einige Gerichte waren der Auffassung, dass die Rechtslage bis zum klärenden Urteil des BGH vom 10. November 2005[488] zur Anwendung des § 817 S. 2 BGB im Rahmen von Schenkkreisen unsicher war. Erst ab diesem Zeitpunkt hätten die Gläubiger Kenntnis von den anspruchsbegründenden Umständen haben können, da zuvor rechtlich ungeklärt war, ob § 817 S. 2 BGB in den Schenkkreis-Fällen einen Bereicherungsanspruch vereitelt.[489] Ein Landgericht hielt § 817 S. 2 BGB hinsichtlich der Verjährung des Anspruchs aus § 812 Abs. 1 S. 1 Alt. 1 BGB für irrelevant. Bei § 817 S. 2 BGB handele es sich nicht um eine anspruchsbegründende Norm i.S.d. § 199 BGB, sondern

---

486 BGH, Urt. v. 14.3.2002 – III ZR 302/00, BGH WM 2002, 1137, 1142 = NJW 2002 1793, 1797.

487 Schenkkreise sind in 4 Stufen hierarchisch aufgebaute Schneeballsysteme. Die Teilnehmer der untersten Stufe zahlen Geldbeträge an die Teilnehmer der ersten Stufe, welche daraufhin aus dem System ausscheiden. Die Zahlenden rücken dann eine Stufe auf, müssen aber ihrerseits neue Teilnehmer auf der Stufe unter ihnen anwerben. Nur die Initiatoren machen damit sichere Gewinne, spätere Teilnehmer haben aufgrund der großen Zahl der anzuwerbenden Mitspieler kaum eine realistische Chance auf einen eigenen Gewinn, vgl. BGH, Urt. v. 10.11.2005 – III ZR 72/05, BGH NJW 2006, 45.

488 BGH, Urt. v. 10.11.2005 – III ZR 72/05, III 73/05, BGH NJW 2006, 45 ff.

489 LG Hildesheim, Urt. v. 2.2.2007 – 7 S 246/06; AG Holzminden, Urt. v. 15.8.2006 – 6 C 572/05; AG Brühl, Urt. v. 17.8.2007 – 22 C 82/07.

um eine rechtshemmende Einwendung, welche für die Kenntnis der anspruchsbegründenden Tatsachen keine Rolle spiele.[490] Andere Instanzgerichte sahen die Rechtslage hingegen nicht als unsicher an, so dass Rechtsunkenntnis den Verjährungsbeginn hätte hinausschieben können, sondern ordneten die Frage, welche Anforderungen an die Kenntnis des Gläubigers i.R.d. § 199 Abs. 1 BGB gestellt werden müssen, als Frage der Tatsachenkenntnis ein.[491] Das LG Bonn erklärte hierzu, dass die Rechtslage nicht allein deshalb als schwierig eingeordnet werden könne, weil verschiedene Gerichte unterschiedlich Stellung zu dieser Frage nähmen.[492] Der BGH teilte im nachfolgenden Revisionsurteil die Ansicht des LG Bonn, dass es allein auf die Tatsachenkenntnis und nicht auf Rechtsunkenntnis ankomme. Der Gläubiger hätte bereits mit Rücksicht auf den stets zu ermittelnden Zweck des Verbotsgesetzes i.R.d. § 817 S. 2 BGB antizipieren können, dass die erfolgreiche Überwindung der Kondiktionssperre wahrscheinlich war und somit genügend Anhaltspunkte für den erforderlichen Kenntnisstand i.S.v. § 199 Abs. 1 BGB besessen.[493]

(3) Rechtsprechung zur Rückabwicklung von Darlehensverträgen zur Immobilienfinanzierung

Zahlreiche Urteile zur unsicheren und zweifelhaften Rechtslage sind zur Rückabwicklung von Darlehnsverträgen zur Finanzierung von Immobilienanlageschäften ergangen. Die Unwirksamkeit von Darlehensverträgen wurde aufgrund zweier möglicher Rechtsverstöße diskutiert; dies waren zum einen Verstöße gegen das Rechtsberatungsgesetz und zum anderen Verstöße gegen die beim Verbraucherkredit erforderliche Gesamtbetragsangabe.

Die Grundkonstellation bei den Urteilen zu der Unwirksamkeit von Darlehensverträgen wegen Verstößen gegen das Rechtsberatungsgesetz ist dabei im Wesentlichen dieselbe gewesen: Private Kaufinteressenten schlossen mit Treuhändern, die von Beruf Steuerberater oder Wirtschaftsprüfer waren, Geschäftsbesorgungsverträge und erteilten ihnen eine umfassende Vollmacht, damit diese für

490 So LG Kleve, Urt. v. 29.11.2007 – 6 S 124/07; LG Kleve, Urt. v. 11.12.2008 – 6 S 140/08.

491 OLG Celle, Urt. v. 27.10.1999 – 13 U 61/99, OLGR Celle 2000, 255; LG Freiburg, Urt. v. 29.6.2005 – 5 O 409/05; LG Köln, Beschl. v. 3.12.2007 – 13 S 301/07; LG Köln, Beschl. v. 2.1.2008 – 13 T 261/07; LG Bonn, Urt. v. 14.5.2008 – 5 S 58/08, LG Bonn MDR 2008, 1383, 1384; LG Frankfurt a. M., Urt. v. 31.1.2008 – 2/24 S 122/07.

492 LG Bonn, Urt. v. 14.5.2008 – 5 S 58/08, LG Bonn MDR 2008, 1383, 1384.

493 BGH, Urt. v. 18.12.2008 – III ZR 132/08, BGH NJW 2009, 984, 985.

die Auftraggeber zu Steuerersparniszwecken alle Rechtsgeschäfte besorgen, die zum Kauf einer Immobilie vonnöten sind. Die Treuhänder schlossen sodann mit einer Bank Darlehensverträge ab, die der Finanzierung des Immobilienerwerbs dienen sollten. Die Kaufinteressenten machten einige Zeit später jedoch gerichtlich geltend, dass sowohl alle den Treuhänder betreffenden als auch alle von diesem eingegangenen Verpflichtungen wegen Verstoßes gegen Art. 1 § 1 Abs. 1 S. 1 Rechtsberatungsgesetz nichtig seien.

In Streit stand hinsichtlich der Verjährung der Ansprüche nach § 199 Abs. 1 BGB sodann die Frage, ob die Kaufinteressenten den Rechtsverstoß und damit die Nichtigkeit der Rechtsverhältnisse erkennen konnten oder nicht. Die Schwierigkeit hinsichtlich der Beurteilung, ob die Gläubiger Kenntnis von dem Anspruch hatten oder hätten haben können, lag für die Gerichte darin, dass noch keine einheitliche richterliche Beurteilung vorlag, ob die auf den finanzierten Immobilienerwerb gerichtete Vermittlungstätigkeit des Steuerberaters bzw. Wirtschaftsprüfers der Erlaubnispflicht i.S.d. Art. 1 § 1 Abs. 1 S. 1 Rechtsberatungsgesetz unterliegt oder nicht.[494]

Die andere Fallgruppierung hat die Unwirksamkeit von Darlehensverträgen zur Immobilienfinanzierung wegen einer fehlenden Gesamtbetragsangabe zum Gegenstand. Ein Darlehensvertrag zwischen einem Verbraucher und einem Unternehmer bedarf zwingend diverser Schriftformangaben, die dem Verbraucher die Auswirkungen der finanziellen Verpflichtungen bei Vertragseingehung verdeutlichen sollen. Im früheren Recht normierte § 4 Abs. 1 S. 4 Nr. 1 b) Verbraucherkreditgesetz, dass „bei Kreditverträgen im allgemeinen der *Gesamtbetrag* aller vom Verbraucher zur Tilgung des Kredits sowie zur Zahlung der Zinsen und sonstigen Kosten zu entrichtenden Teilzahlungen (anzugeben ist), wenn der Gesamtbetrag bei Abschluß des Kreditvertrags für die gesamte Laufzeit der Höhe nach feststeht." Nach § 6 Abs. 1 Verbraucherkreditgesetz a.F. war der Kreditvertrag nichtig, wenn eine Angabe i.S.v. § 4 Abs. 1 S. 4 Nr. 1 b) des Gesetzes fehlte. Hat der Verbraucher den Kredit bereits in Anspruch genommen, wurde

---

494 BGH, Urt. v. 19.3.2008 – III ZR 220/07, BGH VersR 2008, 1121 = NJW-RR 2008, 1237; BGH, Urt v. 23.9.2008 – XI ZR 262/07, BGH WM 2008, 2155 = BGH NJW-RR 2009, 547; BGH, Urt. v. 28.4.2009 – XI ZR 228/08; OLG Zweibrücken, Urt. v. 23.1.2006 – 7 U 7/05, OLGR Zweibrücken 2006, 505; OLG Karlsruhe, Urt. v. 18.7.2006 – 17 U 320/05, OLG Karlsruhe ZIP 2006, 1855 = OLGR Karlsruhe 2006; OLG Karlsruhe, Urt. v. 23.2.2007 – 17 U 65/06, OLGR Karlsruhe 2007, 392; OLG Karlsruhe, Urt. v. 17.4.2007 – 17 U 1/07, OLG Karlsruhe VersR 2008, 262 = OLGR 2007, 668; OLG Saarbrücken, Urt. v. 24.4.2007 – 4 U 410/06-133, OLGR Saarbrücken 2007, 718.

der Kreditvertrag gültig, jedoch ermäßigte sich der dem Vertrag zugrunde gelegte Zinssatz nach § 6 Abs. 2 S. 2 Verbraucherkreditgesetz a.F. auf den gesetzlichen Zinssatz, sofern die Gesamtbetragsangabe fehlte. Im geltenden Recht findet sich nunmehr ein ähnliches Schriftformerfordernis für die Gesamtbetragsangabe in § 491a Abs. 1 BGB i.V.m. Art. 247 § 3 Abs. 1 Nr. 8, Abs. 2, Abs. 3 EGBGB. Nach Art. 247 § 3 Abs. 2 EGBGB ist der Gesamtbetrag die Summe aus Nettodarlehensbetrag und Gesamtkosten. Nettodarlehensbetrag ist der Höchstbetrag, auf den der Darlehensnehmer aufgrund des Darlehensvertrags Anspruch hat. Die Gesamtkosten und der effektive Jahreszins sind nach § 6 der Preisangabenverordnung zu berechnen.

Mehrere Entscheidungen befassten sich mit der Beurteilung der Frage, ob die vorgeschriebene Gesamtbetragsangabe i.R.d. Darlehensvertrags fehlt und zur Nichtigkeit des Vertrags führt und ob eine fehlerhafte Gesamtbetragsangabe einer fehlenden Gesamtbetragsangabe gleichzusetzen ist und ebenfalls zur Nichtigkeit führt.[495] In der Folge war für die Gerichte auch zweifelhaft, wann die Kenntnis oder grob fahrlässige Unkenntnis des Gläubigers i.S.d. § 199 Abs. 1 BGB von seinem Anspruch im Falle einer fehlenden Gesamtbetragsangabe anzunehmen ist. Je nach Beantwortung der Frage, ob für die Kenntnis des Gläubigers das Kennen des Darlehensvertrags und der darin aufgeführten Berechnung genügt, um den Verjährungsbeginn auszulösen, oder darüber hinaus Kenntnisse von der rechtlichen Beurteilung der Ausgestaltung der Gesamtbetragsangabe erforderlich sind, gingen die einzelnen Gerichte von einem früheren oder späteren Verjährungsbeginn aus.

(4) Rechtsprechung zu Schadensersatzansprüchen wegen Aufklärungs- und Beratungsfehlern beim Erwerb von Kapitalanlagen

Eine weitere Gruppierung von Fällen hatte Aufklärungs- und Beratungsfehler im Zusammenhang mit der Vermittlung von Kapitalanlagen zum Gegenstand. In diesen Fällen wurden Anlageberater bzw. Vermittler für ihre Arbeitgeber bei der Vermittlung von kreditfinanzierten Immobilienanlagen tätig. Jene Anlageberater hatten den Interessenten jedoch falsch bzw. unvollständig über die Rendite des

495 BGH, Urt. v. 20.1.2009 – XI ZR 504/07, BGHZ 179, 260 = BGH NJW 2009, 2046; BGH, Urt. v. 15.6.2010 – XI ZR 309/09, BGH WM 2010, 1399; BGH, Urt. v. 7.12.2010 – XI ZR 348/09, BGH NJW 2011, 1278; LG Essen, Urt. v. 7.5.2009 – 6 O 113/08; LG Essen, Urt. v. 18.6.2009 – 6 O 95/08; KG Berlin, Urt. v. 22.9.2009 – 13 U 17/08, KG Berlin WM 2010, 253; OLG Hamm, Urt. v. 19.4.2010 – I-31 U 79/09, 31 U 79/09, 31 U 86/09.

Anlageobjekts bzw. über die erheblichen wirtschaftlichen Risiken der Anlage Auskunft gegeben.[496]

(5) Sonstige Beispielsfälle

Vereinzelt sind weitere Fälle im Bereich des § 199 Abs. 1 BGB zu finden, denen ebenfalls eine unsichere und zweifelhafte Rechtslage zugrunde gelegen haben soll.

Ein Fall der unsicheren und zweifelhaften Rechtslage wurde vom OLG Nürnberg bei einer Klage eines Energieversorgungsunternehmens gegen einen Netzbetreiber angenommen, der zu hohe Netzentgelte gefordert hatte und deshalb von dem Versorgungsunternehmen auf Rückerstattung der zuviel gezahlten Entgelte in Anspruch genommen wurde. Das OLG war der Ansicht, das Versorgungsunternehmen habe erst dann Kenntnis von den Erfolgsaussichten seiner Rückerstattungsansprüche haben können, als der BGH erstmals im Zusammenhang mit Netznutzungsverträgen ausgesprochen hatte, dass die Darlegungs- und Beweislast im Rückforderungsprozess beim Netzbetreiber liege. Zuvor habe eine unsichere und zweifelhafte Rechtslage vorgelegen, denn das Versorgungsunternehmen habe erst ab diesem Zeitpunkt von hinreichenden Erfolgsaussichten für eine Klageerhebung ausgehen können.[497]

Eine aktuelle Fallgestaltung, bei der die Verjährung von Ansprüchen unter dem Gesichtspunkt der unsicheren und zweifelhaften Rechtslage diskutiert wird, stammt aus dem Mietrecht. Am 23. Juni 2004 hatte der Bundesgerichtshof entschieden, dass eine Klausel im Mietvertrag, welche sowohl die Verwendung eines starren Fristenplans durch den Vermieter als auch die Überwälzung der gesamten Schönheitsreparaturen auf den Mieter vorsieht, unwirksam ist.[498] Am 27. Mai 2009 entwickelte er erstmals einen Bereicherungsanspruch des Mieters wegen der Durchführung einer nicht geschuldeten Endrenovierung.[499] Der Bundesgerichtshof entwickelte dabei entgegen der vorangegangenen Entscheidungen der Instanzgerichte erstmals einen Bereicherungsanspruch, der nicht – wie die herrschende Ansicht meinte – auf den Ausgleich der Wertsteigerung der Mieträume, welcher

496 KG Berlin, Urt. v. 30.1.2007 – 4 U 192/05, KG Berlin ZGS 2007, 230; BGH, Urt. v. 27.5.2008 – XI ZR 132/07, BGH WM 2008, 1260, 1264 = NJW-RR 2008, 1495, 1498.

497 OLG Nürnberg, Urt. v. 1.3.2011 – 1 U 2040/10, OLG Nürnberg IR 2011, 109.

498 BGH, Urt. v. 23.6.2004 – VIII ZR 361/03, BGH NJW 2004, 2586.

499 BGH, Urt. v. 27.5.2009 – VIII ZR 302/07, BGH NJW 2009, 2590; Jacoby sieht diese Rechtsprechung als auf Bereicherungsansprüche wegen der Durchführung der Renovierungsarbeiten während des Mietverhältnisses übertragbar, vgl. Jacoby, ZMR 2010, 335.

der Vermieter aus einem erhöhten objektiven Ertragswert der Mietsache erzielen könnte, gerichtet sei, sondern auf den Wert der üblichen, angemessenen Vergütung für die Renovierungsleistungen.[500] Einen Schadensersatzanspruch aus culpa in contrahendo und einen Anspruch aus Geschäftsführung ohne Auftrag verneinte der Gerichtshof.[501]

Zu welchem Zeitpunkt von dem Verjährungsbeginn von Bereicherungsansprüchen wegen der Durchführung einer nicht geschuldeten Endrenovierung ausgegangen werden soll, ist seitdem Streitgegenstand des rechtswissenschaftlichen Diskurses. Da die objektive Klärung der Rechtslage erst mit dem Urteil des Bundesgerichtshofs vom 27. Mai 2009 eingetreten sei und eine Veröffentlichung dieser Entscheidung im selben Jahr stattgefunden haben, beginne die Verjährung derartiger Bereicherungsansprüche mit dem Anfang des Jahres 2010.[502] *Blank* will damit die vom Bundesgerichtshof in seinem Urteil vom 23.9.2008[503] aufgestellten Grundsätze auf den vorliegenden Fall übertragen. *Jacoby* geht von dem Verjährungsbeginn dieser Ansprüche bereits ab dem Jahr 2005 aus, da der Bundesgerichtshof sich bereits am 23. Juni 2004 zu der Unwirksamkeit dieser Klauseln geäußert habe; im Übrigen sei die Rechtsfigur des Verjährungsaufschubs nicht nur in diesem Zusammenhang, sondern generell abzulehnen.[504]

Mit Beschluss vom 31. Januar 2012 hat sich der Bundesgerichtshof dafür ausgesprochen, dass hinsichtlich der Kenntniserlangung nicht auf das Urteil vom 27. Mai 2009, sondern auf dasjenige vom 23. Juni 2004 abzustellen sei, da spätestens zu diesem Zeitpunkt die unsichere Rechtslage geklärt worden sei.[505]

Ein anderer Beispielsfall aus dem Mietrecht zeigt hingegen auf, dass nicht alle Sachverhalte, die Gerichte als Verjährungsfälle mit einer unsicheren Rechtslage einordneten, als solche zu bezeichnen waren und einen Verjährungsaufschub begründen konnten. Auf das Erfordernis ausnahmsweiser Rechtskenntnis für den Verjährungsbeginn bestand das OLG Stuttgart in einem Fall, in dem die Mieter eines Einfamilienhauses mit Klage im Jahre 2009 die Rückzahlung eines Teils der sechs im Jahre 2005 geleisteten Monatsmieten begehrten, die sie zu Beginn

500 BGH, Urt. v. 27.5.2009 – VIII ZR 302/07, BGH NJW 2009, 2590, 2592.

501 Ebd., BGH NJW 2009, 2590.

502 Blank, NZM 2010, 97, 102.

503 BGH, Urt. v. 23.9.2008 – XI ZR 262/07, BGH WM 2008, 2155, 2156 = NJW-RR 2009, 547; zur Kritik an den dogmatischen Schwächen dieses Urteils siehe bereits oben, 3. Teil, I. 2.b.

504 Jacoby, ZMR 2010, 335, 339 f.

505 BGH, Beschl. v. 31.1.2012 – VIII ZR 141/11, BGH NJW 2012, 1572; vgl. auch AG Schöneberg, Urt. v. 29.4.2010 – 9 C 386/09.

des Mietverhältnisses als Kaution an den Vermieter bezahlten. Das OLG war der Ansicht, dass die Mieter erst ab der anwaltlichen Beratung Kenntnis von dem gesetzlichen Verbot des § 551 Abs. 1 BGB haben konnten, das Sicherheitsleistungen nur in Höhe von drei Monatsmieten gestattet. In dem vorliegenden Fall habe die Verjährung des Anspruchs deshalb nicht schon mit der Zahlung der sechs Kautionen begonnen, sondern ähnlich wie bei § 839 BGB sei Kenntnis von der Rechtswidrigkeit des Verhaltens erforderlich gewesen, um den Verjährungsbeginn auszulösen.[506] Der Bundesgerichtshof lehnte diesen Begründungsansatz und das Vorliegen einer unsicheren und zweifelhaften Rechtslage jedoch nachfolgend ab. Der Anspruch auf Rückzahlung der zu viel geleisteten Monatsmieten war nach Ansicht des BGH bereits mit der Zahlung 2005 entstanden.[507]

bb. Arbeitsrechtliche Judikatur

Ob eine unsichere und zweifelhafte Rechtslage den Verjährungsbeginn im konkreten Fall hinausschiebt, wurde bislang nur in zwei arbeitsrechtlichen Fallgestaltungen thematisiert.[508]

In der bislang einzigen Entscheidung, in der sich das Bundesarbeitsgericht zur Rechtsfigur des Hinausschiebens des Verjährungsbeginns wegen einer unsicheren und zweifelhaften Rechtslage äußern musste, lehnte es die Anwendung der Figur auf den vorliegenden Fall ab.[509] In diesem Fall war ein Student von 1983 bis 1993 in Teilzeit bei einer Tankstelle beschäftigt, wobei sein Stundenlohn geringer war als der vergleichbarer Vollzeitkräfte. Da sich der Arbeitgeber nach Beendigung des Arbeitsverhältnisses weigerte, dem Arbeitnehmer die anteilige Vergütung im Vergleich zu einer Vollzeitkraft für die vergangenen Jahre zu bezahlen, klagte der Arbeitnehmer auf Ersatz der Vergütungsdifferenz für die Zeit vom 1. Januar 1991 bis 6. Februar 1993. Am 12. Juni 1996 sprach das Bundesarbeitsgericht dem Kläger einen Schadensersatzanspruch für diesen Zeitraum auf der Grundlage des § 823 Abs. 2 BGB i.V.m. § 2 Abs. 1 BeschFG zu.[510] Nach dieser Entscheidung des Bundesarbeitsgerichts verhandelten die Parteien außergerichtlich über weitergehende Ansprüche des Klägers, jedoch im Ergebnis erfolglos. Daraufhin erhob der ehemalige Arbeitnehmer im Juni 1998 Klage auf Schadensersatz wegen zu geringer Entlohnung in der Zeit vom 1. Mai 1985

506 OLG Stuttgart, Urt. v. 25.3.2010 – 13 U 136/09.
507 BGH, Urt. v. 1.6.2011 – VIII ZR 91/10, BGH NJW 2011, 2570, 2571.
508 Vgl. auch Stoffels, NZA 2011, 1057, 1060.
509 Vgl. BAG, Urt. v. 24.10.2001 – 5 AZR 32/00, BAG NJW 2002, 1066.
510 BAG, Urt. v. 12.6.1996 – 5 AZR 960/94, BAG NJW 1997, 962.

bis zum 31. Dezember 1992, soweit ihm Forderungen für 1991 bis 1992 im Vorprozess nicht schon zugesprochen wurden. In diesem Prozess berief sich die Beklagte erfolgreich auf die Verjährung der Ansprüche nach § 852 Abs. 1 BGB a.F. Das Arbeitsgericht und das Berufungsgericht wiesen die Klage ab, die Revision blieb ebenfalls erfolglos. Das Bundesarbeitsgericht war der Ansicht, die tatsächlichen Voraussetzungen des Anspruchs auf eine höhere Bezahlung lagen bereits in den jeweiligen Jahren seit dem Beginn des Arbeitsverhältnisses 1985 und nicht erst mit dem Urteil des Bundesarbeitsgerichts vom 12. Juni 1996 vor.[511]

Die zweite Fallgestaltung betrifft die Verjährung von „Equal-Pay"-Ansprüchen.

Leiharbeitnehmer forderten gemäß § 10 Abs. 4 S. 4 AÜG nach den Grundsätzen des „Equal-Pay" von dem Verleihunternehmen die Differenz zwischen dem ausbezahlten Entgelt und dem Entgelt, das den festangestellten Arbeitnehmern im Entleihbetrieb ausbezahlt wurde. Alle klagenden Leiharbeitnehmer hatten zu Beginn ihrer Tätigkeit mit dem Verleihunternehmen die Geltung der zwischen der Tarifgemeinschaft Christlicher Gewerkschaften für Zeitarbeit und Personalserviceagenturen (CGZP) und dem Arbeitgeberverband Mittelständischer Personaldienstleistungen (AMP) geschlossenen Tarifverträge vereinbart. Am 1. April 2009 wurde erstmals vom Arbeitsgericht Berlin[512] entschieden, dass die CGZP tarifunfähig sei. Dies wurde vom Landesarbeitsgericht Berlin-Brandenburg[513] am 7. Dezember 2009 bestätigt. Die nachfolgende höchstrichterliche Anerkennung der Tarifunfähigkeit der CGZP folgte am 14. Dezember 2010 vom Bundesarbeitsgericht[514]. Aufgrund dieser Rechtsprechungsentwicklung machten einige Leiharbeitnehmer vor Gericht gemäß §§ 9 Nr. 2, 10 Abs. 4 S. 4 AÜG die Differenzbeträge geltend. Nach dieser Vorschrift löst eine Benachteiligung eines Leiharbeitnehmers, die nicht durch einen Tarifvertrag gedeckt ist, grundsätzlich Ansprüche des Leiharbeitnehmers gegen den Verleiher auf die vergleichbare Einsatzvergütung aus. Ob die von den Leiharbeitnehmern geltenden gemachten Ansprüche auf eine vergleichbare Vergütung nach §§ 9 Nr. 2, 10 Abs. 4 S. 4 AÜG auch für die Vergangenheit geltend gemacht werden können oder ob das Verjährungsrecht hierfür eine zeitliche Grenze markiert, wird von den Gerichten bisweilen unterschiedlich beurteilt. Uneinheitlich bewertet wird dabei, wie sich in diesen Fällen eine einzelvertraglich vereinbarte Ausschlussfrist, nach deren Ablauf eine Geltendmachung

511 BAG, Urt. v. 24.10.2001 – 5 AZR 32/00, BAG NJW 2002, 1066, 1068.
512 ArbG Berlin, Urt. v. 1.4.2009 – 35 BV 17008/08.
513 LAG Berlin-Brandenburg, Urt. v. 7.12.2009 – 23 TaBV 1016/09.
514 BAG, Beschl. v. 14.12.2010 – 1 ABR 19/10, BAG NZA 2011, 289.

der Ansprüche grundsätzlich nicht mehr möglich ist, zu der Verjährung der Ansprüche nach § 199 Abs. 1 BGB verhält.

Nach Auffassung einiger Arbeitsgerichte[515] sei bis zur Entscheidung des Bundesarbeitsgerichts im Jahre 2010 vollkommen unsicher gewesen, ob die Tarifverträge unwirksam waren oder nicht, so dass für die Gläubiger eine Klageerhebung zu einem früheren Zeitpunkt nicht zumutbar gewesen wäre. Erst mit der Entscheidung des Bundesarbeitsgerichts sei die Rechtslage geklärt worden, so dass auch die Gläubiger erst dann von ihren Ansprüchen erfahren konnten. Die einzelvertraglich vereinbarte Ausschlussfrist wurde dabei – sofern sie im konkreten Fall überhaupt als wirksam erachtet wurde[516], nicht als Hinderungsgrund für den Verjährungsbeginn im Jahr 2011 angesehen. Hierzu wurde konstatiert, dass der Lauf der Ausschlussfrist frühestens mit Bekanntgabe der Entscheidung des Bundesarbeitsgerichts am 14. Dezember 2010 beginne. Dies ergebe sich aus der Übertragung des Rechtsgedankens, welcher dem Verjährungsaufschub bei einer unsicheren und zweifelhaften Rechtslage zugrunde liege.[517]

Das Arbeitsgericht Emden war hingegen der Ansicht, dass die Leiharbeitnehmer hinreichende rechtliche Kenntnisse bereits mit dem ersten Urteil des Arbeitsgerichts Berlin vom 1. April 2009 hätten erlangen können, so dass die Verjährung Anfang 2010 begonnen habe.[518] Das Landesarbeitsgericht Nürnberg sah die hinreichende Kenntnis spätestens mit dem Urteil des Landesarbeitsgerichts Berlin-Brandenburg vom 7. Dezember 2009 als gegeben an.[519]

Von einem weitaus früheren Verjährungsbeginn gingen indessen andere Instanzgerichte aus. Das Arbeitsgericht Potsdam ist beispielsweise der Ansicht, die Ansprüche seien im jeweiligen Kalenderjahr fällig geworden, weshalb die Verjährung mit Beginn des nächsten Kalendarjahres eingesetzt habe. Auf die Rechtsfigur der unsicheren und zweifelhaften Rechtslage komme

---

515 ArbG Bremen-Bremerhaven, Urt. v. 12.5.11 – 5 Ca 5129/10, ArbG Bremen-Bremerhaven, AiB 2011, 690; ArbG Frankfurt/Oder, Urt. v. 9.6.2011 – 3 Ca 422/11, ArbG Frankfurt/Oder AiB 2011, 550; ArbG Dortmund, Urt. v. 15.7.2011 – 1 Ca 2297/11, ArbG Dortmund AiB 2011, 690; LAG Berlin-Brandenburg, Urt. v. 20.9.2011 – 7 Sa 1318/11, LAG Berlin-Brandenburg BB 2012, 1544.

516 Im Fall des ArbG Dortmund, Urt. v. 15.7.2011 – 1 Ca 2297/11, ArbG Dortmund AiB 2011, 690 wurde die Wirksamkeit beispielsweise verneint.

517 ArbG Frankfurt/Oder, Urt. v. 9.6.2011 – 3 Ca 422/11, AiB 2011, 550, 551; LAG Berlin-Brandenburg, Urt. v. 20.9.2011 – 7 Sa 1318/11, LAG Berlin-Brandenburg BB 2012, 1544, 1546.

518 ArbG Emden, Urt. v. 28.9.2011 – 1 Ca 188/11.

519 LAG Nürnberg, Urt. v. 2.5.2012 – 2 Sa 516/11, LAG Nürnberg BB 2012, 2112.

es nicht an, da die Leiharbeitnehmer von der Ungleichbezahlung und anderen Umständen bereits damals gewusst hätten und Unkenntnis von rechtlichen Umständen unschädlich sei.[520] Als ausschlaggebend für den Verfall der „Equal-Pay"-Ansprüche sahen andere Gerichte die Ausschlussfrist an, deren Beginn nicht auf den Zeitpunkt der Entscheidung des Bundesarbeitsgerichts hinauszuschieben sei.[521]

cc. Öffentlich-rechtliche Judikatur

Die Rechtsprechung zum Verjährungsaufschub bei unsicherer und zweifelhafter Rechtslage findet sich auch im Öffentlichen Recht wieder. Dort kommen die Verjährungsvorschriften der §§ 194 ff. BGB zur Anwendung, sofern keine speziellen öffentlich-rechtlichen Vorschriften eingreifen, andere gesetzliche Regelungen nicht analogiefähig sind und die Besonderheiten des Zivilrechts nicht entgegenstehen.[522]

Im öffentlichen Recht finden sich vereinzelt Fallkonstellationen, bei denen ein Verjährungsaufschub wegen einer unsicheren und zweifelhaften Rechtslage thematisiert wurde. Diese hatten beamtenrechtliche Versorgungs- bzw. Besoldungsansprüche zum Gegenstand.

In dem einen Fall begehrte der verbeamtete Kläger die Zahlung des Unterschiedsbetrags nach § 50 Abs. 1 BeamtenVG, welcher den Familienzuschlag für Beamte regelt. Dieser wurde dem Kläger für den streitgegenständlichen Zeitraum im Jahr 2002 vom Versorgungsgeber mit der Begründung, das für diesen Anspruch als notwendige Voraussetzung geltende Kindergeld stünde dem Empfänger nicht zu, verwehrt. Die gegen die Versagung des Unterschiedsbetrags i.S.v. § 50 Abs. 1 BeamtenVG im Jahre 2007 erhobene Klage wurde mit dem Hinweis auf die Verjährung des Anspruchs i.S.d. §§ 195, 199 BGB abgewiesen. In der letztinstanzlichen Berufung lehnte der Bayerische Verwaltungsgerichtshof München die Einrede der Verjährung mit dem Hinweis auf eine unsichere und zweifelhafte Rechtslage ab. Denn nach der ständigen Rechtsprechung des Bundesfinanzhofs konnte der Kläger nicht damit rechnen, dass ihm ein Anspuch zustehen würde, weshalb eine Klageerhebung nicht zumutbar gewesen sei. Erst nachdem das Bundesverfassungsgericht[523] in der bis dato geltenden

520 ArbG Potsdam, Urt. v. 13.3.2012 – 3 Ca 816/11.

521 ArbG Chemnitz, Urt. v. 31.3.2011 – 4 Ca 3529/10; vgl. auch ArbG Stuttgart, Urt. v. 12.5.2011 – 32 Ca 10252/10.

522 Kopp/Ramsauer, VwVfG, § 53 Rn. 10; Staudinger-*Peters/Jacoby*, 2009, Vorbemerkung zu §§ 194-225 Rn. 39 ff.

523 BVerfG, Beschl. v. 11.1.2005 – 2 BvR 167/02, BVerfGE 112, 164.

Spruchpraxis des Bundesfinanzhofs einen Grundrechtsverstoß erkannte, sei es dem Kläger zumutbar geworden, zu klagen.[524]

In einem anderen Fall war streitig, ob und ab wann dem Kläger ein Anspruch auf Zahlung von Zuschüssen zu seinen Dienstbezügen gemäß § 4 Abs. 1 der 2. Verordnung über besoldungsrechtliche Übergangsregelungen nach Herstellung der Einheit Deutschlands (2. BesÜV) zusteht.[525] Im Zuge der Wiedervereinigung Deutschlands wurden mit der 2. BesÜV im Beitrittsgebiet der ehemaligen Deutschen Demokratischen Republik die Vorschriften des Bundesbesoldungsgesetzes mit besonderen Maßgaben eingeführt.[526] Die in Streit stehende Vorschrift des § 4 Abs. 1 der 2. BesÜV gewährte Beamten, Richtern und Soldaten mit Anspruch auf Besoldung nach § 2 einen ruhegehaltfähigen Zuschuss in Höhe des Unterschiedsbetrags zwischen den Bezügen nach § 2 und den bei gleichem Amt für das bisherige Bundesgebiet geltenden Dienstbezügen, wenn sie aufgrund der im bisherigen Bundesgebiet erworbenen Befähigungsvoraussetzungen ernannt werden. Das Bundesverwaltungsgericht hatte in Jahre langer Rechtsprechung die Ansicht vertreten, der in der Vorschrift genannte Begriff der Befähigungsvoraussetzungen müsse die gesamte Vorbildung des Beamten inklusive der allgemeinbildenden erfassen. Das Bundesverfassungsgericht stellte jedoch 2003 fest, dass für die Auslegung des Tatbestandsmerkmals der Befähigungsvoraussetzungen die spezifisch fachbezogene Ausbildung und nicht die allgemeinbildende entscheidend sei.[527] Mit dieser Rechtsprechung begründete das Bundesverfassungsgericht den Umstand, dass nunmehr § 4 Abs. 1 der 2. BesÜV auch Beamte zugeordnet werden, die ihre Kindheit und Jugend bis zum Abitur im Beitrittsgebiet verbracht haben und sich nur vorübergehend zur Ausbildung in das bisherige Bundesgebiet begeben haben. Das Bundesverwaltungsgericht folgte dieser Vorgabe des Bundesverfassungsgerichts und präzisierte sie 2006 dahingehend, dass zur Wahrung der Gleichheit i.S.v. Art. 3 GG die Befähigungsvoraussetzungen auch dann als im bisherigen Bundesgebiet erworben gelten müssten, wenn der dort durchgeführte Teil der fachspezifischen Ausbildung zeitlich mindestens die Hälfte der Gesamtausbildung ausgemacht habe.[528]

---

524 BayVGH München, Urt. v. 10.3.2010 – 14 B 09.630.

525 VG Ansbach, Urt. v. 23.4.2008 – AN 11 K 07.01393; BayVGH München, Urt. v. 10.3.2010 – 14 BV 08.2444; BVerwG, Beschl. v. 20.12.2010 – 2 B 44/10.

526 Vgl. BVerfG, Beschl. v. 12.2.2003 – 2 BvR 709/99, BVerfGE 107, 257, 259.

527 Vgl. u.a. BVerfG, Beschl. v. 12.2.2003 – 2 BvR 709/99, BVerfGE 107, 257, 272 ff.; BVerfG, Beschl. v. 12.2.2003 – 2 BvL 3/00, BVerfGE 107, 218 ff.

528 BVerwG, Urt. v. 15.6.2006 – 2 C 14.05; BVerwG, Urt. v. 15.6.2006 – 2 C 17.05; BVerwG, Urt. v. 15.6.2006 – 2 C 25/05.

In dem vorliegenden Fall begehrte der Kläger mit seiner 2007 erhobenen Klage die Zahlung von Zuschüssen zu seinen Dienstbezügen für den Zeitraum vom 12. Oktober 1995 bis 31. Dezember 2002. Das Verwaltungsgericht sah in der ersten Instanz die Ansprüche des Klägers bis einschließlich 31. Dezember 1997 als verjährt an, da sich die Verjährung dieser Ansprüche vor der Schuldrechtsreform nach der vierjährigen Frist i.S.v. §§ 197, 201 BGB a.F. gerichtet habe. Nach diesen Vorschriften seien die Ansprüche bis Ende 1997 nach ihrer Entstehung jeweils mit Jahresschluss verjährt. Die übrigen Ansprüche, deren Verjährung sich mangels einer § 197 BGB a.F. entsprechenden Sondervorschrift nach § 195, 199 BGB richteten, hielt das Verwaltungsgericht jedoch für unverjährt und stützte seine Ansicht auf das subjektive Element des § 199 Abs. 1 BGB. Es führte dazu aus, der Kläger habe bis zum Urteil des Bundesverwaltungsgerichts vom 15. Juni 2006 keinen Anlass gehabt, „gegenüber der Beklagten einen nach damaliger Auffassung mangels Erfüllung der Tatbestandsvoraussetzung nicht gegebenen Anspruch geltend zu machen." Aufgrund der Unkenntnis dieser Rechtstatsache habe die Verjährung des Anspruchs erst mit dem 1. Januar 2007 begonnen.[529]

Das Berufungsgericht hingegen sah auch die Ansprüche vor der Schuldrechtsreform aus den Jahren 1998 bis 2001 als verjährt an, da die vierjährige Verjährungsfrist bei Klageerhebung 2007 aufgrund des Verjährungsbeginns am Anfang des darauffolgenden Jahres bereits abgelaufen gewesen sei. Die Verjährung der Ansprüche aus 2002 verneinte es, da sich diese nach §§ 195, 199 BGB richte und bis zur Entscheidung des Bundesverfassungsgerichts, „wahrscheinlich aber sogar erst mit der Bekanntgabe der Entscheidungen des Bundesverwaltungsgerichts" eine unklare Rechtslage bestanden habe. Im Ergebnis nahm das Berufungsgericht den Verjährungsbeginn für den Besoldungsanspruch aus dem Jahr 2002 jedoch „frühestens mit der objektiv möglichen Kenntniserlangung des Klägers von der genannten Entscheidung des Bundesverfassungsgerichts" an, so dass die Verjährung des Anspruchs aus dem Jahre 2002 mit Anfang des Jahres 2004 begonnen und mit Ablauf des Jahres 2006 geendet habe. Obgleich die Klage erst 2007 erhoben wurde, nahm das Gericht aufgrund der Anspruchshemmung nach § 204 Abs. 1 Nr. 12 BGB im Ergebnis keine Verjährung des Anspruchs aus 2002 an.[530]

e. Gemeinsame Fallmerkmale

Bei Betrachtung der einschlägigen Fälle im Bereich des Zivilrechts fällt auf, dass der Verjährungsaufschub wegen einer unsicheren und zweifelhaften Rechtslage

529 VG Ansbach, Urt. v. 23.4.2008 – AN 11 K 07.01393.
530 BayVGH München, Urt. v. 10.3.2010 – 14 BV 08.2444.

vor allem bei zwei Anspruchstypen zur Anwendung kommt: Bei den Fällen zur Amts- und Notarhaftung sowie bei denjenigen zu Aufklärungs- und Beratungsfehlern beim Erwerb von Kapitalanlagen standen *Schadensersatzansprüche* in Rede. Bei der Rechtsprechung zu den Schenkkreisen und zur Rückabwicklung von Darlehensverträgen zur Immobilienfinanzierung waren *bereicherungsrechtliche Rückforderungsansprüche* aus § 812 Abs. 1 S. 1 BGB betroffen. Bei den aufgeführten Einzelfällen ging es ebenfalls um Schadensersatz- bzw. Kondiktionsansprüche.

Die Ursache, weshalb gerade Schadensersatz- und Kondiktionsansprüche mehrheitlich von dieser Rechtsprechung betroffen sind, ist bei beiden Ansprüchen im Grundsatz dieselbe. Es fehlt bei beiden Anspruchstypen an einer einheitlichen Konkretisierung der anspruchsbegründenden Merkmale im konkreten Fall. Sowohl bei den Schadensersatz- als auch bei den Kondiktionsansprüchen war die Beurteilung der tatbestandlichen Anknüpfungspunkte der *Rechtswidrigkeit* bzw. des fehlenden *Rechtsgrunds* durch die Gerichte nicht einheitlich vorgenommen worden. Dies führte dazu, dass der Bezugspunkt für die Kenntnis i.S.v. § 199 Abs. 1 Nr. 2 BGB ebenfalls unklar war.

Bei den Schadensersatzansprüchen war in den betroffenen Fällen von der Rechtsprechung noch nicht verbindlich bestimmt worden, welche *Verhaltenspflichten* vom Schuldner oder ihm zuzurechnenden Personen als *rechtswidrig* einzustufen sind. So bestand beispielsweise bei den Amtshaftungsansprüchen über die Rechtswidrigkeit der Pflichtverletzung oder bei der Vermittlung von Kapitalanlagen über das Ausmaß der rechtlichen Pflicht zur Aufklärung bzw. Beratung hinsichtlich der Frage, was als rechtswidriges Verhalten einzustufen war, keine Einigkeit zwischen den Gerichten.

Hinsichtlich des Großteils der Bereicherungsansprüche war nicht abschließend konkretisiert worden, welche Gründe zur Unwirksamkeit bzw. Nichtigkeit des Vertrages führen, d.h. wann ein *Rechtsgrund* fehlte.[531] So war bei den Bereicherungsansprüchen im Rahmen der Darlehensverträge zur Immobilienfinanzierung nicht geklärt worden, ob die streitgegenständlichen Gründe des Verstoßes gegen das Rechtsberatungsgesetz und der fehlenden Gesamtbetragsangabe im konkreten Fall zur Unwirksamkeit oder Nichtigkeit der Ansprüche führen würden. Bei der Rechtsprechung zu den Schenkkreisen war zwar der Nichtigkeitsgrund der Sittenwidrigkeit, der die Gläubiger zur Rückforderung berechtigte, schon längere Zeit anerkannt worden. Kontrovers

531 Vgl. zum Bereicherungsrecht als originäre und typische Materie des Richterrechts Esser, S. 167 ff., 249, 269 ff.

und nicht abschließend diskutiert wurde allerdings weiterhin die Frage, ob die Kondiktionssperre des § 817 S. 2 BGB dem Kondiktionsanspruch aus § 812 Abs. 1 S. 1 BGB entgegensteht. Obgleich die dogmatische Einordnung der Kondiktionssperre als Anspruchselement nicht eindeutig ausfiel[532], war die Frage, ob dem Gläubiger gleichfalls ein Rechtsverstoß i.S.d. § 817 S. 2 BGB zur Last fällt, von den Gerichten als Kenntnisgegenstand für den Verjährungsbeginn vorausgesetzt worden.[533] Somit war auch im Fall von sittenwidrigen Schenkkreisen eine Art Unwirksamkeit- bzw. Ausschlussgrund für den Verjährungsbeginn zur entscheidenden Frage geworden.

f. Dogmatische Anknüpfung an das subjektive Merkmal

Der Verjährungsbeginn nach § 199 Abs. 1 BGB knüpft an zwei Merkmale an. Dies ist zum einen die Anspruchsentstehung (Nr. 1) und zum anderen die Kenntnis oder grob fahrlässige Unkenntnis des Gläubigers von den den Anspruch begründenden Umständen (Nr. 2). Kenntnis im Sinne der Vorschrift wird gemeinhin als reine Tatsachenkenntnis verstanden. Der Gläubiger muss aufgrund seines potenziellen Kenntnisstands in der Lage sein, zumindest eine Feststellungsklage mit hinreichender Aussicht auf Erfolg zu erheben.[534] Dazu muss er von den Umständen, aus denen sein Anspruch herzuleiten ist, zumindest Kenntnis erlangt haben oder hätte erlangen können. Dass aus den Tatsachen die richtigen rechtlichen Schlüsse gezogen werden, ist grundsätzlich keine Verjährungsvoraussetzung.[535]

In den Fällen, in denen die rechtliche Lage von den Gerichten als unübersichtlich und komplex eingeschätzt wurde, zweifelte die Rechtsprechung nicht an dem Merkmal der Anspruchsentstehung. Die Tatsachenkenntnis des Gläubigers wurde ebenfalls nicht in Abrede gestellt. Es wurde vielmehr als fragwürdig angesehen, ob der Gläubiger aufgrund der rechtlichen Unklarheiten überhaupt in der Lage war, rechtzeitig eine Klage zu erheben. Mit verschiedenartigen Begründungsansätzen wurde

532 Vgl. hierzu LG Bonn, Urt. v. 14.5.2008 – 5 S 58/08, LG Bonn MDR 2008, 1383, 1384.

533 BGH, Urt. v. 18.12.2008 – III ZR 132/08, BGH NJW 2009, 984, 985.

534 Vgl. nur BGH, Urt. v. 18.01.2000 – VI ZR 357/98, BGH NJW 2000, 953; BGH, Urt. v. 14.10.2003 – VI ZR 379/02, BGH NJW 2004, 510; BGH, Urt. v. 10.11.2009 – VI ZR 247/08, BGH NJW-RR 2010, 681, 682.

535 Vgl. hierzu BGH, Urt. v. 17.10.1995 – VI ZR 246/94, BGH NJW 1996, 117, 118; BGH, Urt. v. 25.2.1999 – IX ZR 30/98, BGH NJW 1999, 2041, 2042; Staudinger-*Peters/Jacoby*, 2009, § 199 Rn. 62; Palandt-*Ellenberger*, § 199 Rn. 27; Bitter/Alles, NJW 2011, 2081 m.w.N.

von den Gerichten verneint, dass der Gläubiger bereits zu dem Zeitpunkt, zu dem er die erforderliche Tatsachenkenntnis hatte, eine Klage hätte erheben und somit den Lauf der Verjährung hätte hemmen können. Den Verjährungsbeginn sahen die Gerichte wegen Rechtsunkenntnis im jeweiligen Einzelfall als aufgeschoben an.[536]

In früheren Urteilen zu § 852 Abs. 1 BGB a.F. wurde schlichtweg für den Kenntnisbegriff nicht mehr nur Kenntnis von den anspruchsbegründenden Tatsachen, zu welchen i.R.d. § 852 Abs. 1 BGB a.F. die Kenntnis von dem Schaden und der ersatzpflichtigen Person gehörte, sondern ausnahmsweise auch Rechtskenntnis gefordert.[537] In späteren Urteilen zu § 852 Abs. 1 BGB a.F. und zu § 199 Abs. 1 BGB gebrauchten die Gerichte zunehmend im Rahmen des Kenntnisbegriffs das flexiblere Merkmal der „Zumutbarkeit der Klageerhebung“.[538] So wird in zahlreichen Urteilen zum Verjährungsaufschub wegen einer unsicheren und zweifelhaften Rechtslage der Verjährungsbeginn als hinausgeschoben angesehen, wenn es für den Gläubiger aufgrund der verworrenen Rechtslage an der „Zumutbarkeit der Klageerhebung“ fehlte.[539] Die „Zumutbarkeit der Klageerhebung“ wird auf diese Weise zur „übergreifenden Voraussetzung für den Verjährungsbeginn“.[540]

---

536 Siehe z.B. BGH, Urt. v. 23.09.2008 – XI ZR 262/07, BGH WM 2008, 2155, 2156 = NJW-RR 2009, 547.

537 Vgl. z.B. RG, Urt. v. 23.11.1933 – VI 269/33, RGZ 142, 280, 283; BGH, Urt. v. 9.6.1952 – III ZR 128/51, BGHZ 6, 195, 202.

538 So auch Otto, VersR 2009, 760, 761 i.V.m. Fn. 20; zum Teil bleibt die Subsumtion unter den Kenntnis- oder den Zumutbarkeitsbegriff etwas unscharf, vgl. BGH, Urt. v. 25.2.1999 – IX ZR 30-98, BGH NJW 1999, 2041, 2042 f.

539 BGH, Urt. v. 15.11.1973 – III ZR 42/72, BGH VersR 1974, 358, 361; OLG Hamm, Urt. v. 3.12.1992 – 27 U 194/91, OLG Hamm NZV 1993, 270; BGH, Urt. v. 6.5.1993 – III ZR 2/92, BGH VersR 1993, 966, 968; BGH, Urt. v. 14.3.2002 – III ZR 302/00, BGH WM 2002, 1137, 1141 = NJW 2002, 1793, 1797; BGH, Urt. v. 3.3.2005 – III ZR 353/04, BGH WM 2005, 1328, 1330; BGH, Urt. v. 16.9.2004 – III ZR 346/03, BGHZ 160, 216, 232 = BGH NJW 2005, 429, 433; BayVGH München, Urt. v. 10.3.2010 – 14 B 09.630; BayVGH München, Urt. v. 10.3.2010 – 14 BV 08.2444; ArbG Dortmund, Urt. v. 15.7.2011 – 1 Ca 2297/11, ArbG Bremen-Bremerhaven, Urt. v. 12.5.11 – 5 Ca 5129/10, AiB 2011, 690, 691; ArbG Frankfurt/Oder, Urt. v. 9.6.2011 – 3 Ca 422/11, AiB 2011, 550, 551; BGH, Urt. v. 25.2.1999 – IX ZR 30-98, BGH NJW 1999, 2041, 2042 m.w.N.; LG Bonn, Urt. v. 14.5.2008 – 5 S 58/08, LG Bonn MDR 2008, 1383, 1384; BGH, Urt. v. 23.9.2008 – XI ZR 262/07, BGH WM 2008, 2155, 2156 = NJW-RR 2009, 547.

540 Vgl. u.a. BGH, Urt. v. 25.2.1999 – IX ZR 30-98, BGH NJW 1999, 2041, 2042; BGH, Urt. v. 23.9.2008 – XI ZR 262/07, BGH WM 2008, 2155, 2156 = NJW-RR 2009, 547.

Die Verwendung des unbestimmten Rechtsbegriffs der „Zumutbarkeit der Klageerhebung" wird – soweit sich hierzu Bewertungen finden – als vorzugswürdiger und dogmatisch stringenter als die bloße Forderung von Rechtskenntnissen angesehen, da das weiche Zumutbarkeitskriterium den Kenntnisbegriff i.S.d. Tatsachenkenntnis unberührt lasse und so die „Vermengung von unterschiedlichen Wertungsebenen vermieden"[541] werde. Zudem werde dem Gedanken, dem Gläubiger eine faire Chance zur Geltendmachung seiner Ansprüche einzuräumen, durch das flexiblere Kriterium besser Rechnung getragen.[542]

g. Darlegungs- und Beweislast

Die Beweislast i.R.d. § 199 Abs. 1 BGB bestimmt sich nach den allgemeinen Regeln.[543] Jede Partei muss die tatsächlichen Voraussetzungen der ihr günstigen Rechtsnorm beweisen.[544] Derjenige Schuldner, der sich auf die für ihn günstige Verjährung berufen will, muss ihre Voraussetzungen darlegen und beweisen. Der Schuldner trägt somit die Beweislast für den Verjährungsbeginn mitsamt dem Vorliegen der Kenntnis bzw. grob fahrlässigen Unkenntnis beim Gläubiger.[545] Der Schuldner muss darlegen, dass eine vergleichbare Person in der Situation des Gläubigers den Schluss auf den Anspruch und den Anspruchsgegner gezogen hätte. Da es hierbei um Umstände geht, die in der Sphäre des Gläubigers liegen, ist der Gläubiger dazu angehalten, an der Sachaufklärung mitzuwirken.[546] Darüber hinaus ist anerkannt, dass der Gläubiger die Voraussetzungen von Hemmung und Neubeginn der Verjährung beweisen muss.[547]

Für die Beweislast bei der Rechtsprechung zum Verjährungsaufschub bei unsicherer und zweifelhafter Rechtslage gelten prinzipiell dieselben Grundsätze wie bei dem gewöhnlichen Verjährungsbeginn nach § 199 Abs. 1 BGB. Demnach obliegt dem Schuldner der Nachweis des Zeitpunktes, zu dem der Gläubiger Kenntnis von den anspruchsbegründenden Umständen erlangt hat oder hätte

541 Vgl. Otto, VersR 2009, 760, 762; für das Zumutbarkeitsmerkmal auch Schnaufer, S. 37.

542 Otto, VersR 2009, 760, 762.

543 Otto, S. 301.

544 BGH, Urt. v. 24.2.1993 – IV ZR 239/91, BGH NJW 1993, 2168, 2170.

545 Staudinger-*Peters/Jacoby*, § 199 Rn. 84; Palandt-*Ellenberger*, Überbl v § 194, Rn. 24; MüKo-*Grothe*, Vor § 194 Rn. 25, § 199 Rn. 42.

546 Palandt-*Ellenberger*; § 199 Rn. 50; MüKo-*Grothe*, § 199 Rn. 42.

547 Otto, S. 301; Palandt-*Ellenberger*, Überbl v § 194, Rn. 24 m.w.N.

erlangen müssen. Die Gerichte fordern bei den beschriebenen Fällen jedoch nicht nur die Kenntnis von Tatsachen, sondern auch Rechtskenntnisse. Sind Rechtskenntnisse erforderlich, jedoch beim Gläubiger aufgrund der Komplexität der Rechtslage nicht vorhanden, fehlt es nach Ansicht der Gerichte an der Zumutbarkeit der Klageerhebung.[548] Diese Voraussetzungen müssen Gläubiger oder Schuldner jedoch nicht beweisen. Die Frage, wann Kenntnis i.S.d. § 199 Abs. 1 Nr. 2 BGB vorhanden ist, wird von den Gerichten nicht ausschließlich als Tatfrage angesehen, sondern unterliegt maßgeblich dem Begriff der Zumutbarkeit der Klageerhebung, welcher der (revisions-) gerichtlichen Beurteilung unterfällt.[549] Innerhalb des „weichen" Begriffs der Zumutbarkeit setzen sich die Gerichte ex post mit der Frage auseinander, ob in dem konkreten Einzelfall eine derart komplizierte Rechtslage vorlag, dass die Tatsachenkenntnisse des Gläubigers nicht genügten, um den Verjährungsbeginn auszulösen.

2. Kritische Betrachtung der bestehenden Rechtsprechung

a. Einordnungsschwierigkeiten

Die Rechtsprechung zum Verjährungsaufschub bei unsicherer und zweifelhafter Rechtslage bereitet für den Rechtsanwender zahlreiche Einordnungsschwierigkeiten. An der Rechtsprechung ist zu bemängeln, dass sie zum einen sehr verschiedene Rechtsbereiche tangiert und zum anderen innerhalb dieser Rechtsbereiche dennoch Einzelfälle auftauchen, die sich in keine Kategorie von bereits behandelten Fällen einfügen.[550] Des Weiteren liegt keine eindeutige bzw. einheitliche Aussage, wann die Rechtslage so unsicher und zweifelhaft ist, dass ein Verjährungsaufschub in Betracht gezogen wird, seitens des Bundesgerichtshofs vor.[551] Damit stellt sich für den Rechtsanwender jedes Mal von neuem die schwer

---

548 Siehe z.B. BGH, Urt. v. 15.11.1973 – III ZR 42/72, BGH VersR 1974, 358, 361; OLG Hamm, Urt. v. 3.12.1992 – 27 U 194/91, OLG Hamm NZV 1993, 270; BGH, Urt. v. 6.5.1993 – III ZR 2/92, BGH VersR 1993, 966, 968; BGH, Urt. v. 14.3.2002 – III ZR 302/00, BGH WM 2002, 1137, 1141 = NJW 2002, 1793, 1797; BGH, Urt. v. 3.3.2005 – III ZR 353/04, BGH WM 2005, 1328, 1330; BGH, Urt. v. 16.9.2004 – III ZR 346/03, BGHZ 160, 216, 232 = BGH NJW 2005, 429, 433.

549 BGH, Urt. v. 23.9.2008 – XI ZR 262/07, BGH WM 2008, 2155, 2156 = NJW-RR 2009, 547 m.w.N.

550 Siehe die Übersicht unter 3. Teil, I. 1. d.

551 So auch Otto, VersR 2009, 760, 763; jurisPK-*Lakkis*, § 199 Rn. 47 a.E.

abschätzbare Frage, ob sein konkreter Fall nicht ebenfalls wegen einer ungeklärten Rechtslage einem Verjährungsaufschub unterliegt. Der Rechtsanwender kann nicht zuverlässig voraussagen, ob es sich bei seinem konkreten Fall um einen solchen Anwendungsfall des Verjährungsaufschubs handelt. Wie schwierig die Beurteilung der Frage nach den Erfolgsaussichten einer Klageerhebung für den Gläubiger sein kann, verdeutlichen folgende Beispiele.

aa. Beispiele

Nach einem Urteil des BGH aus dem Jahre 2010 ist für das Vorliegen einer den Verjährungsbeginn hinausschiebenden unsicheren und zweifelhaften Rechtslage erforderlich, dass ein „ernsthafter Meinungsstreit in Rechtsprechung und Schrifttum“[552] vorliegt. Unklar bleibt dabei jedoch für jeden Betroffenen, wann ein solcher ernsthafter Meinungsstreit genau gegeben sein soll und welchen Grad der Ernsthaftigkeit der BGH mit dieser Formulierung intendiert. Das Merkmal der Ernsthaftigkeit des Meinungsstreits stellt für den Rechtsanwender kein taugliches Kriterium dar, um unterscheiden zu können, ob in seinem Fall die Verjährung ausnahmsweise aufgeschoben ist oder nicht.

In anderen Fällen wurde die Rechtslage solange als unsicher eingeschätzt bis parallel laufende Verfahren, deren Klärung für den von der Verjährung bedrohten Anspruch Relevanz hatten, für den Gläubiger ein eindeutiges Bild ergeben haben.[553] Auch bei diesen Rechtsprechungsvorgaben lässt sich nur schwer ausmachen, wann die Klärung einer für den maßgeblichen Anspruch relevanten Rechtsfrage so bedeutsam sein soll, dass es das Zuwarten des Gläubigers mit seiner Klageerhebung rechtfertigt. Die maßgeblichen Fälle sind allesamt von unterschiedlichen Inhalten geprägt, so dass eine zuverlässige Übertragung der bereits anerkannten Rechtsprechungsfälle auf die in Streit stehenden Fälle kaum möglich ist.

Ähnlich schwierig verhält sich die Situation für die Rechtsanwender, wenn bisherige Rechtsprechungsentscheidungen in eine Richtung deuten, bei welcher der Rechtsanwender davon ausgehen muss, dass eine Klageerhebung nicht erfolgsversprechend wäre.[554] Die Erfolgsaussichten einer Klage erscheinen in diesem

---

552 BGH, Urt. v. 7.12.2010 – XI ZR 348/09, BGH NJW 2011, 1278, 1279.

553 OLG Hamm, Urt. v. 3.12.1992 – 27 U 194/91, OLG Hamm NZV 1993, 270; BGH, Urt. v. 3.3.2005 – III ZR 353/04, BGH WM 2005, 1328, 1330; BGH, Urt. v. 23.3.2000 – III ZR 152/99, BGH NJW 2000, 3358, 3360; BGH, Urt. v. 24.2.1994 – III ZR 76/92, BGH NJW 1994, 3162, 3164.

554 BGH, Urt. v. 9.6.1952 – III ZR 128/51, BGHZ 6, 195, 202; BGH, Urt. v. 25.2.1999 – IX ZR 30-98, BGH NJW 1999, 2041, 2043; für das öffentliche Recht BayVGH

Fall so aussichtslos, dass kein vernünftiger Gläubiger von einem ausnahmsweisen Verjährungsaufschub aufgrund des Vorliegens einer unsicheren und zweifelhaften Rechtslage ausgehen und deshalb von einer Klageerhebung absehen wird.

In einem Urteil aus dem Jahre 2004 konstatierte der BGH, dass Rechtsunkenntnis „erst recht“ den Verjährungsbeginn hinausschieben müsse, „wenn sich die Beurteilung der Rechtslage in der höchstrichterlichen Judikatur ändert.“[555] Diese Auffassung teilten verschiedene Oberlandesgerichte jedoch nicht.[556] Für den Rechtsanwender stellt es sich somit im Falle einer Klageerhebung bei einer Änderung der höchstrichterlichen Rechtsprechung als höchst ungewiss dar, welche Auffassung das für ihn zuständige Gericht in Bezug auf den Verjährungsaufschub teilt. Er kann sich somit auch nicht sicher sein, ob jede der mit seinem Fall betrauten Instanzen zur selben Einschätzung in der Frage des Verjährungsaufschubs bei einer Rechtsprechungsänderung kommen wird.

Des Weiteren soll die Verjährung dann nicht laufen, „wenn selbst ein rechtskundiger Dritter die Rechtslage nicht mehr überblickt und Gefahr läuft, auch unter größten Anstrengungen die falschen Maßnahmen zu ergreifen.“[557] Diese Definition hält einen rein subjektiven Bezugspunkt für ausschlaggebend. Die Abgrenzung nach subjektiven Merkmalen, d.h. nach der Einschätzung des rechtskundigen Dritten, ist per se keine taugliche Eingrenzung, um das Vorliegen einer unsicheren und zweifelhaften Rechtslage zu begründen. Für die klagende Partei ist nicht kalkulierbar, ob das Gericht dieses Vorbringen in ihrem konkreten Fall anerkennen wird oder die Rechtslage gänzlich anders einordnet.

Wie unvorhersehbar sich die gerichtliche Beurteilung einer umstrittenen Frage für die Kläger darstellen kann, zeigt das Beispiel des Verjährungsbeginns bei Unwirksamkeit des Darlehensvertrags wegen einer fehlerhaften Gesamtbetragsangabe.[558] Über lange Zeit herrschte weder in der Judikatur noch im juristischen

---

München, Urt. v. 10.3.2010 – 14 B 09.630; BayVGH München, Urt. v. 10.3.2010 – 14 BV 08.2444; BGH, Urt. v. 14.3.2002 – III ZR 302/00, BGH WM 2002, 1137, 1142; BGH, Urt. v. 29.4.1982 – III ZR 163/80, BGH VersR 1982, 898, 899 f.

555 BGH, Urt. v. 16.9.2004 – III ZR 346/03, BGHZ 160, 216, 232 = BGH NJW 2005, 429, 433.

556 OLG Saarbrücken, Urt. v. 24.4.2007 – 4 U 410/06-133, OLGR Saarbrücken 2007, 718, 721; OLG Frankfurt, Beschl. v. 22.5.2007 – 9 U 125/06, OLGR Frankfurt 2008, 59, 60.

557 OLG Hamm, Urt. v. 19.4.2010 – I-31 U 79/09, 31 U 79/09.

558 Siehe bereits oben die Fallcharakterisierung unter 3. Teil, I. 1. d. aa. (3) m.w.N.; eine vergleichbar undurchsichtige Beurteilungslage in der Rechtsprechung findet sich auch bei der Rechtsprechung zum Verjährungsbeginn bei Schenkkreisen unter 3. Teil, I. 1. d. aa. (2).

Schrifttum Einigkeit darüber, welche Angaben im Rahmen der Gesamtbetragsangabe von Seiten des Kreditgebers zu tätigen waren. Zahlreiche Kläger waren in der Folge hinsichtlich der Verjährung des Rückforderungsanspruchs im Ungewissen darüber, ob ihr zuständiges Gericht nur auf den tatsächlichen Umstand abstellen würde, dass die Gläubiger den Inhalt des Darlehensvertrags und die Berechnung des Gesamtbetrags bereits ab Vertragsschluss kannten oder ob es die rechtlichen Unklarheiten in Bezug auf die Vollständigkeit der Angaben des Gesamtbetrags für den Verjährungsbeginn zu ihren Gunsten berücksichtigen würde.[559] Zweifelhaft war die Beurteilung für die Gläubiger vor allem angesichts des Wortlauts des § 6 Abs. 2 S. 2 Verbraucherkreditgesetzes a.F. geblieben, der ausdrücklich nur auf das Fehlen und nicht auf die Unvollständigkeit der Gesamtbetragsangabe abstellte. Unklar war jedoch auch geblieben, inwieweit die gesetzlichen Vorgaben auch für eine so genannte unechte Abschnittsfinanzierung Geltung beanspruchen.

Selbst wenn die Gläubiger in dieser Situation Rechtsrat aufgesucht hätten, hätte dieser den Gläubigern keinen schlüssigen Rat geben können. Eine Klärung der Frage war erst durch die Urteile des Bundesgerichtshofs 2004 und 2006 eingetreten, welcher bestimmte, dass eine unechte Abschnittsfinanzierung ebenso der Angabenpflicht unterliege und in welchem Falle ihr Fehlen anzunehmen sei.[560] Diese höchstrichterlichen Äußerungen bewirkten jedoch nicht, dass alle Gerichte den betroffenen Gläubigern einen Verjährungsaufschub wegen einer unsicheren und zweifelhaften Rechtslage gewährten, weshalb auch nach dem Urteil des Bundesgerichtshofs eine erhebliche Rechtsunsicherheit verblieb.[561]

Ein interessantes Einzelbeispiel aus dem Bereich des § 852 Abs. 1 BGB a.F. stellt ein Fall aus dem Jahre 1970 dar. Nach einer Entscheidung des BGH soll kein Fall der unsicheren und zweifelhaften Rechtslage vorliegen, wenn lediglich unsicher sei, ob bei einer deliktischen Schädigung im Rahmen eines Verkehrsunfalls ein weiterer Ersatzpflichtiger mit Erfolg in Anspruch genommen werden könne. Nur weil die Frage, ob den Linksabbiegenden nach dem Einordnen zur Straßenmitte hin unmittelbar vor dem Abbiegevorgang eine nochmalige Pflicht zur Rückschau treffe, rechtlich nicht einfach zu beurteilen gewesen sei, habe kein Fall einer unsicheren und zweifelhaften Rechtslage vorgelegen. Fälle wie dieser, bei denen die Klärung einer

559 Vgl. auch Theisen/Theisen, FS Nobbe, S. 453, 459 und 461.

560 Vgl. z.B. BGH, Urt. v. 25.4.2006 – XI ZR 193/04, BGHZ 167, 252, 262 = BGH ZIP 2006, 940, 943 f.

561 OLG Frankfurt, Beschl. v. 22.5.2007 – 9 U 125/06, OLGR Frankfurt 2008, 59, 60.

rechtlichen Frage ein normales Prozessrisiko darstelle, können den Verjährungsbeginn nicht hinausschieben.[562] Das Berufungsgericht war hingegen der Ansicht, dass die Rechtsprechung zu dieser konkreten Frage der „Pflicht zur nochmaligen Rückschau des nach links abbiegenden Verkehrsteilnehmers, der sich im übrigen rechtzeitig eingeordnet und die beabsichtigte Fahrtrichtungsänderung angezeigt habe, (...) in dem für den Verjährungsbeginn maßgebenden Zeitraum noch nicht hinreichend gefestigt gewesen (sei).“[563] Dieses Beispiel zeigt sehr anschaulich, wie unterschiedlich die Wahrnehmung der Gerichte sein kann. Ob man noch von einem „normalen Prozessrisiko“ ausgehen kann oder nicht, hängt in jedem Einzelfall allein von der willkürlichen Bewertung der Gerichte ab. Eine trennscharfe Unterscheidung ist im Einzelnen nicht möglich.

bb. Kritische Bewertung

Wie die Beispiele belegen, bemühen sich die Gerichte auf vielfältige Art und Weise, der Rechtsprechung zur unsicheren und zweifelhaften Rechtslage Konturen zu verleihen. Die Ausführungen der Rechtsprechung bleiben jedoch regelmäßig so vage und unpräzise, dass es dem Rechtsanwender nur schwer möglich ist, vorauszusehen, ob seine Klageerhebung Erfolg haben kann. Eine eindeutige Aussage des Bundesgerichtshofs, wann die Rechtslage so komplex sein soll, dass sie den Verjährungsbeginn hindert, fehlt bislang. Die Eindeutigkeit einer Rechtslage wird von den Gerichten häufig – wie die Beispiele gut verdeutlichen – überhaupt nicht einheitlich beurteilt. Der Rechtsanwender weiß somit nicht, ob sein zuständiges Gericht in einem verjährungskritischen Fall, die Rechtslage für eindeutig oder gewisse Rechtsfragen noch für klärungsbedürftig hält.[564] Bei neuartigen Fragestellungen ist die Unsicherheit naturgemäß noch größer als bei solchen Rechtsproblemen, die bereits von einigen Gerichten – wenn auch unterschiedlich – beurteilt wurden. Rechtsunsicherheiten können somit bei neuartigen Fragestellungen wie auch bei dauerhaft ungeklärten Fragestellungen gleichermaßen auftreten.

Für den Rechtsbeistand des Gläubigers stellen sich in der Praxis erhebliche Probleme. Je nach seiner Einschätzung der Rechtslage wird er seinem Mandanten dazu raten, eine Klage zu erheben oder so lange damit abzuwarten bis mehr richterliche Ausführungen zu der Rechtsfrage vorhanden sind. Als Orientierungsmaßstab für den Rechtsbeistand dienen dabei lediglich die eben aufgeführten Grundsätze. Wie die Beispiele zeigen, kommt es jedoch vor, dass die untergerichtliche

562 BGH, Urt. v. 27.10.1970 – VI ZR 66/69, BGH VersR 1971, 154, 155.
563 Ebd., BGH VersR 1971, 154, 155.
564 So auch Otto, VersR 2009, 760, 763.

Rechtsprechung selbst von scheinbar klaren Vorgaben des Bundesgerichtshofs abweicht und strengere Maßstäbe anlegt.[565] Gleichfalls tritt der Fall auf, dass sich für das eine Gericht eine Rechtslage als unsicher darstellt, für das andere jedoch nicht. Der Rechtsbeistand muss somit im Zweifel damit rechnen, dass ein Gericht zu einer anderen Einschätzung von der Klarheit der Rechtslage kommt als er selbst. Bei Fehleinschätzungen ist er somit einem bedeutenden Haftungsrisiko ausgesetzt.[566]

Obwohl Rechtssicherheit zu den anerkannten Verjährungszielen und Verfassungsmaximen zählt[567], sieht sich der Rechtsanwender bei dieser willkürlichen Einteilung weiterhin mit einer erheblichen Rechtsunsicherheit konfrontiert.[568] Anstatt zur Rechtssicherheit im Bereich der Verjährung beizutragen, schafft die widersprüchliche und unklare Darstellung in der Rechtsprechung neue Unsicherheiten. Obgleich die Erhebung einer Feststellungsklage nach ständiger Rechtsprechung nicht risikolos möglich sein muss[569], wird das Risiko der Erfolgsaussichten der Klage unverhältnismäßig stark auf den Gläubiger übertragen.

b. Dogmatisch fragwürdige Erklärungsansätze

Das grundlegende Urteil des Bundesgerichtshofs vom 23. September 2008, in dem er ausführlich Stellung zum Umgang mit dem Rechtsproblem genommen hat, enthält einen problematischen methodischen Ansatzpunkt.[570] Innerhalb der Prüfung, ob die subjektiven Voraussetzungen i.S.d. § 199 Abs. 1 Nr. 2 BGB beim Kläger vorgelegen haben, äußerte sich das Gericht dazu, zu welchem Zeitpunkt die tatbestandlichen Voraussetzungen für die Verjährung bei unsicherer Rechtslage seiner Ansicht nach erfüllt sind. Das Gericht stellt hierzu den Grundsatz auf, dass die Verjährung bei unsicherer und zweifelhafter Rechtslage mit der

---

565 Hierzu gehört z.B. die Vorgabe des BGH bei Rechtsprechungsänderungen, vgl. BGH, Urt. v. 16.9.2004 – III ZR 346/03, BGHZ 160, 216, 232 = BGH NJW 2005, 429, 433; strenger OLG Saarbrücken, Urt. v. 24.4.2007 – 4 U 410/06-133, OLGR Saarbrücken 2007, 718, 721; OLG Frankfurt, Beschl. v. 22.5.2007 – 9 U 125/06, OLGR Frankfurt 2008, 59, 60.

566 Vgl. auch Otto, VersR 2009, 760, 763.

567 Siehe oben 1. Teil, I. 1. d.

568 Vgl. auch jurisPK-*Lakkis*, § 199 Rn. 47 a.E.; Otto, VersR 2009, 760, 763.

569 Ständige Rechtsprechung, vgl. BGH, Urt. v. 14.10.2003 – VI ZR 379/02, BGH NJW 2004, 510; BGH, Urt. v. 3.6.2008 – XI ZR 319/06, BGH WM 2008, 1346, 1349; BGH, Urt. v. 23.9.2008 – XI ZR 262/07, BGH WM 2008, 2155, 2156 = ZIP 2008, 2164, 2165 = NJW-RR 2009, 547.

570 BGH, Urt. v. 23.9.2008 – XI ZR 262/07, BGH WM 2008, 2155, 2156 = NJW-RR 2009, 547.

objektiven Klärung der Rechtslage beginne. Auf die Kenntnis oder grob fahrlässige Unkenntnis der Kläger von der Klärung der Rechtslage komme es nicht an. Für den konkreten Fall stellte das Gericht fest, dass die Klärung der Rechtslage mit den Urteilen des Bundesgerichtshofs in den Jahren 2000 und 2001 eingetreten sei. Nach der Veröffentlichung der Entscheidung in der NJW 2001 und 2002 soll die zuvor unklare Rechtslage dem Verjährungsbeginn nicht mehr entgegengestanden haben.[571] An der Zumutbarkeit der Klageerhebung fehle es bei unsicherer und zweifelhafter Rechtslage nur bis zur objektiven Klärung der Rechtslage, danach sei die Klageerhebung zumutbar.

Der Bundesgerichtshof äußert in dem Urteil explizit, dass maßgeblich für die Zumutbarkeit der Klageerhebung nur die objektive Klärung der Rechtslage sein soll, auf die tatsächliche Kenntnisnahme von der Klärung der Rechtslage kommt es nicht an.[572] Indem der Bundesgerichtshof jedoch davon ausgeht, dass mit der Veröffentlichung der Urteile in der NJW kein Hinderungsgrund mehr für den Verjährungsbeginn besteht, stellt er auf den Zeitpunkt der objektiv möglichen Kenntniserlangung ab.[573] Der Bundesgerichtshof fordert mit dem Abstellen auf die Veröffentlichung der Urteile in der NJW zwar nicht die tatsächliche Kenntnisnahme des Gläubigers von der objektiven Klärung der Rechtslage. Indirekt spielt der objektive Zeitpunkt der Urteilsverkündung bzw. deren Veröffentlichung jedoch insoweit eine Rolle, als der Gläubiger ab diesem Zeitpunkt Kenntnis hätte erlangen können bzw. sollen, auch wenn Kenntnisnahme explizit nicht zur Voraussetzung gemacht wird. Die Argumentation des Gerichtshofs erscheint insoweit inkonsequent.

Der Bundesgerichtshof verobjektiviert das Merkmal der Zumutbarkeit, welches innerhalb des § 199 Abs. 1 Nr. 2 BGB in ständiger Rechtsprechung zur Auslegung des Kenntnismerkmals herangezogen wird.[574] Indem der Bundesgerichtshof darauf verzichtet, dass die Kläger von der Klärung der Rechtslage Kenntnis nehmen oder

---

571 In anderen Urteilen wird die Veröffentlichung der klärenden Entscheidungen in einer Fachzeitschrift wie der NJW nicht angeführt, sondern allenfalls von der Urteilsverkündung im Allgemeinen gesprochen, vgl. z.B. BayVGH München, Urt. v. 10.3.2010 – 14 B 09.630; BayVGH München, Urt. v. 10.3.2010 – 14 BV 08.2444.

572 BGH, Urt. v. 23.9.2008 – XI ZR 262/07, BGH WM 2008, 2155, 2156 = NJW-RR 2009, 547.

573 So BayVGH München, Urt. v. 10.3.2010 – 14 BV 08.2444; BayVGH München, Urt. v. 10.3.2010 – 14 B 09.630.

574 Dies belegen einheitliche Formulierungen wie „In diesem Fall (der Rechtsunkenntnis) fehlt es an der Zumutbarkeit der Klagevoraussetzung (…)“, vgl. BGH, Urt. v. 25.2.1999 – IX ZR 30/98, BGH WM 1999, 974, 975; BGH v. 23.9.2008 – XI ZR 262/07, BGH WM 2008, 2155, 2156 = NJW-RR 2009, 547.

hätten nehmen müssen und stattdessen lediglich auf die Beendigung der Unzumutbarkeit der Klageerhebung durch die objektive Klärung der Rechtslage abstellt, ist es unzutreffend, noch von ausnahmsweise zu fordernden Rechts*kenntnissen* zu sprechen. Der Begriff der Rechts*kenntnis*, ohne welche die Klageerhebung in besonderen Fällen nicht zumutbar sein soll, wird vom Bundesgerichtshof ab einem objektiven Zeitpunkt als erfüllt angesehen, was eine Reduktion des Gehalts des subjektiven Kenntnismerkmals zur Folge hat.

Dieser eben beschriebene dogmatische Ansatz des Bundesgerichtshofs stellt deshalb in methodischer Hinsicht eine tatbestandliche Reduktion des § 199 Abs. 1 BGB dar.[575] Obwohl der Tatbestand des § 199 Abs. 1 BGB sowohl an die Anspruchsentstehung als auch die subjektiven Merkmale der Kenntnis bzw. grob fahrlässigen Unkenntnis anknüpft, versteht der Bundesgerichtshof die von ihm anvisierte Eingrenzung des subjektiven Merkmals rein objektiv. Die Interpretation des Bundesgerichtshofs läuft hier der tatbestandlichen Fassung des § 199 Abs. 1 BGB zuwider, da im subjektiven Kenntnismerkmal auf einen objektiven Zeitpunkt abgestellt wird. Für eine solche Interpretation bietet der Wortlaut jedoch keinen Anhaltspunkt.[576]

Gleichzeitig wird durch diesen methodischen Ansatz verdeutlicht, dass die Einordnung der objektiven Klärung der Rechtslage innerhalb des subjektiven Tatbestandsmerkmals des § 199 Abs. 1 Nr. 2 BGB in den betroffenen Fällen fehlgeht.[577] Die Frage der *objektiven* Klärung der Rechtslage ist kein dem Kenntnismerkmal des § 199 Abs. 1 Nr. 2 BGB immanentes Problem, sondern ein Problem auf Anspruchsebene.[578]

c. Abgrenzung zur Verjährungshemmung aufgrund „anspruchsfeindlicher" Rechtsprechung

Abzugrenzen ist die Rechtsprechung zum Verjährungsaufschub zu der über mehrere Dekaden in der Rechtsprechung vereinzelt gewährten Verjährungshemmung aufgrund einer sogenannten „anspruchsfeindlichen" Rechtsprechung[579]. Im Kern gestattete diese Rechtsprechung den Gläubigern den Einwand einer Verjährungshemmung i.S.d. § 202 BGB a.F.[580] bzw. § 203 BGB a.F.[581] in Fällen, in denen

575 So auch Jacoby, ZMR 2010, 335, 338.

576 Ebd.

577 Vgl. auch Staudinger-*Peters/Jacoby*, § 199 Rn. 62.

578 Siehe die ausführliche Darlegung im 3. Teil, II. 1.

579 Vgl. Staudinger/*Peters-Jacoby*, 2009, § 206 Rn. 8 m.w.N.

580 Entspricht im heutigen Recht § 205 BGB.

581 Entspricht im heutigen Recht § 206 BGB.

Ansprüche, welche in ständiger Rechtsprechung verneint wurden, zu einem späteren Zeitpunkt doch gewährt wurden und der Gläubiger deshalb anfangs mit einer Klageabweisung rechnen musste und keine verjährungshemmende Klageerhebung ergriff.[582]

Vom Reichsgericht wurde ursprünglich eine Verjährungshemmung nach § 202 BGB a.F. für die Aufwertungsansprüche anlässlich der Geldentwertung nach dem Ersten Weltkrieg anerkannt.[583] Diese Erweiterung des Regelungsbereichs des § 202 BGB a.F. begründete das Reichsgericht ausdrücklich mit Billigkeitserwägungen eines vom Gesetzgeber nicht voraussehbar gewesenen Falles. Dennoch wurde in der Folge vereinzelt auch für andere Ansprüche, wie für Aufopferungsansprüche oder Ansprüche aus enteignungsgleichem Eingriff, von den Gerichten eine extensive Anwendung der Verjährungshemmung praktiziert. Dies war beispielsweise der Fall, wenn eine vormalige Rechtsprechung lange Jahre gegenläufig war, nun aber das Bestehen eines Anspruchs nicht mehr angezweifelt wurde, der Gläubiger jedoch aufgrund der gegenläufigen Rechtsprechung seinen Anspruch nicht geltend machen konnte.[584]

Diese Ausdehnungstendenzen wurden mehrfach kritisiert.[585] Eine bloße Rechtsprechungsänderung rechtfertige – anders als etwa eine gänzlich neue richterliche Anspruchsschaffung – keine Verjährungshemmung. Ansonsten würde jede Änderung der Rechtsprechung auf bereits abgeschlossene Sachverhalte einwirken und manche Ansprüche praktisch nie verjähren.[586] Den Gläubigern sei trotz der üblichen Risiken einer Klageerhebung zuzumuten, ihren vermeintlichen Anspruch vor Gericht einzuklagen. Ansonsten würde das Untätigbleiben der Gläubiger belohnt und Rechtsunfriede geschaffen.[587] Beanstandet wird auch, dass unklar sei, wann

582 Siehe z.B. BGH, Urt. v. 6.5.1957 – III ZR 202/56, BGH NJW 1957, 1595, 1597.

583 RG, Urt. v. 22.6.1925 – I 468/24, RGZ 111, 147; RG, Urt. v. 8.6.1928 – III 426/27, RGZ 120, 355; RG, Urt. v. 18.9.1928 – II 64/28, RGZ 122, 28; RG, Urt. v. 26.11.1928 – VI 222/28, RGZ 122, 320.

584 BGH, Urt. v. 6.5.1957 – III ZR 202/56, BGH NJW 1957, 1595; BGH, Urt. v. 25.5.1961 – II ZR 152/60, BGH WM 1961, 998 f.; BAG, Urt. v. 23.6.1961 – 1 AZR 239/59, BAGE 11, 150.

585 OLG Düsseldorf, Urt. v. 9.2.1956 – 1 U 137/55, OLG Düsseldorf NJW 1957, 912 f.; OLG Karlsruhe, Beschl. v. 27.5.1958 – 2 W 42/58, OLG Karlsruhe NJW 1959, 48; BAG, Urt. v. 6.12.1961 – 4 AZR 297/60; BAGE 12, 97; BAG, Urt. v. 6.12.1961 – 4 AZR 297/60, BAG NJW 1962, 1077 f.; BAG, Urt. v. 21.10.1971 – 2 AZR 416/70, BAG BB 1972, 222; Palandt-*Ellenberger*, § 206 Rn. 7; Staudinger-*Dilcher*, 1980, § 202 Rn. 11; Staudinger/*Peters-Jacoby*, 2009, § 206 Rn. 8.

586 Palandt-*Ellenberger*, § 206 Rn. 7.

587 BAG, Urt. v. 6.12.1961 – 4 AZR 297/60, BAG NJW 1962, 1077, 1078; Staudinger/*Peters-Jacoby*, 2009, § 206 Rn. 8.

eine Hemmung der Verjährung geboten sei. Es sei nicht einfach zu bestimmen, ab welchem Zeitpunkt der Kläger von einer Rechtsprechungsänderung ausgehen konnte.[588]

Diese Einwände stehen in engem Zusammenhang mit denjenigen Einwänden, die man auch gegen die Rechtsprechung zum Verjährungsaufschub wegen einer unsicheren und zweifelhaften Rechtsprechung vorbringen kann. Eine Abgrenzung zu den ähnlich gelagerten Konstellationen im Rahmen der Rechtsprechung zum Verjährungsaufschub wegen einer vermeintlich unsicheren Rechtslage zu ziehen, ist kaum möglich. Denn hier wie da waren Fälle Gegenstand der verjährungsrechtlichen Thematik, bei denen sich nach einer zunächst anderslautenden Rechtsprechung die Ansichten in der Rechtsprechung zu einem späteren Zeitpunkt wandelten.

Diese von Billigkeit geprägte Rechtsprechung zur Verjährungshemmung aufgrund „anspruchsfeindlicher" Rechtsprechung wurde im Laufe der Zeit nicht weiter fortgeführt. Die vorgebrachte Kritik deckt die Schwächen und die dogmatische Fragwürdigkeit einer solchen richterlichen Vorgehensweise auf, welche in gleicher Weise bei der Rechtsprechung zum Verjährungsaufschub vorhanden sind und deshalb ebenfalls zu deren Aufgabe führen sollte.[589]

d. Konterkarierung der Verjährungsziele

Zu den Zwecken des Verjährungsrechts gehört es, den *Schuldner* zum einen vor Beweisnöten, zum anderen vor dem Verlust seiner Dispositions- bzw. Regressmöglichkeiten zu schützen.[590] Der *Gläubiger* wiederum soll ab dem Zeitpunkt seiner gesicherten Kenntnisnahme von dem Bestehen eines Anspruchs ausreichend Zeit haben, Beweismittel zu sammeln, sich beraten zu lassen und seinen Anspruch geltend zu machen.[591] Wenn jedoch die Rechtsprechung zum Verjährungsaufschub bei unsicherer Rechtslage weder für die Parteien noch für deren Rechtsbeistände zuverlässige Prognosen über die verjährungsrechtliche Behandlung des

588 Staudinger/*Peters-Jacoby*, 2009, § 206 Rn. 8.

589 In der Literatur werden kaum Verbindungen zwischen beiden Rechtsprechungsausprägungen hergestellt; vgl. einzig Staudinger/*Peters-Jacoby*, 2009, § 199 Rn. 62 i.V.m. § 206 Rn. 8.

590 BT-Drs. 14/6040, S. 96; Spiro I, S. 8; Staudinger-*Peters/Jacoby*, 2009, Vorbemerkung zu §§ 194-225 Rn. 5; Zimmermann, JuS 1984, 409, 410; vgl. auch oben 1. Teil, I. 1. a.

591 Spiro I, S. 34; BT-Drs. 14/6040, S. 95; Mansel, 333, 349; vgl. auch oben 1. Teil, I. 1. b.

Anspruchs vor Gericht erlaubt, sich aber aufgrund einer veränderten gerichtlichen Beurteilung zu einem späteren Zeitpunkt weitere Klagemöglichkeiten auftun, ist weder der Schuldner noch der Gläubiger vor schwierigen Beweisproblemen durch spät eintretende Prozesse geschützt. Eine solche ungeklärte Situation beeinträchtigt ebenfalls die Dispositionsfreiheit der Parteien, die sich über längere Zeit gezwungen sehen können, Vermögensreserven vorzuhalten.

Das Verjährungsrecht dient darüber hinaus öffentlichen Interessen. Mit der Verjährung von Ansprüchen werden vor allem Rechtssicherheit, Rechtsfriede und prozessökonomische Ziele verbunden.

Das Verjährungsrecht soll *Rechtssicherheit* schaffen. Einfache und klare Verjährungsregelungen sollen den Parteien ermöglichen, über die Geltendmachung oder die Abwehrmöglichkeiten von Forderungen rasch Gewissheit zu erlangen.[592] Durch die Art und Weise der Anwendung der verjährungsrechtlichen Regelungen im Rahmen der Rechtsprechung zum Verjährungsaufschub wird jedoch keine Rechtssicherheit erzeugt. Das weitere Verjährungsziel des *Rechtsfriedens*[593] ist bei einer solch streitbaren und mit Unsicherheiten behafteten Materie ebenfalls gefährdet. Als Verjährungsziel von öffentlichem Interesse wird darüber hinaus von manchen auch die *Prozessökonomie* anerkannt.[594] Durch die Verjährungsregelungen sollen Parteien davor bewahrt werden, schwierige und kostenträchtige Prozesse mit ungewissem Ausgang zu führen. Folglich kann dieses Verjährungsziel die Gerichte nur entlasten, wenn die Verjährung einfachen Regeln folgt und nicht selbst Anlass zu Streit bietet.[595] Das Verjährungsziel wird in den Fällen nicht erreicht, in denen mehrere Prozesse aufgrund der Unsicherheiten im Verjährungsrecht geführt werden, wie dies bei der Rechtsprechung zur unsicheren und zweifelhaften Rechtslage auf Grund widersprüchlicher Ergebnisse der Gerichte der Fall ist. Die Gerichte werden dadurch nicht entlastet, sondern vielmehr belastet.

---

592 BGH, Urt. v. 16.6.1972 – I ZR 154/70, BGHZ 59, 72, 74; BGH, Urt. v. 23.11.1994 – XII ZR 150/93, BGHZ 128, 74, 82 f. = BGH 1995, 252, 253; BT-Drs. 14/6040, S. 96; MüKo-*Grothe*, vor § 194 Rn. 7; Palandt-*Ellenberger*, Überblick v. § 194 Rn. 9; vgl. auch oben 1. Teil, I. 1. d.

593 BGH, Urt. v. 16.6.1972 – I ZR 154/70, BGHZ 59, 72, 74; BGH, Urt. v. 23.11.1994 – XII ZR 150/93, BGHZ 128, 74, 82 = BGH NJW 1995, 252, 253; Krämer, S. 23; MüKo-*Grothe*, vor § 194 Rn. 7; vgl. auch oben 1. Teil, I. 1. d.

594 Vgl. Zimmermann, JZ 2000, 853, 854; Mansel, 333, 343; siehe auch oben 1. Teil, I. 1. d.

595 Mansel, 333, 343.

3. Problemlösungsansätze aus dem Schrifttum

a. Ansichten

In der juristischen Literatur finden sich nur wenige Stellungnahmen, die den Umgang mit der Rechtsprechung zum Verjährungsaufschub problematisieren bzw. eigene Lösungsansätze vorschlagen. Zahlreiche Darstellungen in der Kommentarliteratur beschränken sich auf die bloße Erwähnung der Rechtspraxis der Gerichte, indem sie im Rahmen der Kommentierung zu § 199 BGB u.a. darauf hinweisen, dass nur Tatsachenkenntnis für den Verjährungsbeginn erforderlich sei und es auf eine zutreffende rechtliche Würdigung nicht ankomme, jedoch bei unübersichtlicher und zweifelhafter Rechtslage ausnahmsweise doch Rechtskenntnisse verlangt werden, um den Verjährungsbeginn auszulösen.[596]

Die vereinzelten kritischen Stimmen in der Literatur behandeln das Problem der ausnahmsweisen Einbeziehung von Rechtskenntnissen im Rahmen des Verjährungsbeginns höchst unterschiedlich. Dabei werden sowohl die Anforderungen an das Verhalten der Gläubiger bzw. ihrer Rechtsbeistände als auch die Bedeutung der Gerichte kontrovers beurteilt.

Manche Autoren sprechen sich für eine ausdrückliche Abkehr von der Einbeziehung von Rechtskenntnissen in den Tatbestand des § 199 Abs. 1 BGB aus.

Mansel und *Stürner*[597] fassen die Rechtsprechung zur unsicheren und zweifelhaften Rechtslage lediglich als Problem des § 852 Abs. 1 BGB a.F. auf und schlagen zur Lösung der Konflikte um die Rechtsprechung zum Verjährungsaufschub bei unsicherer und zweifelhafter Rechtslage vor, dass „Rechtsunkenntnis (...) generell für den Verjährungsbeginn unerheblich sein (sollte)."

Gleiches fordern *Stoffels*[598] und *Piekenbrock*[599], der sich zumindest im Falle primärer Leistungsansprüche gegen die Anknüpfung des Verjährungsbeginns an die Erkennbarkeit des Anspruchs ausspricht.

Einige Autoren versuchen im Rahmen der gebräuchlichen Auslegung des § 199 Abs. 1 BGB eine Lösung des Problems herbeizuführen.

---

596 Z.B. Palandt-*Ellenberger*, § 199 Rn. 27; Bamberger/Roth-*Spindler*, § 199 Rn. 21; jurisPK-*Lakkis*, § 199 Nr. 47 f.; Prütting/Wegen/Weinreich-*Kesseler*, § 199 Rn. 13; Erman-*Schmidt-Räntsch*, § 199 Rn. 18a.

597 AnwK-*Mansel/Stürner*, § 199 Rn. 46.

598 Stoffels, NZA 2011, 1057, 1060 ff.

599 Piekenbrock, S. 309, 316.

Podewils[600] fordert für den Beginn der Verjährung bei rechtlich unklarer Lage, dass der Gläubiger mindestens eine Ahnung davon haben müsse, dass er Gläubiger eines Anspruchs sei.

Theisen und *Theisen*[601] schlagen für den Verjährungsbeginn im Falle einer unsicheren Rechtslage drei Kritierien vor: Erstens müsse der Gläubiger die Tatsachen kennen, die seinen Anspruch schlüssig machen. Zweitens müsse der Gläubiger einen Anhaltspunkt für einen Anspruch sehen oder grob fahrlässig nicht sehen, so dass er veranlasst ist, rechtlichen Rat aufzusuchen. Drittens müsse der Rechtsbeistand des Gläubigers eine Klageerhebung für hinreichend erfolgsversprechend halten, so dass dem Gläubiger eine Klageerhebung zumutbar wird. Sollte ein Rechtsanwalt dem Gläubiger aufgrund der rechtlich unklaren Lage bzw. der divergierenden richterlichen Ansichten von einer Klageerhebung abraten, beginnt nach Ansicht von *Theisen* und *Theisen* die Verjährung nicht.

Otto[602] weist darauf hin, dass von den Gerichten stets sorgfältig geprüft werden sollte, ab welchem Zeitpunkt ein Rechtskundiger die Rechtslage als so klar ansehen konnte, dass er seinem Mandanten zu einer Klageerhebung raten konnte. Bei neuartigen Fragestellungen, bei denen es noch keine Klärung durch die Obergerichte gegeben hat, spricht sich *Otto* dafür aus, dass gegebenenfalls mit der Klageerhebung abgewartet werden könne, bis eine Klärung durch den BGH erfolgt ist bzw. die betreffende Frage in einer breiteren Öffentlichkeit diskutiert wird.

Peters und *Zimmermann*[603] schlugen bereits bei den Reformüberlegungen zum Verjährungsrecht vor, den Verjährungsbeginn nicht mit dem tatsächlichen Vorliegen von objektiven und subjektiven Voraussetzungen beginnen zu lassen, sondern ihn stattdessen als Hemmungstatbestand auszugestalten. Solange der Anspruchsberechtigte von der Person des Schuldners, des Anspruchsgegenstands oder des *Rechtsgrunds* des Anspruchs keine Kenntnis erlangt, sollte die Verjährung nach Ansicht der beiden Autoren gehemmt sein.[604] Dieser Ansatz hätte für die Rechtsprechung zum Verjährungsbeginn bei einer unsicheren und zweifelhaften Rechtslage zur Konsequenz gehabt, dass der Verjährungsbeginn bis zur Klärung der tatsächlichen und rechtlichen Voraussetzungen des Anspruchs gehemmt gewesen wäre.

---

600 Podewils, ZfIR 2007, 274, 275.

601 Theisen/Theisen, FS Nobbe, S. 453, 469 f.

602 Otto, VersR 2009, 760, 763.

603 Peters/Zimmermann, Gutachten, S. 77, 306 und 316.

604 Die von Peters/Zimmermann vorgeschlagene Fassung des § 199 BGB lautete: „Die Verjährung ist gehemmt, solange dem Berechtigten ohne grobe Fahrlässigkeit Schuldner, Gegenstand oder Rechtsgrund des Anspruchs unbekannt bleiben.“

Über mehr Eigenverantwortung der Gläubiger durch das Ergreifen verjährungshemmender Maßnahmen wollen *Peters* und *Jacoby*[605] die einschlägige Rechtsprechungsproblematik lösen. Nach Ansicht der Autoren geht die vom Bundesgerichtshof in seinem grundlegenden Urteil aus dem Jahre 2008 praktizierte Vermengung des objektiven und des subjektiven Verjährungselements fehl.[606] Zur Lösung aktueller Probleme im Bereich des Verjährungsaufschubs sprechen sich *Peters* und *Jacoby* stattdessen dafür aus, dass die betroffenen Gläubiger schnellstmöglich verjährungshemmende Maßnahmen i.S.v. § 204 BGB ergreifen oder mit den Schuldnern den Abschluss einer Musterprozessabrede mit Wirkungen nach §§ 202, 203, 205 BGB anstreben sollen. Ein Zuwarten der Gläubiger, bis eine Klärung der Rechtslage erfolgt ist, sei kein akzeptabler Weg.

Grothe[607] scheint sich ebenfalls für eine Verjährungshemmung auszusprechen. Zunächst bekräftigt er, dass die von der Rechtsprechung praktizierten Ausnahmen eng zu begrenzen seien, „schon um die Gefahr von Manipulationen des Verjährungsbeginns durch Untätigkeit des Gläubigers zu verhindern." Etwas unentschieden stellt *Grothe* anschließend darauf ab, dass entscheidend sei, ob dem Gläubiger zugemutet werden könne, zumindest eine Feststellungsklage zu erheben, bevor er dann – ohne jegliche Erläuterung – eine Hemmung nach § 206 BGB in Betracht zieht.

Bitter und *Alles*[608] sprechen der Verjährungsproblematik gar die Allgemeingültigkeit ab. Die Autoren sind der Ansicht, bei der einschlägigen Rechtsprechung handele es sich um eine Problematik, die ausschließlich die Amts- und Notarhaftung betreffe und die nicht auf Fälle mit allgemeiner Rechtsunklarheit zu übertragen sei. Bei der Amts- und Notarhaftung könne der Gläubiger berechtigterweise den Ausgang eines parallelen Verfahrens abwarten. Bei anderen unklaren Rechtsfragen verfüge der Gläubiger hingegen bereits über die erforderliche Tatsachenkenntnis, die ihm eine Klageerhebung ermöglicht. Das gewöhnliche Prozessrisiko werde dabei nicht übertroffen. Nicht ersichtlich ist nach Ansicht der beiden Autoren, weshalb der Gläubiger dann jedoch mit einer Klageerhebung zuwarten

605 Staudinger-*Peters/Jacoby*, 2009, § 199 Rn. 62; Jacoby, ZMR 2010, 335, 339.

606 Vgl. BGH, Urt. v. 23.9.2008 – XI ZR 262/07, BGH WM 2008, 2155, 2156 = NJW-RR 2009, 547; in diesem Urteil konstatiert der Gerichtshof, dass Gläubigern eine Klageerhebung im Falle einer unsicheren Rechtslage erst dann zumutbar sei, wenn die Rechtslage objektiv durch eine höchstrichterliche Entscheidung geklärt wurde. Nach Ansicht des Gerichtshofs sei die Kenntnis des Gläubigers von der objektiven Klärung der Rechtslage kein Erfordernis, um den Verjährungsbeginn auszulösen; zur Kritik an dieser Entscheidung siehe auch unter 3. Teil, I. 2. b., II. 3. a. cc.

607 MüKo-*Grothe*, § 199 Rn. 26.

608 Bitter/Alles, NJW 2011, 2081, 2083 f.

dürfe, obwohl der eigene Prozess zur Klärung der Rechtslage beitragen könnte. Würde man in den anderen Fallkonstellationen mit allgemeiner Rechtsunklarheit nicht verlangen, dass jeder Gläubiger schnellstmöglich einen Prozess anstrengt, könnte sich jeder Betroffene darauf berufen, dass seine maßgebliche Rechtsfrage noch nicht geklärt sei. Dann aber würde es nach Ansicht von *Bitter* und *Alles* nicht zur Einleitung von Prozessen und somit auch nicht zur Klärung der Rechtsfragen kommen.

Auch *Conrads*[609] sieht die Rechtsprechung zum Verjährungsbeginn bei unsicherer und zweifelhafter Rechtslage als auf Fälle beschränkt an, in denen dem Geschädigten die Person des Ersatzpflichtigen unbekannt ist.

b. Stellungnahme

Die in der Literatur vorgeschlagenen Lösungsansätze sind allesamt nicht geeignet, die vielfältigen Probleme im Bereich der Rechtsprechung zum Verjährungsaufschub wegen einer unsicheren und zweifelhaften Rechtslage zu lösen.

Der Vorschlag von *Mansel* und *Stürner*[610], *Stoffels*[611] und *Piekenbrock*[612], Rechtskenntnisse generell nicht in den Tatbestand des § 199 Abs. 1 BGB einzubeziehen, löst zwar auf den ersten Blick die Probleme, welche durch die ausnahmsweise Einbeziehung von Rechtskenntnissen entstehen. Letztlich trifft dieser Ansatz den Kern der der Rechtsprechung zugrunde liegenden Probleme aber nicht. Die Ansicht der Autoren hätte zur Folge, dass die Verjährung der in Rede stehenden Ansprüche mit der Tatsachenkenntnis des Gläubigers beginnen sollte. Kern des Problems bei den Fällen zum Verjährungsaufschub wegen einer unsicheren und zweifelhaften Rechtslage ist jedoch gerade, dass nicht eindeutig geklärt ist, welche einzelnen *Tatsachen* jeweils ausschlaggebend dafür sind, den Verjährungsbeginn auszulösen.[613] Es bringt deshalb keinen Zugewinn an Rechtssicherheit, das Problem durch eine pauschale Abkehr von rechtlichen Kenntnissen lösen zu wollen, wenn der Kern des Problems darin besteht, dass ungeklärt ist, welche tatsächlichen Voraussetzungen für die jeweiligen Schadensersatz- und Bereicherungsrechtsansprüche im konkreten Fall vorliegen müssen.

---

609 Conrads, S. 104 f.

610 AnwK-*Mansel/Stürner*, § 199 Rn. 46.

611 Stoffels, NZA 2011, 1057, 1060 ff.

612 Piekenbrock, S. 309, 316.

613 Siehe bereits hierzu 2. Teil, II.

Bitter und *Alles*[614] anerkennen die Rechtsprechung zum Verjährungsaufschub nur als Fallgruppe der Amts- und Notarhaftung und lehnen die Übertragbarkeit der Ausnahmerechtsprechung auf Fälle mit allgemeiner Rechtsunklarheit ab. Die Autoren halten es für zumutbar, dass Gläubiger in Fällen, die nicht die Amts- und Notarhaftung betreffen, sondern eine allgemeine Rechtsunklarheit aufweisen, schnellstmöglich Klage erheben und sich nicht auf das Zuwarten bis zur Klärung der Rechtslage berufen können. *Bitter* und *Alles* ist darin beizupflichten, dass die Gläubiger bei vorhandener Tatsachenkenntnis in Bezug auf die Rechtshängigkeit einer Klage nicht generell untätig bleiben dürfen, wenn sie nicht der Gefahr der Verjährung des Anspruchs ausgesetzt sein wollen. Die Frage, wann die Verjährung in den einschlägigen Fällen beginnt, ist damit jedoch nicht beantwortet. Wenn einheitliche und verbindliche Linien erarbeitet werden, die verdeutlichen, wie mit rechtlich umstrittenen Fällen von Seiten des Gläubigers und der Rechtsprechung umgegangen werden sollte, besteht auch keine Gefahr, dass kein Gläubiger Klage erhebt. Dass es dabei zu „Musterprozessen" kommt, ist nicht zu bezweifeln, denn es liegt in der Natur der Sache, dass Gläubiger die Durchsetzung ihrer behaupteten Ansprüche anstreben werden.

Gegen den Vorschlag von *Peters* und *Jacoby*[615], die Parteien sollten eine (nachträgliche) Musterprozessabrede mit Wirkungen nach §§ 202, 203, 205 BGB anstreben, spricht, dass dies kein allgemeingültiger Weg sein kann, um die Verjährungsprobleme bei einer unsicheren Rechtslage zu lösen. Es steht nicht zu erwarten, dass Gläubiger und Schuldner stets eine Einigung erzielen.

Grothe[616] stellt zum einen darauf ab, dass entscheidend sei, ob dem Gläubiger zugemutet werden könne, zumindest eine Feststellungsklage zu erheben. Zum anderen zieht er zur Lösung des Problems ohne jegliche Erläuterung eine Hemmung nach § 206 BGB in Betracht. Die Frage nach der Zumutbarkeit ist – wie die Praxis der Gerichte zeigt – kein hilfreiches Kriterium. Eine Hemmung der Verjährung durch höhere Gewalt trifft schon per definitionem und per rationem nicht auf eine unsichere Rechtslage zu. Höhere Gewalt i.S.d. § 206 BGB wird zum einen als ein von außen kommendes, unabwendbares Ereignis verstanden und zum anderen soll sie vorliegen, wenn ein Schaden auch durch äußerste Sorgfalt nicht hätte vermieden werden können.[617] Bei der rechtlichen Verfolgung der unsicheren Rechtsansprüche ist der Judikative jedenfalls keine amtliche Verzögerung, gerichtliche Zugangsbehinderung

614 Bitter/Alles, NJW 2011, 2081, 2083 f.

615 Staudinger-*Peters/Jacoby*, 2009, § 199 Rn. 62.

616 MüKo-*Grothe*, § 199 Rn. 26.

617 Palandt-*Ellenberger*, § 206 Rn. 4; Bamberger/Roth-*Henrich*, § 206 Rn. 3.

oder gar ein Stillstand der Rechtspflege vorzuwerfen, welches anerkannte Gründe im Rahmen der Vorschrift wären.[618] Eine Übertragung der Fälle zur Rechtsprechung zur unsicheren und zweifelhaften Rechtslage auf den Tatbestand der höheren Gewalt ist angesichts des erkennbar restriktiven Wortlauts und Normzwecks des § 206 BGB zu weitgehend und würde noch mehr bedenkliche Ergebnisse erzeugen.[619]

Die von *Theisen* und *Theisen*[620] vorgeschlagenen drei Voraussetzungen für den Verjährungsbeginn im Falle rechtlich unklarer Sachverhalte, nach denen der Gläubiger erstens ernstzunehmende Anhaltspunkte für anspruchsbegründende Tatsachen haben muss, die ihn zweitens veranlassen, rechtlichen Rat aufzusuchen, welcher ihm drittens zu einer Klageerhebung in Anbetracht der Rechtslage raten sollte, sind ebenfalls nicht zielführend. Alle drei Voraussetzungen sind stark von subjektiven Einschätzungen geprägt, die kaum justiziabel sind und weder zur Rechtssicherheit noch zur Rechtsklarheit beitragen.

Auch *Ottos*[621] Vorschlag, zu prüfen, wann ein Rechtsexperte zu einer Klage geraten hätte, geht in dieselbe Richtung und vermag aufgrund der schwerlich verifizierbaren subjektiven Voraussetzung nicht zu überzeugen.

Podewils'[622] Ansatz, der Gläubiger müsse eine Ahnung davon haben, dass er Inhaber eines Anspruchs sei, ist ebenfalls viel zu vage, um der Lösung des Problems dienlich zu sein.

Die aus dem Schrifttum vorgebrachten Überlegungen tragen somit nicht zu mehr Rechtssicherheit und -klarheit bei.

4. Die Einbeziehung von Rechtskenntnissen aus rechtsvergleichender Sicht

Die aus der Einbeziehung von Rechtskenntnissen in die Vorschriften über den Verjährungsbeginn resultierenden Schwierigkeiten wurden weder von Seiten der Rechtsprechung noch von Seiten des rechtswissenschaftlichen Schrifttums zufriedenstellenden Lösungen zugeführt. Ob andere Rechtsordnungen ebenfalls Rechtskenntnisse in den Verjährungsbeginn einbeziehen, soll ein rechtsvergleichender Überblick zeigen.

---

618 Vgl. Staudinger-*Peters/Jacoby*, 2009, § 206 Rn. 13 ff.; MüKo-*Grothe*, § 206 Rn. 7 f.

619 Im Ergebnis zustimmend, aber mit abweichender Begründung Jacoby, ZMR 2010, 335, 339.

620 Theisen/Theisen, FS Nobbe, S. 453, 469 f.

621 Otto, VersR 2009, 760, 763.

622 Podewils, ZfIR 2007, 274, 275.

Die Untersuchung von Nachbarrechtsordnungen hinsichtlich der Einbeziehung von Rechts*kenntnissen* beschränkt sich dabei auf diejenigen Rechtsordnungen, die einen kenntnisabhängigen Verjährungsbeginn entweder bei der Regelverjährung oder bei anderen, meist deliktischen Vorschriften aufweisen. Die Darstellung konzentriert sich demnach auf das englische, französische, niederländische, spanische, schweizerische und dänische Verjährungsrecht.

a. England

Der englische Limitation Act 1980 enthält vereinzelt Vorschriften mit kenntnisabhängigem Verjährungsbeginn. Bei Klagen wegen Personenschäden (ss. 11 (4) (b), 14), Klagen aus dem Law Reform Act 1934 (s. 11 (5) (b)), Klagen aus dem Fatal Accidents Act 1976 (s. 12 (2) (b)), Klagen wegen verborgener Schäden (s. 14A (4) (b)) und bei Klagen aus dem Consumer Protection Act 1987 (s. 11A (4) (b)) hängt der Fristbeginn von der Kenntnis des Geschädigten ab.

Insbesondere Klagen aufgrund von Personenschäden gaben dabei auch im englischen Recht – entsprechend § 852 Abs. 1 BGB a.F. und der heutigen Situation – Anlass zu Streitigkeiten über den Verjährungsbeginn. Nachdem der Limitation Act von 1939 noch keinen subjektiven Verjährungsbeginn im Rahmen der Klagen wegen Personenschäden vorsah, dies jedoch immer wieder zu unbefriedigenden Ergebnissen[623] führte, half der Gesetzgeber diesem Zustand durch Einführung einer kenntnisabhängigen Regelung im Rahmen des Limitation Act 1963 ab. Die Regelung des s. 7 (3) Limitation Act 1963 sah eine zwölfmonatige Frist bei Personenschäden vor, die begann, sobald der Kläger die erheblichen Schadensumstände kannte oder kennen musste.[624]

In der Rechtssache *Central Asbestos Co. Ltd. versus Dodd*[625] beschäftigten sich sowohl der Court of Appeal als auch das House of Lords mit der Auslegung der neuen Vorschrift. Unterschiedlich beurteilten beide Gerichte, ob die Rechtsunkenntnis des Klägers für den Verjährungsbeginn eine Rolle spielen sollte. Kern des Anstoßes war dabei, dass der Kläger nicht wusste, dass ihm ein Schadensersatzanspruch zugestanden hatte.

---

623 Unzufriedenheit mit der bestehenden objektiven Regelung äußerten die Common Law Richter erstmals in dem Fall *Cartledge versus E. Jopling & Sons Ltd.* (1963) A.C. 758 ff.; hierzu auch Conrads, S. 97 f.; Danco, S. 164 f.

624 Vgl. zu der Regelung und ihren Auswirkungen z.B. Woolf, N.L.J. 1972, 824 ff.

625 *Dodd versus Central Asbestos Co. Ltd.* (1972), 1 Q.B. 244 ff.; *Central Asbestos Co. Ltd. versus Dodd* (1973), A.C. 518 ff.; hierzu auch Danco, S. 164 f.; Conrads, S. 97 f.

Der Kläger war im Jahre 1964 an Asbestiosis erkrankt. Die Krankheit war darauf zurückzuführen, dass sein Arbeitgeber die Arbeiter entgegen der Sicherheitsvorschriften giftigen Asbestdämpfen ausgesetzt hatte. 1965 erfuhr der Kläger, dass sein Arbeitgeber ein Jahr zuvor bereits einmal wegen der Verletzung der Sicherheitsvorschriften verurteilt worden war. Im selben Jahr kündigte der Arbeitnehmer, wobei ihm vom Personalchef wider besseres Wissen mitgeteilt worden war, er könne keinen Schadensersatz beanspruchen, wenn er Erwerbsunfähigkeitsrente erhalte. Dennoch suchte der Kläger im April 1967 einen Rechtsanwalt auf und erhob im Oktober desselben Jahres Klage gegen seinen Arbeitgeber.[626]

Der Court of Appeal war der Ansicht, es genüge nicht, wenn der Kläger nur die Tatsachen kenne. Der Kläger habe auch wissen müssen, dass er den Schädiger verklagen könne. Dieses Wissen habe der Kläger erst mit der anwaltlichen Beratung und der daraus resultierenden Kenntnis der Rechtslage erlangt.[627]

Das House of Lords war der Auffassung, es genüge bereits die Tatsachenkenntnis für den Verjährungsbeginn, Rechtskenntnis sei nicht erforderlich.[628] Dennoch wies das House of Lords die Klage nicht ab. Vielmehr hielt es die Tatsachenkenntnis für unvollständig, weil der Arbeitgeber in Person des Personalchefs durch sein Verhalten verschuldet habe, dass die einjährige Verjährungsfrist abgelaufen sei. Das Verschulden sei jedoch einer der relevanten anspruchsbegründenden Tatsachen gem. s. 7 (3) Limitation Act 1963.[629]

Die beiden unterschiedlichen Auffassungen belegen die Unsicherheiten über die Einbeziehung von Rechtskenntnissen in den Verjährungsbeginn, welche bei der Auslegung der s. 7 (3) Limitation Act 1963 vorhanden waren und denjenigen Unsicherheiten im deutschen Recht entsprechen. Anders als in Deutschland reagierte der englische Gesetzgeber auf die zunehmende Kritik an der Vorschrift[630] und hat nun mit s. 14 (1) letzter Halbsatz Limitation Act 1980 eine Klarstellung normiert, welche die rechtliche Beurteilung der Pflichtverletzung als irrelevant kennzeichnet.[631] Nach Ansicht der Reformkommission sollten Rechtskenntnisse

---

626 *Dodd versus Central Asbestos Co. Ltd.* (1972), 1 Q.B. 244 f.; *Central Asbestos Co. Ltd. versus Dodd* (1973), A.C. 518 f.

627 Vgl. *Dodd versus Central Asbestos Co. Ltd.* (1972), 1 Q.B. 244, 259.

628 *Central Asbestos Co. Ltd. versus Dodd* (1973), A.C. 518, 544; zustimmend Watmore, N.L.J. 1972, 936.

629 *Central Asbestos Co. Ltd. versus Dodd* (1973), A.C. 518, 546.

630 Vgl. hierzu Woolf, N.L.J. 1972, 824 ff.; Watmore, N.L.J. 1972, 936.

631 „(…) knowledge that any acts or omissions did or did not, as a matter of law, involve negligence, nuisance or breach of duty is irrelevant."

für den Verjährungsbeginn keine Rolle spielen und die Verjährungsfrist sollte explizit auch dann zu laufen beginnen, wenn der Geschädigte die Rechtslage nicht kenne.[632] Mit diesen klarstellenden Worten beendete die Reformkommission die bis dato entstandenden Unsicherheiten bei der Auslegung der subjektiven Verjährungsvorschrift.

Auch die in s. 14 (3) (b) letzter Halbsatz Limitation Act 1980[633] aufgenommene fingierte Kenntnis, nach welcher der Kläger sich nicht auf Unkenntnis berufen kann, wenn er die Tatsachen mit Hilfe eines von ihm aufzusuchenden medizinischen oder *sonstige*n Sachverständigen feststellen hätte können, eröffnet keinen Spielraum für eine mildere Behandlung des Klägers in Bezug auf das Hinauszögern oder Verhindern des Verjährungsbeginns. Zwar besteht i.S.d. Vorschrift keine den Verjährungsbeginn auslösende Kenntnis, wenn der Kläger den Expertenrat eingeholt hat, die Tatsache jedoch nur mit Hilfe der Beratung überhaupt erkennbar war. Rechtsanwälte sind jedoch nicht als sonstige Sachverständige gem. s. 14 (3) (b) anerkannt, da Rechtsanwälte den Mandanten zwar Rechtsauskünfte geben könnten, jedoch nicht über Tatsachen aufklärten.[634]

Im englischen Verjährungsrecht findet das Hinauszögern des Verjährungsbeginns aufgrund fehlender Rechtskenntnisse gegenwärtig weder eine gesetzliche Verankerung im Limitation Act noch wird es richterrechtlich praktiziert.

b. Frankreich

Das französische Verjährungsrecht lässt – anders als etwa das englische Recht – eine ungeklärte Rechtslage bzw. Rechtsunkenntnis verjährungsrechtlich nicht unberücksichtigt. Im früheren wie im heutigen französischen Verjährungsrecht wurde die Einbeziehung von Rechtsunkenntnis im Rahmen der Verjährungshemmung diskutiert.

Im früheren Verjährungsrecht vor der Reform 2008 war eine Verjährungshemmung in bestimmten Fällen anerkannt. Nach dem Rechtsgrundsatz des *contra non*

---

632 Vgl. Command Papers 5630 § 53; Conrads, S. 104.

633 „For the purposes of this section a person's knowledge includes knowledge which he might reasonably have been expected to aquire – from facts ascertainable by him with the help of medical or appropriate expert advice which it is reasonable for him to seek; but a person shall not be fixed under this subsection with knowledge of a fact ascertainable only with the help of expert advice so long as he has taken all reasonable steps to obtain (and where appropriate, to act on) that advice."

634 *Fowell versus National Coal Board*, The Times, 28. Mai 1986, C.A.

valentem agere non currit praescriptio lief die Verjährung demjenigen gegenüber nicht, der außerstande war, sein Recht zu verfolgen.[635] Nach dieser Regel sollte eine Hemmung der Verjährung erfolgen, wenn sich das hemmende Hindernis aus Gesetz, aus Vertrag oder aufgrund höherer Gewalt ergeben hat.[636] Hinsichtlich der Anerkennung einer Verjährungshemmung wegen einer unsicheren Rechtslage oder damit zusammenhängender Rechtsunkenntnis des Gläubigers hat sich die französische Rechtsprechung jedoch stets restriktiv verhalten. Der Cour de cassation hat sich fortwährend dafür ausgesprochen, dass eine Hemmung wegen Rechtsunkenntnis nur bei einem *guten Grund* anerkannt wird.[637]

Ein solch guter Grund wurde beispielsweise bei einer ungeklärten Rechtslage[638] angenommen, wie sie bei der gerichtlichen Geltendmachung von Kaufpreiszinsen bejaht wurde, weil über die ebenfalls rechtshängige Anfechtungsklage noch nicht entschieden war.[639] Ebenfalls als verjährungshemmend wurde die Rechtslage bei Unsicherheiten über den Anspruchgegner eingestuft, solange unklar war, ob der Produzent durch den Bauunternehmer oder doch durch den Bauherrn in Anspruch genommen wird.[640] Im Hinblick auf Unsicherheiten wegen noch zu klärender gerichtlicher Fragen oder hinsichtlich des Klagegegners ähneln sich die Konstellationen aus dem französischen und deutschen Recht, wenngleich die praktischen Lösungen in beiden Ländern verschieden sind.

Ein weiterer verjährungshemmender Sonderfall stellt ein Fall unverschuldeter Rechtsunkenntnis[641] dar. Da der Gläubiger nicht erkennen konnte, dass eine Urkunde in seinem Schadensersatzprozess gegen einen Notar ungültig ist, wurde eine Hemmung der Verjährung des Schadensersatzanspruchs zuerkannt.[642]

---

635 Mazeuad/Mazeaud/Mazeaud/Chabas, Leçons de droit civil Tome II, Vol. I, Rn. 1183; Kleinschmidt, RIW 2008, 590, 594; Ferid/Sonnenberger, Rn. 1 C 224.

636 St. Rspr. vgl. nur Cass. Req. v. 21.5.1900, DP 1900.1.422 ff.; Cass. Req. v. 28.11.1938, DH 1939.99 f.; Cass. Civ. v. 22.12.1959, JCP 1960 II 11494; Cass. Civ. v. 10.2.1966, DS 1967 J 315.

637 Vgl. Mazeuad/Mazeaud/Mazeaud/Chabas, Leçons de droit civil Tome II, Vol. I, Rn. 1183 Fn. 4: „La Cour de cassation a toujours exigé que l'ignorance de son droit par le créancier ait une <<*juste raison*>>.“; vgl. auch Cass. Req. v. 27.1.1941, Gaz. Pal. 1941.1.238.

638 Vgl. Ferid/Sonnenberger, Rn. 1 C 224.

639 Cass. Civ. v. 5.7.1858, DP 1858.1.413 f.

640 Cass. Civ. v. 4.11.1971, Bull. Civ. 1971 III Nr. 535 S. 382 f.; Cass. Civ. v. 18.4.1972, Bull. Civ. 1972 III Nr. 241 S. 172.

641 Vgl. Ferid/Sonnenberger, Rn. 1 C 224.

642 Cass. Civ. v. 27.5.1857, DP 1857.1.290 ff.

Es wird von den Gerichtshöfen jedoch nicht als für die Hemmung der Verjährung ausreichend angesehen, wenn die Unwissenheit des Gläubigers auf der bloßen Unkenntnis des Gesetzestextes[643] oder der soziokulturellen Lebens- und Wertanschauungen[644] beruht.

Seit der Reform des Verjährungsrechts kodifiziert Art. 2234 Code civil die seit langem richterrechtlich anerkannten Hemmungsgründe des Hindernisses aus Gesetz, aus Vertrag oder aufgrund höherer Gewalt.[645] Es ist davon auszugehen, dass die bisherigen Überlegungen des höchsten französischen Zivil- bzw. Sozialgerichts auf das neue Recht übertragbar sind.[646]

c. Schweiz

Im aktuell geltenden Verjährungsrecht der Schweiz beginnt die jeweilige Verjährung nach Art. 130 Abs. 1 OR mit der Fälligkeit der Forderung. Zwei wichtige Regelungen enthalten einen kenntnisabhängigen Verjährungsbeginn, der durch eine objektive Maximalfrist von zehn Jahren, die mit der Entstehung der Forderung beginnt, begrenzt wird[647]: Gemäß Art. 60 Abs. 1 OR beginnt für Schadensersatzansprüche die einjährige Verjährungsfrist mit der Kenntnis des Geschädigten vom Schaden und der Person des Ersatzpflichtigen, gemäß Art. 67 Abs. 1 OR beginnt für Bereicherungsansprüche die Frist mit der Kenntnis des Verletzten von seinem Anspruch.

Ähnlich wie in Frankreich wird auch in der Schweiz eine Einbeziehung von rechtlichen Kenntnissen des Gläubigers innerhalb des Verjährungsrechts im Rahmen der Verjährungshemmung diskutiert. Gegenstand der Diskussion bildet dabei Art. 134 Abs. 1 Nr. 6 OR. Diese Norm besagt, dass die Verjährung nicht beginnt und still steht, falls sie begonnen hat, „solange eine Forderung vor einem schweizerischen Gerichte nicht geltend gemacht werden kann."

Das Schweizer Bundesgericht legt die Norm sehr restriktiv aus und beschränkt das Gesetz auf Fälle rechtlicher Unmöglichkeit, die es als gegeben ansieht, „wenn der Gläubiger durch objektive, von seinen persönlichen

643 Cass. Soc. v. 27.11.1980, Bull. Civ. 1980 V Nr. 866 S. 641.

644 Cass. Soc. v. 26.4.1984, Bull. Civ. 1984 V Nr. 159 S. 123; Henry et al., Code Civil Edition 2010, Ancien art. 2251 Rn. 10.

645 „La prescription ne court pas ou est suspendue contre celui qui est dans l'impossibilité d'agir par suite d'un empêchement résultant de la loi, de la convention ou de la force majeure."

646 Vgl. auch Leveneur, Code Civil 2010, Art. 2234.

647 Hierzu bereits oben 2. Teil, I. 3. c. gg. (2).

Verhältnissen unabhängige Umstände daran gehindert ist, in der Schweiz zu klagen, namentlich also dann, wenn ein Gerichtsstand in der Schweiz fehlt.“[648] Die Erweiterung der Norm auf Fälle subjektiver Unkenntnis des Forderungsrechts wird neben sprachlichen Einwänden nicht zuletzt mit dem Hinweis abgelehnt, eine Anerkennung des Rechtsgrundsatzes *contra non valentem agere non currit praescriptio* sei vom Gesetzgeber nicht intendiert gewesen.[649] Anders als das französische Recht bezieht das schweizerische Recht im Rahmen der Verjährungshemmung damit nicht einmal in einzelnen Fällen Rechtskenntnisse mit ein.[650]

Neben der Unkenntnis des Forderungsrechts sollen auch die Aussichtslosigkeit eines gerichtlichen Vorgehens oder Beweisschwierigkeiten keine Rolle für einen Stillstand der Verjährung spielen.[651]

Gegen diese rein objektive und eng begrenzte Auslegung des Art. 134 Abs. 1 Nr. 6 OR hat sich in der schweizerischen Rechtswissenschaft schon früh vereinzelter Widerstand geregt. Ausgesprochen wurde sich dabei für eine Erweiterung der Vorschrift auf Fälle tatsächlicher Unmöglichkeit im Sinne von höherer Gewalt oder unverschuldeter Unkenntnis von der Existenz eines Anspruchs.[652] Eine Änderung der Auslegungspraxis der Schweizer Gerichte bewirkten diese Anregungen jedoch nicht.

d. Spanien

Im spanischen Recht normiert lediglich Art. 1968 Nr. 2 Código civil für Schadensersatzansprüche einen subjektiven Verjährungsbeginn, wonach der Zeitpunkt maßgeblich ist, an dem der Betroffene von der Verbindlichkeit wusste.[653] Dem Wortlaut des Art. 1968 Nr. 2 Código civil lässt sich jedoch nicht entnehmen, worauf sich die Kenntnis des Geschädigten beziehen muss. In Wissenschaft und Praxis ist anerkannt, dass der Geschädigte für den Verjährungsbeginn Kenntnis vom Schaden

---

648 BGE, 1. Senat, Urt. v. 13.10.1964, BGE 90 II 428, 440.

649 Ebd., BGE 90 II 428, 437 und 439 f.

650 Vgl. auch BGE, 1. Senat, Urt. v. 19.9.1961, BGE 87 II 155, 160 f.

651 Honsell/Vogt/Wiegand-*Däppen*, Art. 134 OR Rn. 10 mit Verweis auf BGE, 2. Senat, Beschl. v. 22.5.1930, BGE 56 II 183, 187 f.

652 So Fick, SJZ 1914/1915, 181, 182; Bloch, SJZ 1955, 353, 355 ff.

653 „Prescriben por el transcurso de un año: La acción para exigir la responsabilidad civil por injuria o calumnia, y por las obligaciones derivadas de la culpa o negligencia de que se trata en el artículo 1.902, desde que lo supo el agraviado.“

haben muss.[654] Darüberhinaus erkennt das spanische Recht weder die Nachlässigkeit noch Untätigkeit eines Gläubigers in Bezug auf sein Recht an.[655] Vielmehr sei ein Verzögerungsgrund im spanischen Verjährungsrecht nur wegen objektiv begründeter Umstände[656] und nicht wegen subjektiv begründeter Umstände gestattet.[657] Rechtsprobleme wie im deutschen Recht wegen fehlender Rechtskenntnisse stellen sich demnach in Bezug auf die Verjährung im spanischen Recht nicht.

e. Niederlande

Im niederländischen Recht sind zwei Regelungen mit subjektivem Verjährungsbeginn vorhanden: Art. 3:309 NBW sieht für die Leistungskondiktion einen subjektiven Beginn vor. Hiernach ist für den Lauf der Verjährung der Beginn des Tages ausschlaggebend, welcher auf den folgt, an welchem dem Gläubiger die Forderung und der Schuldner bekannt geworden sind. Den gleichen subjektiven Beginn enthält Art. 3:310 Abs. 1 NBW für Schadensersatzansprüche bzw. Vertragsstrafen.

In einem Urteil aus dem Jahre 2004 beschäftigte sich das höchste Gericht der Niederlande, der Hoge Raad, mit der Frage, ob im Rahmen des Art. 3:310 Abs. 1 NBW auch die Kenntnis von rechtlichen Umständen für den Lauf der Verjährung eine Rolle spielen sollte. Ausdrücklich sprach sich der Hoge Raad dagegen aus, auch die Kenntnis von rechtlichen Umständen in den Verjährungsbeginn einzubeziehen. Die Kenntnis von Rechtsregeln bzw. die juristische Beurteilung von Sachverhalten soll nach Ansicht des höchsten Gerichts keine Rolle für den Lauf der Verjährung spielen. Die Verjährungsfrist soll demnach in jedem Fall bereits mit der tatsächlichen Kenntnis des Gläubigers beginnen.[658]

---

654 Díez-Picazo, S. 88: „Las acciones indemnizatorias comienzan a prescribir desde el momento del conocimiento del daño (cfr. artículo 1.968).“; vgl. auch Paz-Areas Rodriguez/Díez-Picazo/Bercovitz/Salvador Coderch-*Díez-Picazo*, Art. 1. 968 Ziff. IV.

655 Díez-Picazo, S. 40: „De memento basta subrayar que esta razón no se encuentra en la omisión o en la negligencia del titular puesto que si frente a un titular negligente un obligado leal realiza aetos de reconocimiento, el derecho no prescribe.“

656 Wie z.B. die fehlende Möglichkeit der Geltendmachung von Ansprüchen während des Zweiten Weltkrieges, vgl. Díez-Picazo S. 100 f.

657 Díez-Picazo, S. 40: „Es una objetiva inadmisibilidad o una objetiva deslealtad del retraso, el elemento último de la prescripción y la característica esencial de la pretensión tardía o extemporánea.“

658 Hoge Raad, Urt. v. 26.11.2004 – C03/270HR, Hoge Raad, NJ 2006, 115 Ziff. 3.4: „Deze rechtspraak houdt echter niet in dat voor het gaan lopen van de verjarings-

f. Dänemark

Die gemischt objektiv-subjektive Regelverjährung des § 3 Gesetz Nr. 522 vom 6. Juni 2007 (*forældelsesloven)* beginnt nach § 3 Abs. 1 objektiv mit dem Zeitpunkt der Fälligkeit und nach der Suspensionsregel des § 3 Abs. 2 bei Unkenntnis des Gläubigers von dem Anspruch und/oder der Person des Schuldners mit der Kenntnis bzw. dem Kennenmüssen des Gläubigers von den anspruchsbegründenden Umständen.[659]

Obgleich der Wortlaut von § 3 Abs. 2 Gesetz Nr. 522 vom 6. Juni 2007 (*forældelsesloven)* von der Unkenntnis des Gläubigers von dem Anspruch[660] spricht, sind damit nicht die rechtlichen, sondern lediglich die tatsächlichen Voraussetzungen des Anspruchs gemeint.[661] Das gesetzgeberische Instrument der Suspensionsregel stellt aufgrund seiner Ausnahmestellung innerhalb des Gesetzes ohnehin nur bedingt eine Basis für eine extensive Auslegung der Vorschrift dar.[662]

g. Fazit

Der Blick auf die untersuchten ausländischen Rechtsordnungen bietet keine neuen Problemlösungsansätze, da die meisten Rechtsordnungen Rechtskenntnisse nicht in den Verjährungsbeginn miteinbeziehen. Lediglich die französische Rechtsprechung macht gegenwärtig wie die deutsche Rechtsprechung Ausnahmen für den Lauf der Verjährung wegen der Unkenntnis des Rechts. Ungleich ist dabei jedoch die Behandlung des Problems im französischen Recht im Rahmen der Hemmung und nicht im Rahmen des Beginns der Verjährung.

Wie die Beispiele aus der französischen Rechtsprechung gezeigt haben, obliegt es jedes Mal von neuem der richterlichen Einschätzung, ob in Bezug auf eine ungeklärte Rechtslage bzw. Rechtsunkenntnis ein guter Grund, der eine Verjährungshemmung rechtfertigt, vorliegt. Dieser stark von Einzelfallkasuisitik

termijn vereist is dat de benadeelde niet slechts daadwerkelijk bekend is met de feiten en omstandigheden die betrekking hebben op de schade en de daarvoor aansprakelijke persoon maar ook met de juridische beoordeling van die feiten en omstandigheden.“

659 Vgl. hierzu Fötschl, RIW 2011, 696, 698.

660 § 3 Abs. 2 Gesetz Nr. 522 vom 6. Juni 2007 (*forældelsesloven)*: „Var fordringshaveren ubekendt med *fordringen…*“

661 Karnovs Lovkommentar-*von Eyben*, Kommentar zum Verjährungsgesetz, Thomson Reuters (online-Ausgabe), Stand: Februar 2011, § 3 Rn. 14 ff.

662 Vgl. auch Schweizerisches Institut für Rvgl., Gutachten zum Recht der Verjährung, S. 50.

geprägte Umgang mit der Unkenntnis des Rechts ist jedoch ähnlich problembehaftet wie der Umgang der deutschen Gerichte mit dem Tatbestandsmerkmal der Kenntnis.

II. Objektiver Ansatz unter Beachtung dogmatischer Grundsätze

Wie bereits dargelegt worden ist, erfolgt die ausnahmsweise Einbeziehung von Rechtskenntnissen in dogmatisch zweifelhafter Art und Weise. Die Gerichte stellten zur Lösung der rechtlich zweifelhaften Fälle im Rahmen des Kenntnisbegriffs auf das Merkmal der Zumutbarkeit ab.[663] Der Rückgriff auf dieses weiche Kriterium ist jedoch abzulehnen, weil bereits hinsichtlich der Einordnung, wann die Rechtslage derart unsicher ist, dass ein Verjährungsaufschub angenommen werden wird, erhebliche Einordnungsschwierigkeiten bestehen, in der Folge unterschiedliche Entscheidungen von den Gerichten zu gleichgelagerten Sachverhalten getroffen werden und für den Gläubiger vor der Klageerhebung ein erhöhtes Prozessrisiko besteht. Aufgrund dieser Nachteile sollte auf die Figur des Verjährungsaufschubs bei unsicherer und zweifelhafter Rechtslage gänzlich verzichtet werden, mit der Folge, dass der Verjährungsbeginn bereits mit Kenntnis von den anspruchsbegründenden Tatsachen einsetzt.

Lediglich in denjenigen Fällen, in denen die tatsächlichen Voraussetzungen des Anspruchs im Vorhinein nicht benannt werden können, weil der Anspruch zu dieser Zeit objektiv noch nicht existiert, kann die Verjährung erst dann beginnen, wenn der Anspruch im Wege richterlicher Rechtsfortbildung anerkannt wurde. Um welche Fälle es sich dabei handelt und welchen Anforderungen die Anspruchsentstehung i.S.d. § 199 Abs. 1 Nr. 1 BGB unterliegt, wird im folgenden Abschnitt aufgezeigt.

1. Die Rechtsordnung als Teil der tatsächlichen Voraussetzungen der Anspruchsentstehung

Laut § 199 Abs. 1 Nr. 2 BGB muss der Gläubiger Kenntnis oder grob fahrlässige Unkenntnis „von den den Anspruch begründenden Umständen“ haben, damit die Verjährung beginnt. Kenntnis von den Umständen bedeutet nach unbestrittener

---

663 Siehe oben 3. Teil, I. 1. f.

Auffassung Tatsachenkenntnis.[664] § 199 Abs. 1 Nr. 2 BGB verlangt für den Verjährungsbeginn also, dass der Gläubiger diejenigen Tatsachen kennen muss, die seinen Anspruch begründen. Doch was genau kennzeichnet die anspruchsbegründenden Tatsachen? Sind darunter wahrnehmbare Geschehnisse zu begreifen, die der Rechtsordnung nachgelagert sind und den Anspruch jedes Mal von Neuem erst begründen oder ist die den Anspruch begründende Rechtsordnung nicht selbst Teil der Tatsachenwelt, was zur Folge hätte, dass nicht nur tatsächliche Umstände, sondern auch die Rechtsordnung selbst zu den anspruchsbegründenden Umständen zählen würden. Diese Sichtweise würde bedeuten, dass die anspruchsbegründenden Tatsachen durch die Gesetze, das Gewohnheitsrecht bzw. die Gerichte geprägt würden. Sind Normen und Tatsachen also isoliert voneinander zu sehen oder sind Rechtsnormen Teil der tatsächlichen Voraussetzungen der Anspruchsentstehung?

Im rechtswissenschaftlichen und soziologischen Diskurs findet sich sowohl die These von der „abstrakten Isoliertheit“[665] der Rechtsnorm als auch diejenige von der „Norm als Tatsache“[666].

Die erstgenannte Betrachtungsweise geht davon aus, dass die Wortnorm eine tatsächliche Normverwirklichung lediglich ermöglicht. Die Wortnorm sei „Grundlage und (…) Ausgangspunkt der Verwirklichung der Rechtsnorm, (…) aber noch nicht selbst die Verwirklichung der Rechtsnorm.“[667] Rechtsnormen und Tatsachen sind somit isoliert zu sehen, erst mit der Normverwirklichung verbänden sich Rechtsnorm und Wirklichkeit.[668] Dieser Sichtweise liegt auch ein bestimmtes Sein-Sollen-Verständnis von Norm- und Tatsachenwelt zugrunde: Normsätze gäben nicht den Inhalt einer Sachlage wieder, sondern schrieben vor, was gesollt sei. Normen beeinflussten und lenkten das menschliche Verhalten, ihnen komme jedoch nichts Beschreibendes zu.[669]

Die erstgenannte Betrachtungsweise verkennt das Verhältnis von Tatsachen und Rechtsnormen. Sie hätte zur Folge, dass der tatsächliche Verjährungsbeginn ohne eine Rückkopplung zu der zugrundeliegenden Rechtsordnung einsetzen würde. Die Rechtsordnung bestimmt jedoch auf der Basis soziologischer Erfahrungen, welche real existierenden Verhaltensweisen dazu führen, dass jemand etwas von einem anderen

---

664 Staudinger-*Peters/Jacoby*, 2009, § 199 Rn. 62; Palandt-*Ellenberger*, § 199 Rn. 27; Bitter/Alles, NJW 2011, 2081.

665 Kininger, S. 171.

666 Heidemann, S. 324 ff.; ebenfalls zu diesem Verständnis tendierend Grimmer, S. 54; Kelsen, S. 10.

667 Kininger, S. 172.

668 Ebd., S. 171.

669 Vgl. hierzu Weinberger, S. 226 ff.

aufgrund welchen Umstands verlangen kann. Sie erläutert damit, welche Verhaltensweisen überhaupt rechtlich relevant sind. Unter Rechtsnormen bzw. der Rechtsordnung ist dabei nicht nur das geschriebene Recht, sondern auch das Gewohnheits- und Richterrecht zu verstehen. Ein Anspruch entsteht materiell in dem Zeitpunkt, in dem ein subjektives Recht verletzt wird. Vor Gericht erfolgreich geltend gemacht kann der Anspruch erst werden, wenn das subjektive Recht objektiv anerkannt ist. Ohne Bestehen des subjektiven Rechts ist keine Grundlage für die Anspruchsentstehung vorhanden.[670] Die Funktion und Rolle des Richterrechts bei der Entstehung eines subjektiven Rechts wird zwar nicht einheitlich bewertet, da sich eine *enge Auffassung*, welche das Richterrecht lediglich als Gesetzesanwendung versteht, und eine *weite Auffassung*, welche höchstrichterliche Entscheidungen als einen rechtsschöpfenden Akt, der einen Anspruch erst begründet, bewerten, gegenüberstehen.[671] Höchstrichterliche Entscheidungen, die erstmals ein Anspruchselement begründen, welches zuvor in seiner Ausprägung noch nicht anerkannt war, sind anspruchsbegründend, wie u.a. ein Verweis auf das Bereicherungsrecht und Schadensersatzrecht zeigen wird.[672]

Die andere Sichtweise würde hingegen bedeuten, dass sich die Rechtsordnung neben die ihr zugrunde liegende soziologische Wirklichkeit stellen würde, was dazu führen könnte, dass ein Anspruch bereits verjähren könnte, obwohl er noch gar nicht entstanden ist. Würde man § 199 Abs. 1 BGB jedoch so interpretieren und die Entstehung des jeweiligen Anspruchs unabhängig von der Anerkennung und Konkretisierung durch die staatliche Gewalt ansehen, würde man gegen das von Art. 20 Abs. 3 GG geschützte Prinzip der Rechtssicherheit verstoßen. Eine Folge dieser Praxis wäre, dass Ansprüche verjähren würden, bevor sie überhaupt entstanden sind. Dies widerspricht jedoch eindeutig der gesetzgeberischen Konzeption des Verjährungsbeginns der Regelverjährung, welche einen entstandenen Anspruch voraussetzt.[673]

Als zutreffend ist deshalb die zweitgenannte Sichtweise zu bewerten. Rechtsnormen gründen sich auf empirische Erfahrungen in der tatsächlichen Welt und wollen typisierte Verhaltensweisen bzw. Zustände erfassen und regeln.[674]

---

670 Siehe die Ausführungen zum Wesen des Anspruchs und seiner Entstehung bereits oben unter 2. Teil, I. 1.

671 Mehr hierzu sogleich unter 3. Teil, II. 2.a.aa.

672 Siehe sogleich unter 3. Teil, 2.a.aa. (2) (a).

673 BGH, Urt. v. 17.6.2005 – V ZR 202/04, BGH NJW-RR 2005, 1683, 1685 = WM 2005, 1801, 1805 stuft einen Verjährungseintritt vor Anspruchsentstehung als „verfassungsrechtlich bedenklich" ein.

674 Kelsen, S. 10: „Der Zweck des Normsetzungsaktes aber ist nicht dieses Sollen, sondern ein Sein, ist das in der Wirklichkeit seiende Verhalten, das der Norm entspricht,

Als solche beschreiben sie die Modalitäten, unter denen ein in der Wirklichkeit stattfindender, folgenreicher Sachverhalt erst zu einem für das gesellschaftliche Miteinander regelungsrelevanten Bereich erwächst, aus welchem dem Einzelnen subjektive Rechte entstehen. Wenn jedoch die Rechtsnormen reale Verhaltensweisen und Wirkungen zu einer Ordnung erheben, die für die Individuen fixiert, was sie fordern können bzw. unterlassen sollen, *sind* die Rechtsnormen Teil der Tatsachenwelt; andernfalls wären sie apart von der sie selbst als Grundlage voraussetzenden soziologischen Wirklichkeit.[675] Die Rechtsordnung ist ein nachprüfbarer und real existierender Bestandteil unserer Umwelt. Treffend ist deshalb die Betrachtungsweise, welche Normen als „spezifische Unterklasse der Tatsachen beschreibt“[676], denn hiermit kommt anschaulich zum Ausdruck, dass Tatsachen nicht nur die verifizierbare Rechtsnormenverwirklichung verkörpern, sondern bereits Bestandteil der Rechtsnormen sind. Mit anderen Worten beschreiben Rechtsnormen somit nicht nur den Sollens-Zustand, sondern fixieren den Seins-Zustand. Der Rechtsordnung kommt mithin sowohl eine deskriptive als auch eine definitorische Aufgabe zu. Am Beispiel von § 823 Abs. 1 BGB erläutert bedeutet diese Betrachtungsweise, dass die Norm nicht nur den Sollens-Imperativ, einen Anderen nicht vorsätzlich oder fahrlässig in einem dort aufgeführten Rechtsgut zu verletzen, beinhaltet, sondern auch den Seins-Zustand, dass und unter welchen Voraussetzungen auf Grund solcher schädigenden Handlungen überhaupt vollwertige Ansprüche entstehen können, erfasst. Die nähere Konkretisierung der Norm erfolgt sodann durch die Rechtsprechung, die Teil der Rechtsordnung ist.

Durch die Festlegung der tatbestandlichen Merkmale werden faktische menschliche Verhaltensweisen im Recht abgebildet. Dies gilt jedoch nicht nur für Verhaltensweisen, sondern auch für einzelne Begrifflichkeiten. Zahlreiche Elemente eines Anspruchs erhalten ihren Sinngehalt erst mittels Legaldefinitionen des Gesetzgebers, durch die Jurisprudenz oder die Rechtswissenschaft. So werden beispielsweise die Begriffe des „Beamten“ oder der „Amtspflicht“ in § 839 Abs. 1 S. 1 BGB nicht rein faktisch, sondern durch eine rechtliche Wertung bestimmt.

Ein weiterer Grund spricht obendrein für diese Sichtweise. Mit der freiwilligen Anerkennung der staatlichen Souveränität erkennen die Menschen das von dem

und das heißt: das dem in der Norm als gesollt auftretenden Verhalten gleicht, (…)“; vgl. auch Grimmer, S. 57.

675 Vgl. auch Kelsen, S. 10, 44 ff.

676 Heidemann, S. 325.

Souverän geschaffene Recht als für sich verbindlich an.[677] Diese Abgabe von Souveränität des Volkes an die Staatsgewalt erfordert – um dauerhaft akzeptiert zu sein – eine Identität von Tatsachen und Recht. Es bleibt daher im Ergebnis festzuhalten: Erst wenn durch die rechtsetzende Gewalt in einem Staat anerkannt wurde, unter welchen tatsächlichen Bedingungen die eine Person von der anderen ein Tun oder Unterlassen einfordern kann – also welche Umstände einen Anspruch im Rechtssinne begründen, kann aus dieser Einordnung ein allgemein akzeptierter Anspruch resultieren.

2. Anforderungen an den Verjährungsbeginn des § 199 Abs. 1 BGB

§ 199 Abs. 1 BGB bestimmt für den Verjährungsbeginn einerseits, dass ein *Anspruch entstanden* sein und andererseits Kenntnis von den *anspruchsbegründenden* Umständen vorhanden sein muss. Wie sich im Folgenden zeigen wird, existieren bei der bisherigen Rechtsprechung zur unsicheren und zweifelhaften Rechtslage Fälle, deren Verjährungsbeginn nicht – wie die Rechtsprechung bislang durch Einbeziehung von Rechtskenntnissen verfährt – von der Ebene der Kenntnis, sondern bereits von der vorgelagerten Ebene der Anspruchsentstehung abhängt.

Welchen Anforderungen die Anspruchsentstehung i.S.d. § 199 Abs. 1 Nr. 1 BGB unterliegt, wird im Folgenden genauer untersucht. Zweifellos bilden Rechtsnormen als abstrakte Rechtssätze des objektiven Rechts das Gerüst, aus dem für den Einzelnen im konkreten Fall ein subjektives Recht, also ein Anspruch, entstehen kann.[678] Rechtsnormen sind jedoch nicht in jedem Fall die einzigen Rechtsquellen, aus denen Ansprüche grundsätzlich herrühren können.

a. Objektive Anforderungen an die Anspruchsentstehung

aa. Richterrecht

Nicht nur der Gesetzgeber, sondern auch die Gerichte tragen zur Gestaltung des Rechts bei. Die Bedeutung der Rechtsordnung für die Anspruchsentstehung wurde soeben herausgestellt. In welchem Maße das zur Rechtsordnung gehörende Richterrecht jedoch zur Anspruchsentstehung beiträgt, soll im Folgenden geklärt werden.

677 Vgl. dazu Coing, S. 231 f., 237 f.

678 Meyer-Cording, S. 23 ff., 49 ff.; Larenz/Wolf, 9.A., § 3 Rn. 6; Coing, S. 232; Merten, Jura 1981, 169, 170.

Von den Gerichten und der Rechtswissenschaft nicht einheitlich beurteilt wird die Frage, inwieweit die richterliche Anwendung und Auslegung von Normen über die bloße Anwendung der Gesetze hinaus reicht und einen eigenständigen Rechtsfortbildungscharakter hat. Der Kern des Disputs besteht darin, inwieweit bei der Anwendung und Auslegung der bestehenden Gesetze Rechtsnormen geschaffen werden, die über den konkreten Fall hinaus Bedeutung haben. Verkürzt gesagt stellt das Richterrecht für die Einen eine Rechtsquelle, für die Anderen lediglich eine Rechtserkenntnisquelle dar.[679]

Die Klärung der Funktion des Richterrechts ist nicht bloß theoretischer Natur: Ein Anspruch entsteht materiell in dem Zeitpunkt, in dem ein subjektives Recht verletzt wird. Vor Gericht erfolgreich geltend gemacht kann der Anspruch erst werden, wenn das subjektive Recht objektiv anerkannt ist. Ohne Bestehen des subjektiven Rechts ist keine Grundlage für die Anspruchsentstehung vorhanden.[680] Wird der richterlichen Auslegung und Anwendung von Gesetzen nicht nur ein normanwendender, sondern gelegentlich auch ein rechtsfortbildender Charakter beigemessen, hängt der Entstehungszeitpunkt von Ansprüchen – jedenfalls in den Fällen, in denen Ansprüche durch den obersten Gerichtshof erst geschaffen worden sind – unweigerlich von dem Zeitpunkt der richterlichen Anerkennung ab.

(1) Funktion des Richterrechts

Die möglichen Funktionen des Richterrechts lassen sich am Beispiel von § 812 Abs. 1 BGB illustrieren, welcher bei der Rechtsprechung zur unsicheren und zweifelhaften Rechtslage eine zentrale Rolle gespielt hat.[681] § 812 Abs. 1 S. 1 Alt. 1 BGB bestimmt, dass derjenige, der durch die Leistung eines anderen auf dessen Kosten etwas ohne rechtlichen Grund erlangt hat, zur Herausgabe des Erlangten verpflichtet ist. Die Ausgestaltung der tatbestandlichen Merkmale der Bereicherungsnorm kann der Gesetzgeber jedoch nicht zufriedenstellend und abschließend regeln. Mögliche gesetzgeberische Instrumente, anhand derer der Gesetzgeber eine Norm konkretisieren kann – sei es mittels Legaldefinitionen[682] oder mittels Gesetzesbegründungen – sind nicht in allen Fällen, und besonders nicht bei § 812 BGB, zielführend. Die weitergehende Präzisierung und Konkretisierung

679 Larenz/Wolf, 9.A., § 3 Rn. 39; Merten, Jura 1981, 169, 170.

680 Siehe die Ausführungen zum Wesen des Anspruchs und seiner Entstehung bereits oben unter 2. Teil, I. 1.

681 Vgl. 3. Teil, I. 1. d. a. aa. (2) und (3).

682 Legaldefinitionen aus dem BGB sind z.B. die §§ 2; 13; 14; 121 Abs. 1; 122 Abs. 2; 166 Abs. 2; 183; 184 Abs. 1; 194; 932 Abs. 2 BGB.

des Gesetzes erfolgt stattdessen regelmäßig durch die richterliche Anwendung des Gesetzes unter Berücksichtigung der Auslegungsmethoden, gewonnenen Rechtserkenntnisse und der aktuell herrschenden Lebensverhältnisse.[683] Für § 812 Abs. 1 BGB bedeutet dies, dass die Gerichte präzisieren, wann eine Vermögensverschiebung ohne Rechtsgrund erfolgt ist. Die Gerichte legen fest, in welchem Fall z.B. ein anzuerkennender Anfechtungs-, Unwirksamkeits- oder Nichtigkeitsgrund in Bezug auf den zu entscheidenden Sachverhalt vorliegt.

Diese Konkretisierung der Tatbestandsmerkmale wird von den Vertretern der *engen Auffassung* lediglich als Gesetzesanwendung verstanden. Man könnte diese Form der richterlichen Präzisierung jedoch genauso gut im Sinne der *weiten Auffassung* als Erzeugung des Rechts, als rechtsschöpfenden Akt, der einen Anspruch erst begründet, ansehen.

Die *enge Auffassung* geht davon aus, dass Richter die Gesetze lediglich auszuführen haben und dabei nur die subjektiven Rechtsverhältnisse gestalten, jedoch kein objektives Recht begründen.[684] Bereits die verfassungsrechtliche Stellung des Richters nach Art. 92 GG mitsamt den entsprechenden Zuweisungsnormen wie der Rechtsweggarantie, dem Richtervorbehalt sowie die inter partes-Wirkung der Gerichtsurteile zeige, dass Richter nur über konkrete Einzelfälle zu urteilen haben, aus denen keine allgemein bindenden Rechtssätze zu entnehmen seien.[685] Richterrecht könne allenfalls dann eine rechtsetzende Wirkung beigemessen werden, wenn es zu einer allgemein anerkannten, ständigen Rechtsprechung geworden ist.[686]

Die *weite Auffassung* bezeichnet Gesetzesnormen als „Modelle für einen richterlich zu bildenden Gebotsinhalt“[687], wonach Richter als eine Art „zweiter Gesetzgeber“[688] fungieren. Diese Sichtweise erinnert an das anglo-amerikanische Recht, in dem das Richterrecht eine herausgehobene

---

683 Larenz/Wolf, 9.A., § 3 Rn. 38, 41; Palandt-*Sprau*, Einl. Rn. 17.

684 Enneccerus/Nipperdey, S. 274 f.; Wolf/Neuner, § 4 Rn. 9 f.; K. Schmidt, JZ 2009, 10, 11 f.; Hillgruber, JZ 1996, 118, 121 ff.; BGH, Urt. v. 8.10.1969 – I ZR 7/68, BGH NJW 1970, 141, 142; BGHZ 11 Anh. S. 52 f.; BAG, Urt. v. 24.10.2001 – 5 AZR 32/00, BAG NJW 2002, 1066, 1068: „Eine rechtskräftige gerichtliche Entscheidung über das Bestehen eines Anspruchs führt dessen Entstehung nicht herbei, sondern stellt diese nur fest. Entstanden ist der Anspruch in dem Augenblick, in dem seine tatsächlichen Voraussetzungen vorliegen.“

685 Wolf/Neuner, § 4 Rn. 10; K. Schmidt, JZ 2009, 10, 12.

686 Enneccerus/Nipperdey, S. 267.

687 Esser, S. 256.

688 Meyer-Cording, S. 66.

Stellung hat.[689] Die Anhänger dieser Sichtweise beschränken dabei die richterliche Konkretisierung des Gesetzes nicht nur auf die Reproduktion des Gesetzes im konkreten Einzelfall, sondern erkennen die richterliche Rechtsschöpfung als eine eigene normschaffende Rechtskraft an, die allgemeine Wirkung haben kann.[690] Die Beweggründe für diese Ansicht sind vielfältig. Zum einen zeige sich an Rechtsmaterien wie dem Bereicherungsrecht, dass es Gesetze gebe, die ohne die Konkretisierung durch die Jurisprudenz ohne näheren Regelungsgehalt blieben.[691] Zum anderen habe es immer schon vorkonstitutionelles Juristen- bzw. Gewohnheitsrecht gegeben, auf dessen Basis die modernen Kodifikationen erst entstanden sind.[692] Gegenwärtig stehe der Gesetzgeber zwar regelmäßig souverän am Anfang der Schaffung einer gesetzlichen Regelung, der Richter aber setze mit seinen Urteilen den Rechtserzeugungsvorgang fort und schaffe Regeln, die auf typische Fälle gleichermaßen anwendbar sind und die das lebendige „corpus iuris" schaffen.[693]

Nach Ansicht dieser Auffassung müsse die richterliche Auslegungspraxis dabei nicht in eine ständige, gleichförmige Rechtsanwendung oder in Gewohnheitsrecht münden, um als Erzeugung einer richterlichen Norm anerkannt zu werden. Würde man diese hohe Hürde an jegliche richterliche Auslegungspraxis stellen, wären die Abweichung von einer bestimmten Auslegungspraxis sowie die Weiterentwicklung des Rechts nicht möglich.[694] Die Gerichte aber sind aufgrund der natürlichen Lückenhaftigkeit von Gesetzen dazu angehalten, in Anlehnung an das Gesetzesrecht das Recht auszuformen und eigene Rechtssätze zu bilden.[695] Als schöpfende Rechtskraft müssen die Gerichte dann jedoch auch frei darin sein, ihre eigenen Grundsätze zu verändern und anzupassen.[696]

Die Annahme, allenfalls eine ständige Rechtsprechung könne „allgemeine Anerkennung"[697] finden, wird von der *weiten Auffassung* nicht geteilt. Selbst *eine*

---

689 Esser, S. 282 ff.; Meyer-Cording, S. 70; Coing, S. 233.

690 Vgl. Coing, S. 234 f.; Adomeit, S. 31, 42 f.; Meder, S. 164 ff.; Unterrieder, S. 11 ff.; Esser, S. 253 ff.; Esser, FS von Hippel, S. 95, 118 ff., 124 ff.; Meyer-Cording, S. 66 ff. m.w.N.

691 Vgl. Esser, S. 167 ff., 269 ff. m.w.N.

692 Meder, S. 123, der die römische Auffassung vom Gesetz als Aufzeichnung überlieferten Rechts skizziert; vgl. auch Esser, FS von Hippel, S. 95, 118.

693 Meyer-Cording, S. 66, 69 f.

694 Adomeit, S. 54.

695 Coing, S. 234; Esser, S. 252.

696 Esser, FS von Hippel, S. 95, 119 f.

697 Enneccerus/Nipperdey, S. 267.

höchstrichterliche Entscheidung, bei der eine grundlegende Rechtsauffassung gebildet wird, genügt nach dieser Ansicht, um als quasi bindendes Recht anerkannt zu werden. Denn ist die Rechtsauffassung gut begründet, werde sie zum einen von den unteren Gerichten umgehend befolgt[698] und zum anderen bilde die Quantität einer Entscheidung kein verlässliches Indiz für die Richtigkeit einer Rechtsüberzeugung.[699] Auch erstmaliges, „werdendes" Recht und nicht erst „gewordenes" Recht ist Recht, vor allem wenn es von anderen Gerichten befolgt wird und zu einer „communis opinio" erstarkt.[700]

(2) Richterrecht im Kontext der Rechtsprechung zur unsicheren und zweifelhaften Rechtslage

Welche Funktion dem Richterrecht beigemessen wird, ist eine Frage mit grundlegender Bedeutung für die Mechanismen der Anspruchsentstehung. Erkennt man zutreffender Weise an, dass Richter die gesetzlichen Ansprüche nicht nur anwenden, sondern durch ihre eigene Interpretation ausformen und weiterentwickeln können, werden zumindest in Fällen, in denen die tatsächlichen Anspruchsvoraussetzungen objektiv noch nicht bestehen, aber diese später von einem höchsten Gericht anerkannt werden, Ansprüche erst im Wege richterlicher Rechtsfortbildung geschaffen.

Legitimation durch die obersten Gerichte

Das notwendige Maß an Rechtsklarheit ist in diesen vereinzelten Fällen zu erreichen, wenn die obersten Gerichtshöfe des Bundes oder – bei entsprechender Zuständigkeit – des Landes die Elemente des Anspruchs eindeutig und rechtskräftig bestimmt haben.[701] Ohne dass es für die Lösung der den rechtlich zweifelhaften Fällen zugrunde liegenden Sachverhalte zumindest *eine* höchstrichterlich ausgearbeitete Entscheidung gibt, welche die fraglichen Anspruchsmerkmale verbindlich konkretisiert, kann man in Fällen, in denen noch gar keine gesicherte rechtliche Anspruchsgrundlage besteht, richtigerweise nicht von der Entstehung eines Anspruchs ausgehen, weil überhaupt keine ausreichende Basis vorhanden ist, die zur Anspruchsentstehung hätte führen können.[702]

698 Meyer-Cording, S. 69.
699 Esser, FS von Hippel, S. 95, 115 f.
700 Meder, S. 164 ff.
701 Vgl. die Aufzählung in Art. 92 GG und Art. 95 Abs. 1 GG.
702 Vgl. auch Meyer-Cording, S. 69; Esser, S. 249; Schwintowski, VuR 2007, 130 ff.; Coing, S. 235.

Die notwendige richterliche Legitimation erfahren die in Rede stehenden Ansprüche, wenn die jeweils zuständigen obersten Bundes- und Landesgerichte die fraglichen Ansprüche anerkannt haben. Während Entscheidungen des Bundesverfassungsgerichts eine gesetzlich angeordnete Bindungswirkung haben[703], kommt den Urteilen der oberen Gerichtshöfe keine derartige Bindungswirkung zu. Dennoch werden auch diese Urteile aufgrund ihrer hervorgehobenen Stellung im Gerichtssystem und ihrer Kompetenz regelmäßig von den unteren Gerichten geachtet.[704] In der jeweiligen Gerichtsbarkeit bilden diese Gerichte die höchste Instanz.[705] Sie genießen deshalb nicht nur höchstes Ansehen bei nachgeordneten Gerichten, sondern stellen regelmäßig das Ende des zulässigen Rechtswegs dar. Zwar besteht keine rechtliche Pflicht der unteren Gerichte zur Befolgung der vom obersten Gerichtshof ermittelten Grundsätze, die unteren Gerichte sehen die höchstrichterliche Anerkennung eines Anspruchs jedoch regelmäßig als Leitmaxime an.[706] Auch im Rechtsverkehr wird die Rechtsprechung der höchsten Gerichte unter anderem bei der Formulierung von Verträgen oder Allgemeinen Geschäftsbedingungen faktisch wie eine Rechtsnorm geachtet.[707] Diese Übernahme von Maximen ist sowohl aus rechtlicher als auch soziologischer Sicht geboten, denn sie führt zum einen zu einer gleichartigen Behandlung von Sachverhalten sowie der dahinter stehenden Personen und zum anderen zu mehr Rechtssicherheit. Sie dienen somit der „Kontinuität und Stabilität“[708] des Rechts. Da die Rechtsordnung und ihre Elemente zu den tatsächlichen Voraussetzungen der Anspruchsentstehung zählen[709], obliegt es auch dem Richterrecht als rechtsschöpfender Kraft, die einzelnen Voraussetzungen für den jeweiligen Anspruch zu benennen.

In den Fällen, in denen sich nicht zweifelsfrei bestimmen lässt, ob die Anspruchsvoraussetzungen im Sinne der gesetzlichen Vorgaben erfüllt sind, hängt die Anspruchsentstehung also von dem Zeitpunkt ab, zu dem die Anspruchsvoraussetzungen mindestens höchstrichterlich anerkannt wurden. Wurde noch nicht rechtskräftig über das Bestehen des Anspruchs entschieden, beginnt die Verjährung in diesem Fall auch nicht zu laufen.

---

703 Vgl. § 31 Bundesverfassungsgerichtsgesetz.

704 Meyer-Cording, S. 69; Larenz/Wolf, 7. A., S. 10.

705 Vgl. z.B. für die ordentliche Gerichtsbarkeit der Bundesgerichtshof, § 133 Gerichtsverfassungsgesetz.

706 Esser, FS von Hippel, S. 95, 115.

707 Larenz/Wolf, 7. A., S. 10.

708 Ebd.

709 Siehe oben 3. Teil, II. 1.

Kein Erfordernis einer ständigen Rechtsprechung

Die *enge Auffassung* geht davon aus, dass allenfalls eine ständige Rechtsprechung allgemeine Anerkennung finden könne.[710] Die Häufigkeit höchstrichterlicher Entscheidungen kann jedoch kein Alleinstellungsmerkmal für die Richtigkeit eines Rechtsgrundsatzes oder die rechtsetzende Qualität von Entscheidungen sein.[711] Auch eine erstmalige höchstrichterliche Entscheidung kann ein Rechtsproblem gewissenhaft lösen und nicht zuletzt mit der notwendigen fachlichen Kompetenz begründen sowie aufgrund der „Autorität des Revisionsgerichtes und weil es sich zum Sprachrohr des allgemeinen Rechtsdenkens gemacht hat"[712] allgemein anerkannt werden. Zudem unterliegt eine ständige Rechtsprechung ebenso dem Primat der Wandelbarkeit des Rechts wie die Grundsätze einer einzigen Entscheidung; weder die eine noch die andere Art der Rechtsprechungsausprägung ist ein Garant für die Dauerhaftigkeit einer Rechtsanschauung. Selbiges gilt für einfache Gesetze; auch sie unterliegen von Zeit zu Zeit Änderungen und einem Wandel der Rechtsanschauungen.

Insofern hat der Bundesgerichtshof mit Urteil vom 16. September 2004 im Rahmen eines Amtshaftungsprozesses im Grundsatz richtig entschieden, dass ein Verjährungsaufschub, der bei einer unsicheren und zweifelhaften Rechtslage in Einzelfällen gewährt wird, „erst Recht" bei Rechtsprechungsänderungen in der höchstrichterlichen Judikatur gewährt werden muss.[713] Bislang bedeutet eine Änderung der Rechtsprechung für die Fälle der Rechtsprechung zu einer zweifelhaften Rechtslage, dass ab dem Zeitpunkt, zu dem das Bundesgericht seine Rechtsprechung ändert, die Klageerhebung für den Gläubiger zumutbar wird und die Verjährung mit diesem Zeitpunkt der Rechtsprechungsänderung beginnt. Richtigerweise hätte der Bundesgerichtshof jedoch nicht von einem

710 Enneccerus/Nipperdey, S. 267.

711 So auch Coing, S. 236; Meyer-Cording, S. 69; Esser, S. 280; Esser, FS von Hippel, S. 95, 115 f.; Meder, S. 164 ff.

712 Meyer-Cording, S. 69.

713 BGH, Urt. v. 16.9.2004 – III ZR 346/03, BGHZ 160, 216, 232 = BGH NJW 2005, 429, 433; Zustimmend OLG Celle, Urt. v. 1.12.2011 – 8 U 50/11: „Ob eine Frage letztlich geklärt ist, ist zuverlässig ohnehin kaum zu beantworten, zumal eine Änderung der Rechtsprechung wieder eine Unsicherheit bedeuten kann mit der Folge, dass Verjährung vorher doch nicht eingetreten wäre (vgl. BGHZ 160, 216, 232)."; ablehnend OLG Saarbrücken, Urt. v. 24.4.2007 – 4 U 410/06-133, OLGR Saarbrücken 2007, 718, 721; OLG Frankfurt, Beschl. v. 22.5.2007 – 9 U 125/06, OLGR Frankfurt 2008, 59, 60; grundlegend kritisch zur Sichtweise des BGH Bitter/Alles, NJW 2011, 2081, 2084.

Verjährungsaufschub wegen mangelnder Rechtskenntnis ausgehen sollen, sondern – sofern die tatsächlichen Voraussetzungen des Anspruchs erstmals durch den Bundesgerichtshof benannt worden sind – von einem Beginn der Verjährung ab dem Zeitpunkt der Neuausrichtung des Rechts ausgehen müssen. Umgekehrt bedeutet dies, dass frühere, gleichgelagerte Fälle allenfalls dann als verjährt angesehen werden können, wenn zu diesem Zeitpunkt eine höchstrichterliche Bestimmung des Anspruchs vorgelegen hat, die unter damaligen Gesichtspunkten für Recht anerkannt wurde.

Für alle drei Erscheinungsformen höchstrichterlicher Rechtsprechung, d.h. für Einzelentscheidungen, ständige Rechtsprechung und Rechtsprechungsänderungen, gilt gleichermaßen das Rechtsprinzip, dass ein Sachverhalt stets nach der geltenden Gesetzes- bzw. Rechtslage zu beurteilen ist. Unschädlich ist es deshalb, wenn sich später die höchstrichterliche Ansicht wandelt; dann ist dieses neu interpretierte Anspruchselement erst ab diesem Zeitpunkt vorhanden gewesen, weshalb sodann erst der Anspruch i.S.d. § 199 Abs. 1 BGB entsteht und die Verjährung beginnt.

Um einen Anspruch vor Gericht erfolgreich einklagen zu können, muss ein Anspruch entstanden, nicht erloschen und durchsetzbar sein. Grundvoraussetzung für die Entstehung eines Anspruchs ist eine Rechtslage, die den verfassungsrechtlichen Vorgaben an die Bestimmtheit und Sicherheit des Rechts genügt. Ist eine solche Rechtslage überhaupt noch nicht vorhanden, ist auch dem Zeitpunkt des Verjährungsbeginns, der an die Anspruchsentstehung gekoppelt ist, die Grundlage entzogen. Es ist daher erforderlich, dass die Entstehung eines Anspruchs in diesen rechtlich nicht eindeutigen Fällen erst eintritt, wenn die Anspruchselemente durch ein oberstes Gericht herausgearbeitet wurden.

Gewaltenteilungsprinzip kein Hindernis

Das von der *engen Auffassung* vielfach angeführte Argument, Richterrecht als rechtsetzende Kraft sei mit dem Gewaltenteilungsprinzip nicht vereinbar[714], ist zu eng gefasst. Zweifelsohne liegt das Gesetzgebungsmonopol nach dem Grundgesetz beim Parlament. Es stellt jedoch keine Abweichung vom geltenden Recht dar, wenn der richterlichen und gesetzesimmanenten Konkretisierung eines Gesetzes eine rechtsschöpfende Kraft zugesprochen wird. Denn die Gerichte urteilen schließlich auf der Basis des jeweiligen Gesetzes[715], weshalb eine unmittelbare

---

714 Vgl. K. Schmidt, JZ 2009, 10, 12; Wolf/Neuner, § 4 Rn. 9.

715 Bei der Rechtsprechung zur unsicheren und zweifelhaften Rechtslage sind mithin vor allem § 812 BGB und §§ 823 bzw. 839 BGB betroffen, vgl. 3. Teil, I. 1. d.

Rückkopplung zum Gesetzgeber besteht und das judikative Handeln zumindest mittelbar demokratisch legitimiert ist.

Die begrenzte Sichtweise, nur der Gesetzgeber könne objektives Recht setzen, relativiert sich, wenn man anerkennt, dass auch bestehende Gesetze genauso wie das Richterrecht Veränderungen unterworfen sind. Das bestehende Gesetzesrecht ist nicht starr und „fertig", es unterliegt Einflüssen aus Wissenschaft und Rechtsprechung.[716] Schließlich übernimmt der Gesetzgeber auch Entscheidungen aus der Rechtsprechung und implementiert sie in das Gesetzesrecht.[717] Umgekehrt kreieren Richter eigene Rechtsinstitute außerhalb des Gesetzes wie beispielsweise Ersatzansprüche wegen immaterieller Schäden[718], die mehr noch als das normimmanente Richterrecht von einem eigenständigen Charakter des Richterrechts zeugen. Die Rechtsprechung zur unsicheren und zweifelhaften Rechtslage ist aufgrund des Fehlens von richterlichen Grundsätzen in besonderem Maße durch ihren Einzelfallcharakter gekennzeichnet. Zwar distanziert sich die deutsche Rechtsanschauung auch heute noch von dem Gedanken, dass es in Kontinentaleuropa ein dem angloamerikanischen Rechtskreis entsprechendes Case Law gibt.[719] Andererseits ist auch in Deutschland trotz der nicht vorhandenen Bindungswirkung von Urteilen Fallrecht mit Auswirkungen für die nachgeordnete Rechtsprechung und die Rechtsunterworfenen längst existent.

Diese vielschichtigen Wechselwirkungen zwischen Gesetzes- und Richterrecht bringen den gemeinschaftlichen rechtsetzenden Charakter beider Rechtsquellen zum Ausdruck, die in der Symbiose von geschriebenem und ungeschriebem Recht ein „law in action"[720] schaffen.

---

716 Vgl. Meder, S. 167; Esser, FS von Hippel, S. 95, 115.

717 Vgl. BT-Drs. 3/1237, S. 29 zum Regierungsentwurf eines Gesetzes zur Neuordnung des zivilrechtlichen Persönlichkeits- und Ehrschutzes; in dieser Gesetzesbegründung ging der Gesetzgeber auf die Anerkennung eines Schadensersatzanspruchs wegen der Verletzung des immateriellen Rechtsguts der Ehre ein, die zuvor erstmalig durch den BGH im sogenannten „Herrenreiter-Fall" (BGH, Urt. v. 14.2.1958 – I ZR 151/56, BGHZ 26, 349 ff. = BGH NJW 1958, 827 ff.) contra legem erfolgte: „…Durch dieses Urteil sind die bisher in § 847 BGB gezogenen Schranken (…) durchbrochen worden…; Die Aufgabe des Gesetzgebers kann nurmehr darin bestehen, die neue Rechtslage zutreffend wiederzugeben…"

718 Meder, S. 167; Meyer-Cording, S. 66.

719 Vgl. Coing, S. 233 f. mit Nachweisen.

720 Meyer-Cording, S. 66, 69; vgl. auch Esser, S. 283 ff., 287; Esser, FS von Hippel, S. 95, 113 ff.

Das Negieren der richterlichen Rechtsschöpfung würde bedeuten, dass man das Gesetz für lückenlos hält.[721] Die umfangreiche juristischen Auslegungsmethoden, von denen hier exemplarisch nur die Analogiebildung[722] genannt sei, sowie zahlreiche Beispiele aus der richterlichen Rechtsfortbildung, bei denen die Gerichte Gesetze weiterentwickelt haben[723], haben in besonders deutlicher Form die Unrichtigkeit dieser Annahme belegt. Gesetze können weder alle Anwendungsfälle abbilden noch können Tatbestandsmerkmale stets so allumfassend gefasst sein, dass kein zusätzlicher rechtlicher Konkretisierungsbedarf bestünde. Da diese Normen mit einem nicht annähernd minutiös feststehenden Regelungsgehalt in der Rechtswirklichkeit tatsächlich bestehen, muss in der Konsequenz auch anerkannt werden, dass die Gerichte eigenständiges Recht erzeugen.

Die strenge Bindung des Richters an das Gesetz ist nur in einem Fall geboten[724]: Der verfassungsrechtliche Grundsatz „nulla poena sine lege" aus Art. 103 Abs. 2 GG bindet die Richter auf dem Gebiet des Strafrechts aus guten Gründen eng an das Gesetz. Für die zivil- und öffentlichrechtliche Rechtspflege ist eine solch strenge Bindung an das Gesetz jedoch weder vorgesehen noch zweckmäßig.

Demnach bleibt für die Anspruchsentstehung im Zivilrecht bzw. im Öffentlichen Recht festzuhalten, dass Richter Gesetze nicht nur anwenden, sondern vereinzelt im Wege richterlicher Rechtsfortbildung auch Ansprüche legitimieren. Gerade in denjenigen Fällen, in denen die gesetzlichen Anspruchsvoraussetzungen vor der Klageerhebung noch nicht benannt werden konnten, bildet die höchstrichterliche Bestimmung der Anspruchsvoraussetzungen die erforderliche Grundlage für die Anspruchsentstehung.

bb. Gewohnheitsrecht

Auch gewohnheitsrechtlich können Ansprüche entstehen. Als Gewohnheitsrecht wird formal dasjenige Recht bezeichnet, welches von einer Gemeinschaft als für sich verbindlich anerkannt (opinio necessitatis) und in Form einer ständigen

---

721 Vgl. auch Coing, S. 234; Schwintowski, VuR 2007, 130, 132 ff.

722 Palandt-Sprau, Einl. Rn. 48; BGH, Urt. v. 13.3.2003 – I ZR 290/00, BGH NJW 2003, 1932, 1933; BGH, Urt. v. 14.12.2006 – IX ZR 92/05, BGH NJW 2007, 992, 993.

723 Beispiele für eine richterliche Rechtsfortbildung auf Basis des Gesetzes im Zivilrecht sind die Weiterentwicklung des Eigentumsvorbehalts i.S.v. §§ 929 S. 1, 158 Abs. 1 BGB, die zur Anerkennung des verlängerten oder erweiterten Eigentumsvorbehalts führten, vgl. auch Meder, S. 167, oder die Anerkennung des allgemeinen Persönlichkeitsrechts oder des Rechts am eingerichteten und ausgeübten Gewerbebetriebs i.R.d. § 823 Abs. 1 BGB, vgl. Esser, FS von Hippel, S. 95, 116.

724 So auch Coing, S. 234.

Übung (consuetudo) befolgt wird.[725] Der Begriff des Gewohnheitsrechts wird nicht immer trennscharf bestimmt, vor allem das Verhältnis zum Richterrecht wirft viele Fragen auf. Zunächst soll daher kurz die Entwicklungsgeschichte des Gewohnheitsrechts skizziert werden.

Ursprünglich bildeten sich bereits in den primitiven Urgesellschaften vor vielen tausend Jahren Verhaltensweisen und Gebräuche heraus, welche die Menschen aus sittlichen, religiösen oder auch nur praktischen Erwägungen als für sich verbindlich annahmen.[726] In diesen Urgesellschaften herrschte ein natürliches Recht, welches nicht der Anerkennung durch einen Souverän bedurfte, der bestimmte Ge- oder Verbote als für die Gemeinschaft verbindlich erklärte. Was die Menschen in ständiger Praxis alltäglich taten und auslebten, sei es die Nutzung bestimmter Wege, die Tausch- oder Handelsmodalitäten von Gütern, Regelungen, welche den Vollzug von Ehe und Familie betrafen etc., wurde bei ständigem Gebrauch zum anerkannten Recht für diese Gruppierung und ließ auf diese Weise anerkannte Ansprüche entstehen.[727] Auch heute noch behält diese Art von Gewohnheitsrecht in weniger industrialisierten und zivilisierten Gesellschaften ihre Gültigkeit.[728]

Das Gewohnheitsrecht war ebenso anerkannter Bestandteil des römischen Rechts. Unter den römischen Rechtsgelehrten wurde die Funktion des Gewohnheitsrechts jedoch unterschiedlich beurteilt. Während eine ältere Auffassung Gesetze lediglich als Aufzeichnung des mündlich überlieferten Gewohnheitsrechts begriff, erkannte eine jüngere Auffassung nur die von einer herrschaftlichen Stelle gebilligte Gewohnheit als Recht an.[729] Im germanischen Rechtskreis wurde das Gewohnheitsrecht im Sinne der erstgenannten Ansicht verstanden; auch hier bestand das in ständiger Übung praktizierte Gewohnheitsrecht bereits lange vor den Äußerungen der Königsgewalt und wurde erst durch die zunehmende Verbreitung des kodifizierten Rechts zurückgedrängt. In Deutschland verlor das klassische Gewohnheitsrecht ab dem 18. Jahrhundert durch das Allgemeine Preußische Landrecht, das Allgemeine Deutsche Handelsgesetzbuch, das Bürgerliche Gesetzbuch sowie durch die zunehmende Gerichtskultur an Bedeutung.[730]

725 Larenz/Wolf, 9.A., § 3 Rn. 31; Enneccerus/Nipperdey, S. 266 f.

726 Meyer-Cording, S. 71; Coing, S. 37 ff.

727 Coing, S. 230.

728 Meyer-Cording, S. 72.

729 Meder, S. 123 ff.

730 Larenz/Wolf, 7.A., S. 8 f.; Meyer-Cording, S. 72; Enneccerus/Nipperdey, S. 270 i.V.m. Fn. 5.

In unserer gegenwärtigen Rechtskultur begegnet uns das klassische Gesetzes- und Richterrecht weitaus häufiger als gewohnheitsrechtliche Rechtssätze. Bekannte Beispiele für gewohnheitsrechtliche Rechtssätze mit gegenwärtiger Geltung sind etwa die Anscheinsvollmacht, das kaufmännische Bestätigungsschreiben, der Vertrag mit Schutzwirkung zugunsten Dritter, die Drittschadensliquidation oder der Aufopferungsanspruch, welcher aus dem Rechtsgedanken des Allgemeinen Preußischen Landrechts gewohnheitsrechtlich fortentwickelt wurde.[731]

Als Gewohnheitsrecht werden gemeinhin zwei Erscheinungsformen bezeichnet. Unbestritten wird darunter das in der Gesellschaft bereits existierende Gewohnheitsrecht verstanden, welches als gebräuchliche Verhaltensweise bereits aufgetreten ist, dem Gemeinschaftswillen entsprach und erst postum von den Gerichten in ständiger Rechtsprechung als Gewohnheitsrecht gebilligt wurde.[732] Gleichzeitig wird als Gewohnheitsrecht jedoch auch dasjenige Recht bezeichnet, welches von der Rechtsprechung in gefestigter Rechtsprechung erst geschaffen wird.[733]

Auch bei dieser Art von „Justizgewohnheitsrecht" müsste richtigerweise nach der gemeinrechtlichen Doktrin sowohl eine ständige Übung (consuetudo) als auch eine allgemeine Rechtsüberzeugung (opinio necessitatis) vorhanden sein. In der Literatur gab es vereinzelte Versuche, die allgemeine Rechtsüberzeugung durch die Auffassung des Richters, der durch die Ableitung der Regel aus der Rechtsordnung über die opinio necessitatis entscheide, zu ersetzen.[734] Andere wiederum befanden, dass eine ständige Rechtsprechung nur Anstoß zur Bildung von Gewohnheitsrecht geben könne, wenn sie nachträglich auch vom Verkehr übernommen wird und zu einer „konsentierten Rechtsanforderung" wird.[735] Hinsichtlich des fraglichen Merkmals der ständigen Übung wurde vereinzelt versucht zu begründen, dass auf das Zeitmoment der ständigen Übung verzichtet werden könne und eine erste Gerichtsentscheidung zumindest als Werden des Gewohnheitsrechts begriffen werden könnte, dem dann nur noch die opinio necessitatis nachzufolgen habe.[736]

---

731 Larenz/Wolf, 9.A., § 3 Rn. 33; Esser, FS von Hippel, S. 95, 96; Esser, S. 246.

732 Vgl. z.B. für den Aufopferungsanspruch BGH, Urt. v. 30.1.1958 – III ZR 174/56, BGH NJW 1958, 709.

733 Dazu z.B. Meder, S. 163 ff.; Wolf/Neuner, § 4 Rn. 6 ff.

734 So Meyer-Cording, S. 73.

735 Wolf/Neuner, § 4 Rn. 6, 8; Coing, S. 239 f.; Staudinger-*Wiegand*, 2011, Anh zu §§ 929-931 Rn. 55; Larenz/Wolf, 7.A., S. 11.

736 Larenz, FS Schima, S. 247, 261 ff.

Bei all diesen Erklärungsansätzen wird deutlich, dass es sich bei dem „Justizgewohnheitsrecht", welches sich nicht auf einen bereits zuvor manifestierten Rechtsgeltungswillen der Gemeinschaft stützt, in Wahrheit nicht um echtes Gewohnheitsrecht handelt. Denn verzichtete man auf den bereits durch eine ständige Übung kundgetanen Rechtsgeltungswillen der Gemeinschaft, indem man diesen durch erstmaliges oder ständiges Richterrecht ersetzt, wäre die Grenze zum herkömmlichen Richterrecht kaum mehr zu ziehen.[737] Jegliche gerichtliche Entscheidungen – ganz gleich ob sie erstmalig gefasst werden oder mehrmals wiederholt werden – werden in der Regel von anderen Gerichten und den Rechtsunterworfenen anerkannt und befolgt.[738] Die nachträgliche Billigung einer ständigen Rechtsprechung durch die Verkehrskreise ist dann nichts anderes als die Befolgung richterlicher Präjudizien, jedoch kein echtes Gewohnheitsrecht. Allenfalls als Anstoß zur Bildung von Gewohnheitsrecht kann eine derartige Rechtsprechung dienen, wenn sie vom Verkehr übernommen und zu einer allgemeinen Rechtsüberzeugung wird.[739] Zudem gilt, dass echte gewohnheitsrechtliche Rechtssätze durch ein entsprechendes, verändertes soziologisches Verhalten abgeändert werden können.[740] Da aber gewohnheitsrechtliche Rechtssätze wie Gesetzesrechtssätze gelten[741], hätten die Gerichte nicht die Rechtsmacht ihre ständige Rechtsprechung ohne weiteres zu ändern, selbst wenn sie ihre bisherige Rechtsauffassung aufgeben wollten. Das tatsächliche Gewohnheitsrecht und das „Justizgewohnheitsrecht" müssen demnach unterschieden werden.

Dementsprechend hat auch der Bundesgerichtshof zutreffend konstatiert, „daß für die *Entstehung* von Gewohnheitsrecht eine schon vorhandene Anerkennung des betreffenden Rechtssatzes durch eine ständige Rechtsprechung oder eine andauernde Übung der Behörden nicht unbedingt notwendig ist. Entscheidend ist (…) das Vorhandensein eines sich auf den betreffenden Rechtssatz beziehenden „manifestierten Rechtsgeltungswillens der Gemeinschaft"."[742] Die Ursprünge des Gewohnheitsrechts fußen auf der Anerkennung einer Gewohnheit durch eine bestimmte Gruppierung von Menschen. Auch heutzutage sollte eine allgemeine Rechtsüberzeugung dem Richterspruch vorausgehen. Denn wird die Regel in soziologischer Hinsicht nicht bereits zuvor begründet, ist der „gewohnheitsrechtlichen" juristischen Anerkennung

---

737 Kritisch zu den Unterschieden zwischen Juristen- und Gewohnheitsrecht auch Meder, S. 163 ff.

738 Zur Anerkennungstheorie des Rechts sehr anschaulich Coing, S. 237 ff.

739 So schon Wolf/Neuner, § 4 Rn. 6, 8; Coing, S. 239 f.; Staudinger-*Wiegand*, 2011, Anh zu §§ 929-931 Rn. 55; Larenz/Wolf, 7.A., S. 11.

740 Vgl. Coing, S. 239.

741 So BGH, Urt. v. 30.1.1958 – III ZR 174/56, BGH NJW 1958, 709.

742 BGH, Urt. v. 30.1.1958 – III ZR 174/56, BGH NJW 1958, 709.

eines Rechtsinstituts in ständiger Rechtsprechung bereits die Grundlage entzogen.[743] Wie der Bundesgerichtshof in diesem Zusammenhang weiter treffend ausführt, führt „die ständige Rechtsprechung oder fortdauernde Übung der Behörden (…) lediglich zu einer „Festigung" des Gewohnheitsrechts; als eine Voraussetzung für seine Entstehung überhaupt kann sie schon deshalb nicht angesehen werden, weil es dann die Möglichkeit des Entstehens ursprünglichen Gewohnheitsrechts vor einer entsprechenden Gerichts- oder Behördenpraxis überhaupt nicht geben würde, (…).[744]

So ist es auch im Fall der Sicherungsübereignung gewesen, wo die gewohnheitsrechtliche Praxis im Rechtsverkehr auch der richterlichen Anerkennung voraus ging. Während eine der Sicherungsübereignung entsprechende Praxis bereits auf das römische Recht zurückgeht und sich im germanischen Rechtskreis als anerkanntes Sicherungsmittel fortsetzte[745], hatte das Reichsgericht erst 1899 über die Zulässigkeit der Sicherungsübereignung zu befinden.[746]

Für die gewohnheitsrechtliche Anspruchsentstehung im Rahmen der Rechtsprechung zur unsicheren und zweifelhaften Rechtslage ist aus diesen Grundsätzen folgende Schlussfolgerung denkbar: Sofern sich einerseits eine ständige, gebräuchliche Verhaltensweise im Rechtsverkehr herauskristallisiert, welche sich innerhalb der vergleichbaren Fallkonstellationen etabliert und welche andererseits der allgemeinen Überzeugung im Rechtsverkehr entspricht, entsteht mit dem Vorhandensein beider Elemente ein gewohnheitsrechtlicher Anspruch. Die Geltendmachung dieses Anspruchs kann allenfalls vor Gericht zu der „Festigung"[747] des Gewohnheitsrechts beitragen. In umgekehrter Weise kann eine inhaltlich kontinuierliche Rechtsprechungspraxis lediglich den Anstoß zur Bildung von Gewohnheitsrecht geben.

b. Kenntnisnahmemöglichkeit als subjektive Verjährungsbedingung

Der Bundesgerichtshof hat sich in einem Urteil vom 23. September 2008[748] zu den Voraussetzungen des Verjährungsbeginns bei unsicherer und zweifelhafter Rechtslage grundlegend geäußert. Der Gerichtshof vertrat die Ansicht, die Verjährung i.S.d. § 199 Abs. 1 BGB beginne mit der objektiven Klärung der

743 So auch Coing, S. 239 f.

744 BGH, Urt. v. 30.1.1958 – III ZR 174/56, BGH NJW 1958, 709.

745 MüKo-*Oechsler*, Anh. §§ 929-936 Rn. 3; Staudinger-*Wiegand*, 2011, Anh zu §§ 929-931 Rn. 55.

746 RG, Urt. v. 23.12.1899 – V 233/99, RGZ 45, 80, 85.

747 BGH, Urt. v. 30.1.1958 – III ZR 174/56, BGH NJW 1958, 709.

748 BGH, Urt. v. 23.9.2008 – XI ZR 262/07, BGH WM 2008, 2155 ff. = NJW-RR 2009, 547 ff.

Rechtslage. Mit den Urteilen des Gerichtshofs in den Jahren 2000 bzw. 2001 sei für den Anspruch aus § 812 Abs. 1 S. 1 Alt. 1 BGB in objektiver Hinsicht geklärt worden, dass Geschäftsbesorgungsverträge und Treuhändervollmachten, denen keine Erlaubnis nach dem Rechtsberatungsgesetz zugrunde liegen, auch im Zusammenhang mit kreditfinanzierten Immobilienfondsbeteiligungen unwirksam seien. Auf die Kenntnis bzw. grob fahrlässige Unkenntnis des Klägers von der Klärung der Rechtslage komme es jedoch nicht an. Den dahingehenden Verzicht auf das subjektive Merkmal der Kenntnis begründet der Bundesgerichtshof damit, dass der Gläubiger schon von Anfang an die anspruchsbegründenden tatsächlichen Umstände gekannt habe, die Rechtslage zu diesem Zeitpunkt aber noch unklar gewesen sei und er mit der Klärung selbiger nicht länger von der mangelnden Rechtsunkenntnis profitieren dürfe.[749]

Die Sichtweise des Bundesgerichtshofs in Bezug auf den Verjährungsbeginn bei unsicherer und zweifelhafter Rechtslage ist in dogmatischer Hinsicht zu kritisieren. Der Gerichtshof reduziert tatbestandlich den Gehalt des subjektiven Kenntnismerkmals, indem er im Rahmen der Zumutbarkeit auf den objektiven Zeitpunkt der Klärung der Rechtslage abstellt.[750] Aufgrund der zahlreichen Unsicherheiten, die hinsichtlich der Einschätzung für den Rechtsanwender bestehen, ob die dem Fall zugrundeliegende Rechtslage als unsicher und zweifelhaft angesehen wird und ob die Instanzgerichte bei gleichgelagerten Fällen gleichermaßen einen solchen Verjährungsaufschub annehmen werden, sollte vielmehr auf die Figur des Verjährungsaufschubs gänzlich verzichtet werden, mit der Folge, dass der Verjährungsbeginn bereits mit Kenntnis von den anspruchsbegründenden Tatsachen einsetzt. Lediglich in denjenigen Fällen, in denen die tatsächlichen Voraussetzungen des Anspruchs im Vorhinein nicht benannt werden können, weil der Anspruch zu dieser Zeit objektiv noch nicht existiert, beginnt die Verjährung erst dann, wenn der Anspruch im Wege richterlicher Rechtsfortbildung anerkannt wurde. In diesen vereinzelten Fällen besteht die objektive Verjährungsvoraussetzung der Anspruchsentstehung i.S.d. § 199 Abs. 1 Nr. 1 BGB erst mit der höchstrichterlichen Anerkennung des Anspruchs. Die weitere Verjährungsvoraussetzung des § 199 Abs. 1 Nr. 2 BGB erfordert daneben die Kenntnis bzw. grob fahrlässige Unkenntnis von allen anspruchsbegründenden Umständen. Die Verjährung kann folglich in

---

749 BGH, Urt. v. 23.9.2008 – XI ZR 262/07, BGH WM 2008, 2155, 2156 = NJW-RR 2009, 547.

750 Zur Kritik an diesem Urteil wegen dogmatischer Widersprüche siehe bereits oben 3. Teil, I. 2. b

diesen Fällen erst dann beginnen, wenn der Anspruch objektiv in der Welt ist und dessen Anspruchsvoraussetzungen erstmals benannt sind. Ab diesem Zeitpunkt, d.h. sobald die objektiven Voraussetzungen des Anspruchs feststehen, kann der Gläubiger von jenen tatsächlichen Umständen erst Kenntnis erhalten bzw. dem Gläubiger grob fahrlässige Unkenntnis vorgehalten werden, wenn er sich nicht innerhalb von drei Jahren über die Rechtsprechungsentwicklung informiert bzw. informieren lässt.

Für das Bestimmen der Kenntnis bzw. grob fahrlässigen Unkenntnis im Sinne der Vorschrift können die von der Rechtsprechung entwickelten Maßstäbe[751] herangezogen werden. Im Einzelnen ist das Vorhandensein der Kenntnis bzw. grob fahrlässigen Unkenntnis Tatfrage. Aufgrund der Jahresschlussverjährung des § 199 Abs. 1 BGB kann das Vorliegen des objektiven und des subjektiven Merkmals in einfacheren Fällen in ein und dasselbe Jahr fallen. Denkbar sind jedoch auch andere Ergebnisse, welche besonders in Fällen, bei denen die Kenntnis oder grob fahrlässige Unkenntnis von anspruchsbegründenden inneren Tatsachen nur aus der Sphäre des Beklagten zu erlangen ist, auftreten können. Denn da die Beweislast für die Verjährungsvoraussetzungen den Beklagten trifft, muss er auch beweisen können, ab wann der Gläubiger Kenntnis von der inneren Tatsache erlangt hat bzw. grob fahrlässig nicht erlangt hat.[752]

c. Abkehr von der Einbeziehung von Rechtskenntnissen mithilfe des objektiven Ansatzes

Nach der Rechtsprechung zum Verjährungsaufschub soll Rechtsunkenntnis ausnahmsweise trotz vorhandener Tatsachenkenntnis „im Einzelfall bei unsicherer und zweifelhafter Rechtslage den Verjährungsbeginn hinausschieben“[753]. Über das Kriterium der Zumutbarkeit, welches i.R.d. Kenntnisbegriffs herangezogen wird, kommt die zivilgerichtliche und verwaltungsgerichtliche Rechtsprechung dem Anspruchsgläubiger zur Hilfe, wenn sie der Ansicht ist, der Gläubiger habe einen entsprechenden Kenntnisstand bei der damaligen verworrenen Rechtslage nicht besitzen können. Diese Ansicht birgt jedoch zahlreiche Unsicherheiten, die

751 Siehe zu den beiden Tatbestandsmerkmalen bereits oben 2. Teil, I. 2. c. und d.

752 Vgl. Schwintowski, BKR 2009, 89, 93 zur inneren Tatsache des konkreten Wissensvorsprungs einer Bank bei einem Schadensersatzanspruch des Kreditnehmers, welcher Gegenstand der Entscheidung BGH, Urt. v. 27.5.2008 – XI ZR 132/07, BGH WM 2008, 1260 = NJW-RR 2008, 1495 war.

753 Vgl. nur BGH, Urt. v. 23.9.2008 – XI ZR 262/07 Rn. 15, BGH WM 2008, 2155, 2156 = ZIP 2008, 2164, 2165 = NJW-RR 2009, 547.

hinsichtlich der Einschätzung für den Rechtsanwender bestehen, ob die dem jeweiligen Fall zugrundeliegende Rechtslage als unsicher und zweifelhaft angesehen wird und ob die Instanzgerichte bei gleichgelagerten Fällen gleichermaßen einen solchen Verjährungsaufschub annehmen werden.

Durch den objektiven Ansatz wird dieser weite Maßstab der Rechtsprechung eingeengt. Ein späterer Verjährungsbeginn sollte nur in den Fällen gewährt werden, in denen die Rechtsprechung rechtsfortbildend einen Anspruch kreiert hat, bei dem niemand im Vorhinein in der Lage war, die tatsächlichen Voraussetzungen des Anspruchs zu benennen, weil diese bis zu diesem Zeitpunkt weder vom Gesetzgeber noch höchstrichterlich oder gewohnheitsrechtlich anerkannt waren. In diesen seltenen Fällen, die dann auftreten, wenn durch ein oberstes Gericht Voraussetzungen des Anspruchs benannt werden, die de lege lata für den Rechtsanwender nicht im Vorfeld formulierbar waren bzw. der Versuch, einen solchen Anspruch einzuklagen, regelmäßig in den unteren Instanzen erfolglos geblieben und ein Anspruch als unbegründet abgewiesen worden wäre, war die Rechtslage bis zur Anerkennung des Anspruchs in objektiver Hinsicht „unsicher".

Dass die obersten Gerichtshöfe auch rechtsfortbildend tätig werden und damit Recht schaffen können, wird besonders augenscheinlich, wenn jene im Wege erweiternder Auslegung oder im Wege der Analogie Ansprüche schaffen, welche ein potenzieller Anspruchsgläubiger vor Klageerhebung nur unter Eingehung eines erhöhten Prozessrisikos hätte geltend machen können.[754] Als einer der bekanntesten Präzedenzfälle, bei dem der Bundesgerichtshof einen subjektiven Anspruch geschaffen hat, gilt der „Herrenreiter"-Fall aus dem Jahre 1958.[755] Bei dieser Entscheidung erweiterte der Bundesgerichtshof § 847 BGB a.F. in analoger Anwendung um den Schutz der „inneren Freiheit" und gewährte für die Verletzung des verfassungsrechtlich anerkannten allgemeinen Persönlichkeitsrechts immateriellen Schadensersatz, da das „Grundgesetz einen umfassenden Schutz der Persönlichkeit garantiert und

---

754 Zur Herleitung richterrechtlich anerkannter Ansprüche siehe oben 3. Teil, II. 2. a. aa. (2) (b).

755 Vgl. BT-Drs. 3/1237, S. 29 zum Regierungsentwurf eines Gesetzes zur Neuordnung des zivilrechtlichen Persönlichkeits- und Ehrschutzes; in dieser Gesetzesbegründung ging der Gesetzgeber auf die Anerkennung eines Schadensersatzanspruchs wegen der Verletzung des immateriellen Rechtsguts der Ehre ein, die zuvor erstmalig durch den BGH im sogenannten „Herrenreiter-Fall" (BGH, Urt. v. 14.2.1958 – I ZR 151/56, BGHZ 26, 349 ff. = BGH NJW 1958, 827 ff.) contra legem erfolgte: „...Durch dieses Urteil sind die bisher in § 847 BGB gezogenen Schranken (...) durchbrochen worden...; Die Aufgabe des Gesetzgebers kann nurmehr darin bestehen, die neue Rechtslage zutreffend wiederzugeben..."

die Würde des Menschen sowie das Recht zur freien Entfaltung der Persönlichkeit als einen Grundwert der Rechtsordnung anerkannt (...) hat (...) und das Recht auf Ersatz auch immaterieller Schäden weitgehend unwirksam wäre, (...) wollte man demjenigen, der in der Freiheit der Selbstentschließung über seinen persönlichen Lebensbereich verletzt ist, einen Anspruch auf Ersatz des hierdurch hervorgerufenen immateriellen Schadens versagen."[756] Bis zum Zeitpunkt der Entscheidung des Bundesgerichtshofs im Jahre 1958 war ein solcher Anspruch auf immateriellen Schadensersatz wegen Verletzung des allgemeinen Persönlichkeitsrechts noch nicht anerkannt. Da potenzielle Anspruchsgläubiger vor diesem Zeitpunkt einen solchen Anspruch nicht hätten mit Erfolg geltend machen können, weil es diesen Anspruch noch nicht gab, hätten andere Gerichte zu einem Zeitpunkt nach Verkündung des Urteils dem Einwand der Verjährung demnach nicht mit der Begründung beipflichten können, die Gläubiger hätten einen derartigen Anspruch bereits zu einem früheren Zeitpunkt kennen können. Denn zunächst muss der Anspruch gewohnheitsrechtlich, durch den Gesetzgeber oder den obersten Gerichtshof legitimiert sein, bevor die Verjährung i.S.v. § 199 Abs. 1 Nr. 1 BGB beginnen kann. Eine Verjährung des Anspruchs auf immateriellen Schadensersatz wegen Verletzung des allgemeinen Persönlichkeitsrechts wäre denkgesetzlich jedoch vor dem Zeitpunkt der Entscheidung 1958 nicht möglich gewesen, weil dieser zivilrechtliche Anspruch zuvor nicht von der Rechtsordnung anerkannt war.

Um die zu weite Rechtsprechung zum Verjährungsaufschub bei unsicherer und zweifelhafter Rechtslage einzugrenzen, sollte ein späterer Verjährungsbeginn nur dann gewährt werden, wenn eine Situation gegeben ist, bei der ein Anspruch und damit dessen objektive Voraussetzungen erst höchstrichterlich anerkannt wurden. Für die Gerichte stellt sich ein solcher auf dem objektiven Ansatz basierender Maßstab als verlässlicher dar als die Beurteilung des Verjährungseintritts anhand des subjektiven Kenntniskriteriums. Der objektive Ansatz bietet insoweit ein sinnvolles Korrektiv zu dem subjektiven Ansatz der Rechtsprechung, da er die Unwägbarkeiten, wann eine verjährungsrelevante unsichere und zweifelhafte Rechtslage gegeben sein soll, nivelliert und auf den objektiv bestimmbaren Zeitpunkt der Legitimation des Anspruchs reduziert. In allen anderen Fällen, bei denen lediglich die Auslegung eines Tatbestandsmerkmals oder ein rechtlich ungeklärter Aspekt in Streit steht, die Anspruchsvoraussetzungen jedoch geklärt sind, sollte zugunsten der rechtssicheren Anwendung der Norm auf die Ausdehnung des Merkmals der Zumutbarkeit innerhalb des subjektiven Kriteriums verzichtet und – genauso wie dies in den

756 BGH, Urt. v. 14.2.1958 – I ZR 151/56, BGH NJW 1958, 827, 830.

Nachbarrechtsordnungen ganz überwiegend der Fall ist[757] – für den Verjährungsbeginn ausschließlich auf die Erlangung der Tatsachenkenntnisse abgestellt werden.

3. Übertragung des objektiven Ansatzes auf vergangene Fälle

Die eben entwickelten Grundsätze sollen nun auf einzelne Fälle übertragen werden, bei denen ein Verjährungsaufschub wegen einer unsicheren und zweifelhaften Rechtslage von den Gerichten thematisiert wurde. Darunter finden sich sowohl Fälle, bei denen das Vorliegen einer unsicheren und zweifelhaften Rechtslage bejaht als auch verneint wurde. Da die Heranziehung des Verjährungsaufschubs wegen unsicherer und zweifelhafter Rechtslage aus den aufgezeigten Nachteilen[758] in seiner konkreten Anwendung über das Zumutbarkeitsmerkmal im Rahmen des Kenntnisbegriffs abzulehnen ist, verbleiben nur vereinzelt Fälle, bei denen der Zeitpunkt der Verjährung zu dem späteren Zeitpunkt der höchstrichterlichen Anerkennung des Anspruchs einsetzt.

a. Ordentliche Zivilgerichtsbarkeit

aa. Rechtsprechung zu Schadensersatzansprüchen wegen Aufklärungs- und Beratungsfehlern beim Erwerb von Kapitalanlagen

Ein Verjährungsaufschub wurde bei gleichgelagerten Sachverhalten, bei denen ein Schadensersatzanspruch wegen Aufklärungs- und Beratungsfehlern im Zusammenhang mit der Vermittlung von Kapitalanlagen in Rede stand, von den Gerichten thematisiert. In diesen Fällen wurden Anlageberater bzw. Vermittler für ihre Arbeitgeber bei der Vermittlung von kreditfinanzierten Immobilienanlagen tätig. Jene Anlageberater hatten den Interessenten jedoch falsch bzw. unvollständig über die Rendite des Anlageobjekts bzw. über die erheblichen wirtschaftlichen Risiken der Anlage Auskunft gegeben.[759]

---

757 Siehe oben zur Einbeziehung von Rechtskenntnissen aus rechtsvergleichender Sicht 3. Teil, I. 4.

758 Siehe die Ausführungen unter 3. Teil, I. 2.

759 KG Berlin, Urt. v. 30.1.2007 – 4 U 192/05, KG Berlin ZGS 2007, 230; BGH, Urt. v. 27.5.2008 – XI ZR 132/07, BGH WM 2008, 1260, 1264 = NJW-RR 2008, 1495, 1498.

So lag es auch in einem Fall aus dem Jahre 2008, der dem Bundesgerichtshof zur Entscheidung vorlag.[760] 1995 wurde ein Ehepaar von einem Vermittler geworben, zwecks Steuerersparnis eine Eigentumswohnung von einer GmbH zu erwerben. Zur Finanzierung des Kaufpreises wurde ein Darlehensvertrag geschlossen und mehrere Sicherheiten, darunter der Beitritt zu einer Mieteinnahmegemeinschaft, vereinbart. 1999 erhob der Ehemann u.a. eine Schadensersatzklage gegen die darlehensgebende Bank, welche mit der GmbH eng verbunden sei. Der Ehemann warf der Bank vor, sie habe gewusst, dass das Paar über die Rendite der gekauften Wohnung getäuscht worden sei, indem ihnen weit überhöhte Mietpoolausschüttungen zugesagt worden seien. Die Bank habe einen zur Aufklärung verpflichtenden Wissensvorsprung gehabt. Das zuständige OLG Hamm wies die Klage jedoch ab. Die beklagte Bank erhob ihrerseits 2005 eine Feststellungsklage, dass der Darlehenvertrag wirksam fortbestehe und nicht durch Widerruf des Ehepaares aufgelöst worden sei. Das Ehepaar erhob im selben Jahr Widerklage und begehrte die Freistellung von allen aus dem Darlehensvertrag bestehenden Verbindlichkeiten sowie die Feststellung, dass die Bank zum Schadensersatz verpflichtet sei.

Das Landgericht wies die Widerklage ab, das Berufungsgericht gab der Widerklage jedoch statt. Das Berufungsgericht war der Ansicht, der Schadensersatzanspruch sei trotz der dreijährigen Verjährungsfrist des § 195 BGB bei Klageerhebung noch nicht verjährt gewesen. Den genauen Verjährungsbeginn konnte das Berufungsgericht zwar im Ergebnis offen lassen, es zog jedoch zwei mögliche Kenntniszeitpunkte in Betracht. Die die Verjährung auslösende Kenntnis könne entweder frühestens mit dem Prüfbericht des Bundesaufsichtsamts für das Kreditwesen im Jahr 2004, wohl aber eher mit dem Urteil des Bundesgerichtshofs vom 16. Mai 2006 eingesetzt haben. In diesem Urteil bestimmte der Bundesgerichtshof erstmalig, dass Banken, welche mit dem Anleger institutionalisiert zusammenwirken und dessen unrichtige Angaben in Bezug auf das Anlageobjekt ihnen zuzurechnen ist, einen Wissensvorsprung haben, welcher sie zur Aufklärung verpflichtet.[761] Im nachfolgenden Revisionsurteil sprach sich der Bundesgerichtshof gegen die Argumentation des Berufungsgerichts aus, dass die Verjährung erst im Jahre 2006 eingesetzt haben könnte. Ob der Schadensersatzanspruch verjährt sei, lasse sich nach Ansicht des Gerichtshofs nicht abschließend beurteilen, jedoch müsse der Frage nachgegangen werden, ob die

760 BGH, Urt. v. 27.5.2008 – XI ZR 132/07, BGH WM 2008, 1260 ff. = NJW-RR 2008, 1495 ff.

761 BGH, Urt. v. 16.5.2006 – XI ZR 6/04, BGHZ 168, 1 = BGH NJW 2006, 2099.

Tatsachenkenntnis der Kläger nicht bereits bei der ersten Klageeerhebung im Jahre 1999 vorgelegen habe. Denn damals hätten die Kläger ihre Schadensersatzklage auf den Vorwurf gestützt, die Bank habe die ihr gegenüber bestehende Aufklärungspflicht verletzt. Mit dem Urteil aus dem Jahre 2006 habe der Gerichtshof jedenfalls keine neue Aufklärungspflicht begründet, sondern lediglich eine Beweiserleichterung für die Darlehensnehmer geschaffen.[762]

Dieser Darstellung des Bundesgerichtshofs und dessen verjährungsrechtlicher Einordnung ist jedoch zu widersprechen. Die rechtliche Verpflichtung der Bank zur Aufklärung wurde erstmals in dem höchstrichterlichen Urteil des Gerichtshofs vom 16. Mai 2006[763] statuiert. Der Gerichtshof billigte den Anlegern darin zu, sich unter erleichterten Voraussetzungen auf einen Wissensvorsprung der Bank berufen zu können. Gleichzeitig bestimmte er damit, dass die Bank bei einem institutionalisierten Zusammenwirken mit dem Verkäufer des zu finanzierenden Objekts eine Aufklärungspflicht treffe, wenn sie aufgrund der Zusammenarbeit einen konkreten Wissensvorsprung habe. Er begründete damit eine neue Aufklärungspflicht der Bank bei konkretem Wissensvorsprung und knüpfte dabei nicht lediglich an seine seit Jahren bestehende Rechtsprechung zur Aufklärungspflicht des Verkäufers bei Arglist gem. § 123 Abs. 2 BGB an; in vorherigen Urteilen setzte sich der Gerichtshof lediglich mit Fragen des konkreten Wissensvorsprungs auseinander ohne dass diese auf einem institutionalisiertem Zusammenwirken beruht hätten.[764] Der Gerichtshof geht zudem selbst von einer Ergänzung seiner Rechtsprechung und Erweiterung der Fallgruppe des konkreten Wissensvorsprungs aus.[765] Er begründete einen Schadensersatzanspruch bei institutionalisiertem Zusammenwirken, den es zuvor so nicht gegeben hat und den niemand hätte derart formulieren können.[766] Hätte ein Gläubiger vor dieser Rechtsfortbildung des Bundesgerichtshofs im Jahre 2005 versucht, einen Anspruch auf das institutionalisierte Zusammenwirken zwischen Bank und Vermittler zu stützen, hätten die Instanzgerichte einen solchen mit hoher Wahrscheinlichkeit als unbegründet abgewiesen. Vor der Anerkennung des Anspruchs durch den Bundesgerichtshof war es Gläubigern in gleichgelagerten

---

762 BGH, Urt. v. 27.5.2008 – XI ZR 132/07, BGH WM 2008, 1260, 1264 f. = NJW-RR 2008, 1495, 1498 f.

763 BGH, Urt. v. 16.5.2006 – XI ZR 6/04, BGHZ 168, 1 = BGH NJW 2006, 2099.

764 So auch Schwintowski, BKR 2009, 89, 92 i.V.m. Rn. 37.

765 Vgl. BGH, Urt. v. 16.5.2006 – XI ZR 6/04, BGHZ 168, 1 Rn. 51: „Die eine eigene Aufklärungspflicht der Bank begründende Fallgruppe des konkreten Wissensvorsprungs wird unter bestimmten Voraussetzungen (…) ergänzt."

766 Vgl. auch Schwintowski, BKR 2009, 89, 90 ff.

Konstellationen nicht möglich, die tatsächlichen Voraussetzungen des Anspruchs zu benennen, weil der Bundesgerichtshof erst zu dem späteren Zeitpunkt 2005 diese anspruchsbegründende Voraussetzung anerkannt hat, mit der Folge, dass ab diesem objektiven Zeitpunkt alle Gläubiger eines solchen Anspruchs erst in der Lage waren, die Voraussetzungen des Anspruchs darzulegen. Aus diesem Grund hätte der Gerichtshof den Anspruch vorliegend als unverjährt einordnen müssen.[767]

Die Voraussetzungen für einen Anspruch wegen institutionalisierten Zusammenwirkens zwischen Bank und Vermittler haben demnach erst mit dem 16. Mai 2006 vorgelegen, so dass auch die objektive Voraussetzung der Anspruchsentstehung im Rahmen des Verjährungsbeginns erst zu diesem Zeitpunkt erfüllt war. Sofern die subjektiven Voraussetzungen des § 199 Abs. 1 BGB auch im selben Jahr vorlagen, konnte die Verjährung mithin frühestens mit dem 1. Januar 2007 beginnen. Konsequenterweise hätten die Ansprüche von Gläubigern vor dem Zeitpunkt des Vorliegens der objektiven Voraussetzungen des § 199 Abs. 1 Nr. 1 BGB im Jahre 2005 in gleichgelagerten Fällen wegen Vorliegens der subjektiven Voraussetzungen nicht bereits verjähren dürfen.

bb. Rechtsprechung zu Mindestrückkaufswerten im Versicherungsrecht

In drei weitgehend gleichlautenden Urteilen vom 12. Oktober 2005 befasste sich der Bundesgerichtshof mit Storno und Rückkaufswerten bei unwirksamen Bedingungen einer Kapitallebensversicherung, die im Jahre 1997 geschlossen und 2002 gekündigt wurde.[768] Der Bundesgerichtshof führte hinsichtlich der Wirksamkeit von allgemeinen Versicherungsbedingungen aus, dass Klauseln, die wirtschaftliche Nachteile für den Versicherungsnehmer nicht transparent machten, unwirksam seien und nicht rückwirkend durch materiell inhaltsgleiche und transparente Klauseln ersetzt werden könnten.[769] Hierauf hatte derselbe Senat bereits 2001 hingewiesen sowie hinsichtlich der Berechnung des Rückkaufswerts ausgeführt, dass die §§ 174 Abs. 2, 176 Abs. 3 VVG a.F. über die Berechnung der beitragsfreien

767 Diese Argumentation ist auch für die Fälle des KG Berlin, Urt. v. 30.1.2007 – 4 U 192/05, KG Berlin ZGS 2007, 230; OLG Karlsruhe, Beschl. v. 16.11.2006 – 15 W 43/06, OLGR Karlsruhe 2007, 103 und des OLG Celle, Urt. v. 1.12.2011 – 8 U 50/11 in Erwägung zu ziehen.

768 BGH, Urt. v. 12.10.2005 – IV ZR 162/03, BGH NJW 2005, 3559 ff.; BGH, Urt. v. 12.10.2005 – IV ZR 177/03, BeckRS 2005, 12481; BGH, Urt. v. 12.10.2005 – IV ZR 245/03, BeckRS 2005, 12969.

769 BGH, Urt. v. 12.10.2005 – IV ZR 162/03, BGH NJW 2005, 3559, 3565.

Versicherungsleistung und den Rückkaufswert nach den anerkannten Regeln der Versicherungsmathematik einen Rahmen darstellten, innerhalb dessen sich die Berechnung halten müsse und die gesetzliche Regelung einer Ergänzung bedürfe.[770]

Da jedoch in den §§ 159 ff. VVG a.F. nicht explizit geregelt war, wie die entstandenen Abschlusskosten zu verrechnen seien, konnte der Bundesgerichtshof in seinen Urteilen vom 12. Oktober 2005 nicht auf eine gesetzliche Vorschrift zur Füllung dieser Lücke zurückgreifen. Stattdessen nahm er eine richterliche ergänzende Vertragsauslegung vor, um die gesetzliche Lücke zu schließen.[771] Er führte aus, dass für den Fall der vorzeitigen Beendigung der Beitragszahlung auf die Lebensversicherung die versprochene Leistung geschuldet bleibe, der vereinbarte Betrag der beitragsfreien Versicherungssumme und des Rückkaufswerts aber einen Mindestbetrag nicht unterschreiten dürfe und der Mindestbetrag durch die Hälfte des mit den Rechnungsgrundlagen der Prämienkalkulation berechneten ungezillmerten Deckungskapitals bestimmt werde.[772] Dem Bestehen dieses Anspruchs stehen nach Ansicht des Bundesgerichtshofs nicht Verzicht oder Verwirkung entgegen, „weil dem Versicherungsnehmer das Recht auf einen höheren Rückkaufswert nicht bekannt war und vor Veröffentlichung der Senatsurteile vom 9. Mai 2001 auch nicht hätte bekannt sein können und die Beklagte durch die ihr objektiv zuzurechnende Intransparenz der AVB-Klauseln eine unklare Rechtslage geschaffen hatte."[773]

Ausführungen zur Verjährung besagter Ansprüche machte der Bundesgerichtshof nicht. Dennoch stellte sich darauffolgend die Frage, wann die Verjährung dieser Ansprüche beginnt. Im Gegensatz zu Verzicht oder Verwirkung enthielt der Verjährungsbeginn gem. § 12 Abs. 1 S. 2 VVG a.F. lediglich eine objektive Anknüpfung, wonach die Verjährung von Ansprüchen aus Versicherungs- bzw. Lebensversicherungsverträgen mit dem Schluss des Jahres, in dem die Leistung verlangt werden konnte, begann. Entscheidend ist demnach die Fälligkeit der geforderten Leistung.[774] Die Zahlung des Rückkaufswerts kann nach Ansicht des AG Nürnberg mit dem Schluss des Jahres verlangt werden, in welchem der Versicherungsvertrag beendet worden ist.[775] Diese Sichtweise hätte zur Folge, dass

---

770 BGH, Urt. v. 9.5.2001 – IV ZR 138/99, BGH NJW 2001, 2012, 2013 f.; BGH, Urt. v. 9.5.2001 – IV ZR 121/00, BGH NJW 2005, 2014, 2016 ff.

771 BGH, Urt. v. 12.10.2005 – IV ZR 162/03, BGH NJW 2005, 3559, 3564 ff.

772 Ebd., NJW 2005, 3559, 3565.

773 BGH, Urt. v. 12.10.2005 – IV ZR 177/03, BeckRS 2005, 12481.

774 Schwintowski, VuR 2007, 130, 132.

775 AG Nürnberg, Urt. v. 29.12.2005 – 35 C 1617/05.

Ansprüche auf Zahlung des Mindestrückkaufswerts für im Jahre 1995 beendete Verträge mit Ablauf desselben Jahres zu verjähren begannen und die Verjährung zum 31.12.2000 endete. Zu dieser Zeit konnten Gläubiger der Ansprüche auf Zahlung des Mindestrückkaufswerts jedoch weder von der Unwirksamkeit derartiger intransparenter Klauseln, worauf erst in dem Urteil vom 9. Mai 2001 hingewiesen wurde[776], noch davon ausgehen, dass der Rückkaufswert einen bestimmten Mindestwert nicht unterschreiten dürfe. Welche Konsequenzen sich aus der Intransparenz der Klauseln ergeben würden, d.h. ob die unwirksamen Klauseln durch inhaltsgleiche Klauseln ersetzt werden könnten, die Neuabrechnung der Verträge durchgeführt werden sollte oder ein Treuhänderverfahren stattfinden musste, stand erst ab dem Zeitpunkt der Urteile vom 12. Oktober 2005 fest.[777] Dort führte der Bundesgerichtshof aus, dass ein Mindestrückkaufswert hätte abgerechnet werden müssen.[778] Im Jahre 2000 Stornierende, deren Ansprüche potenziell zum Ende des Jahres 2005 verjährten, wären folglich die ersten Gläubiger gewesen, die von ihrem Anspruch auf Zahlung des Mindestrückkaufswerts erfahren hätten.

Ein solcher Anspruch ergab sich auch nicht aus dem Gesetz, so dass den Gläubigern des Anspruchs auf Zahlung eines Mindestrückkaufswerts kein bestimmter Anspruch an die Hand gegeben war, der klarstellte, was sie von ihrer Versicherung verlangen konnten. § 176 VVG a.F. enthielt lediglich den Anspruch des Gläubigers auf Zahlung eines Rückkaufswerts bei Beendigung des Lebensversicherungsvertrags, der gemäß Abs. 3 nach den anerkannten Regeln der Versicherungsmathematik für den Schluss der laufenden Versicherungsperiode als Zeitwert der Versicherung zu berechnen war. Wie diese Berechnung erfolgen sollte und ob ein Rückkaufswert auch bei für dessen Berechnung relevanten und intransparenten Klauseln wie Abschlusskosten- und Stornoklauseln geschuldet sei, war bis zum Urteil des Gerichtshofs vom 12. Oktober 2005 strittig und ungeklärt.[779] Die inhaltsgleiche Ersetzung der unwirksamen Klauseln half ebenfalls nicht weiter, weil dies die gesetzliche Sanktion der Unwirksamkeit nach § 307 Abs. 1 BGB unterliefe und bereits deshalb mit den Grundsätzen der ergänzenden Vertragsauslegung nicht zu vereinbaren sei.[780] Da § 307 Abs. 1

776 BGH, Urt. v. 9.5.2001 – IV ZR 138/99, BGH NJW 2001, 2012, 2013 f.

777 Vgl. Schwintowski, VuR 2007, 130, 131.

778 BGH, Urt. v. 12.10.2005 – IV ZR 162/03, BGH NJW 2005, 3559 ff.; BGH, Urt. v. 12.10.2005 – IV ZR 177/03, BeckRS 2005, 12481; BGH, Urt. v. 12.10.2005 – IV ZR 245/03, BeckRS 2005, 12969.

779 BGH, Urt. v. 12.10.2005 – IV ZR 162/03, BGH NJW 2005, 3559, 3567 m.w.N.; vgl. auch Schwintowski, VuR 2007, 130, 132.

780 BGH, Urt. v. 12.10.2005 – IV ZR 162/03, BGH NJW 2005, 3559, 3564.

S. 2 BGB, wonach die Bestimmungen klar und verständlich sein müssen, keine Sanktion vorsieht, war der Bundesgerichtshof gehalten, diese Lücke für das Versicherungsrecht richterrechtlich zu füllen und zu entwickeln, wann ein solcher Anspruch gegeben und worauf er gerichtet ist.[781]

Da die Leistung gem. § 12 Abs. 1 S. 2 VVG a.F. erst mit Fälligkeit zu verjähren begann, war entscheidend, wann die Versicherer die Erhebungen zur Feststellung des tatsächlich geschuldeten Rückkaufswerts treffen konnten. Die korrekte Berechnungsmethode lag ihnen jedoch erst mit dem Urteil vom 12. Oktober 2005 vor. Der Gerichtshof qualifizierte die bis zu diesem Zeitpunkt praktizierte Berechnungsmethode für den Rückkaufswert als gegen § 307 Abs. 1 S. 2 BGB und die Klauselrichtlinie verstoßend und schuf erstmals die Voraussetzungen zur Feststellung des Umfangs der Leistung der Versicherer aus den mit den unwirksamen Klauseln geschlossenen Lebensversicherungsverträgen. Somit ist von einer Fälligkeit derartiger Ansprüche und mithin von einem Verjährungsbeginn erst zum Schluss des Jahres 2005 auszugehen.[782]

cc. Rechtsprechung zur Amts- und Notarhaftung

Sowohl § 839 Abs. 1 S. 1 BGB als auch § 19 Abs. 1 S. 1 Bundesnotarordnung statuieren eine Schadensersatzpflicht von Beamten bzw. Notaren, wenn sie vorsätzlich oder fahrlässig eine ihnen obliegende Amtspflicht verletzen. Die Verjährung beider Vorschriften richtete sich vor der Schuldrechtsreform nach § 852 Abs. 1 BGB a.F., gegenwärtig nach § 199 Abs. 1 BGB. Nach § 839 Abs. 1 S. 2 BGB und § 19 Abs. 1 S. 2 BNotO kann der Amtsträger bei Fahrlässigkeit nur in Anspruch genommen werden, wenn der Verletzte nicht auf andere Weise Ersatz zu erlangen vermag. Genauso wie im Rahmen des § 823 Abs. 1 BGB muss die Pflichtverletzung sowohl bei der Amts- als auch bei der Notarhaftung rechtswidrig begangen worden sein.

Ein Verjährungsaufschub wurde von der Rechtsprechung im Rahmen der Amts- und Notarhaftung hinsichtlich der Tatbestandsmerkmale der anderweitigen Ersatzmöglichkeit und der Rechtswidrigkeit der Pflichtverletzung diskutiert. In Bezug auf letzteres Merkmal existieren jedoch keine Fälle, bei denen ein Anspruch erst im Sinne des objektiven Ansatzes neu begründet und anerkannt worden wäre. Vielmehr hätte die Verjährung in diesen Fällen unter Verzicht auf die Rechtsprechungsfigur bereits mit dem Vorliegen der objektiven

781 Vgl. auch Schwintowski, VuR 2007, 130, 132 f.
782 Schwintowski, VuR 2007, 130, 133.

und subjektiven Verjährungsvoraussetzungen, d.h. mit Tatsachenkenntnis, beginnen müssen.

Berechtigterweise ließen die Gerichte beispielsweise in einem Fall, in dem ein Häftling einen Amtshaftungsanspruch gem. § 839 Abs. 1 BGB i.V.m. Art. 34 S. 1 GG gegen das Land Berlin geltend machte, die Verjährung bereits mit dem Vorliegen der objektiven und subjektiven Voraussetzungen eintreten. Der Häftling machte Schadensersatz geltend, weil er bis zum 28. April 2006 in einem zu kleinen Haftraum von 5,25 qm untergebracht war. Er berief sich dabei auf die Rechtsprechung des Verfassungsgerichtshofs Berlin vom 3. November 2009, welcher derartige Raumgrößen als Verletzung der Menschenwürde beanstandete. Das Landgericht und nachfolgend das Kammergericht hielten den im Jahre 2010 geltend gemachten Amtshaftungsanspruch für verjährt, da der Kläger bereits mit Ablauf des Jahres 2006, also am Ende der Unterbringungszeit, die erforderliche Kenntnis von den anspruchsbegründenden Umständen gehabt habe, da er bereits zu diesem Zeitpunkt die Haftbedingungen kannte. Eine zweifelhafte oder verworrene Rechtslage habe überdies nicht vorgelegen und deshalb den Verjährungsbeginn auch nicht hinausgeschoben.[783]

Auf die Figur des Verjährungsaufschubs kommt es richtigerweise nicht an. Diesem Fall lag lediglich eine noch ausstehende rechtliche Beurteilung des Merkmals der Rechtswidrigkeit und nicht, wie in den unter aa. und bb. genannten Fällen, die Anerkennung eines Anspruchs, der in dieser Form noch nicht existierte und erst durch den Bundesgerichtshof akzeptiert wurde, zugrunde. Letztere Situation unterscheidet sich von Fällen wie dem Amtshaftungsanspruch des Häftlings, bei denen man von vorneherein die tatsächlichen Voraussetzungen des Anspruchs zweifelsfrei benennen kann und lediglich über einen rechtlichen Aspekt im konkreten Fall Streit besteht.

Lediglich um die rechtliche Beurteilung und nicht die Schaffung eines neuen Anspruchs ging es ebenfalls in zwei Fällen, in denen der Gläubiger aufgrund der behördlichen und untergerichtlichen Einschätzung solange den Eindruck hatte, das Amtshandeln sei nicht rechtswidrig gewesen, bis das höchste Gericht in Finanzsachen, der Bundesfinanzhof, diese Einschätzung widerlegte und erstmals für rechtswidrig befand[784] oder in einem Fall, bei dem 1994 ein Überweisungsverbot für Basis-Laboruntersuchungen von der Kassenärztlichen Bundesvereinignung für Ärzte verhängt wurde. Mehrere Fachärzte gingen gerichtlich gegen das Verbot vor und machten einen Amtshaftungsanspruch gegen die Bundesvereinigung wegen der Rechtswidrigkeit des Verbots geltend. In der Folge hielten mehrere

783 LG Berlin, Beschl. v. 27.10.2010 – 86 O 82/10; KG Berlin, 21.12.2010 – 9 W 232/10.
784 BGH, Urt. v. 29.4.1982 – III ZR 163/80, BGH VersR 1982, 898, 899 f.

Gerichte das Überweisungsverbot jedoch für rechtmäßig. Erst das Bundessozialgericht stufte 1996 diese gerichtliche Beurteilung als falsch und damit die Amtshandlung als rechtswidrig ein.[785] Bei diesen Fällen handelt es nicht sich um eine richterliche Rechtsfortbildung, aufgrund derer Ansprüche erst anerkannt worden wären, denn die tatsächlichen Voraussetzungen des Amtshaftungsanspruchs standen bereits fest. Vielmehr stand auf Basis zweifelsfrei bestehender tatsächlicher Voraussetzungen lediglich die Beurteilung der Frage, ob ein Verhalten als rechtswidrig einzustufen ist oder nicht, in Rede. Demnach hätte der Verjährungsbeginn bereits mit der Tatsachenkenntnis einsetzen müssen.

Um Sonderfälle, die dem negativen Merkmal des Fehlens der anderweitigen Ersatzmöglichkeit § 839 Abs. 1 S. 2 BGB und § 19 Abs. 1 S. 2 BNotO geschuldet sind, für welches der Kläger darlegungspflichtig ist, handelt es sich einerseits bei einem Fall, mit dem sich der Bundesgerichtshof 1952 auseinandersetzte und dem ein deliktischer Schadensersatzanspruch zugrunde lag. Darin verunglückte der Kläger 1946 auf einer Landstraße zweiter Ordnung, die unzureichend gesichert war. Daraufhin stützte er seinen Schadensersatzanspruch auf eine rechtswidrige Verletzung der aus der Durchführungsverordnung zur Straßenbaulast für Landstraßen zweiter Ordnung von 1939 resultierenden Pflichten und erhob Klage gegen den Landkreis. Entgegen der bisherigen Beurteilung des Reichsgerichts hielt der Bundesgerichtshof in diesen Fällen jedoch nicht den Landkreis, sondern das Land für den richtigen Beklagten.[786] In einem anderen Fall schlossen die Kläger am 30. April 1993 mit einem Treuhänder, einem auf Kapitalanlagegeschäfte spezialisierten Unternehmen, einen Treuhandvertrag, demzufolge der Treuhänder das Kapital von 100.000 DM verlustsicher anlegen sollte. Auf Veranlassung des Treuhänders erhielten die Kläger von einem Notar eine „Erklärung zu den (vom Treuhänder) hinterlegten Sicherheiten". Diese vom Notar ausgefertigte Erklärung enthielt den Zusatz, „In Rechtsbeziehung zum Anleger trete ich damit nicht." Nachdem das Anlagekapital entwendet und über das Vermögen des Treuhänders das Konkursverfahren eröffnet worden war, erhob der Kläger am 8. Oktober 1993 gegen den Notar eine Schadensersatzklage nach § 19 Abs. 1 S. 1 BNotO. Diese Klage nahm er im Hinblick auf mehrere gegen den Notar anhängige Parallelprozesse noch vor der Zustellung der Klage zurück. Als wichtig für die Beurteilung des Falles stellte sich die Regelung des

---

785 BGH, Urt. v. 14.3.2002 – III ZR 302/00, BGH WM 2002, 1137, 1142 = NJW 2002 1793, 1797.

786 BGH, Urt. v. 9.6.1952 – III ZR 128/51, BGHZ 6, 195, 202; vgl. auch RG, Urt. v. 23.11.1933 – VI 269/33, RGZ 142, 280, 283 zu einem ähnlichen Fall.

§ 19 Abs. 1 S. 2 Halbsatz 2 BNotO dar, wonach das Erfordernis der anderweitigen Ersatzpflicht bei Amtsgeschäften des Notars nach §§ 23, 24 BNotO im Verhältnis zum Auftraggeber nicht gilt. Am 21. November 1996 entschied der Bundesgerichtshof erstmalig hierzu, dass nicht nur solche Personen, die sich selbst an den Notar mit dem Ersuchen um Vornahme des Amtsgeschäfts gewandt haben, Auftraggeber i.S.d. Vorschrift sind, sondern auch solche, die nur mittelbar durch einen anderen Auftraggeber einen rechtsgeschäftlichen Kontakt zu dem Notar erhielten.[787]

In diesen Sonderfällen, welche das Fehlen der anderweitigen Ersatzmöglichkeit betreffen, war den Anspruchsgläubigern erst durch die Rechtsprechung des Bundesgerichtshofs eröffnet worden, gegen wen sie einen Anspruch geltend machen können. Das Fehlen der anderweitigen Ersatzmöglichkeit ist jedoch ein Tatbestandsmerkmal des § 839 Abs. 1 BGB. Im Unterschied zu den Fällen unter aa. und bb. wurde bei diesen Fällen deshalb lediglich ein Tatbestandsmerkmal konkretisiert und kein Anspruch in richterlicher Rechtsfortbildung begründet. Tatsachenkenntnis konnten die Gläubiger demnach erlangen, als der Gerichtshof dieses Merkmal 1952 bzw. 1996 ex lege konkretisierte.

dd. Rechtsprechung zu Schenkkreisen

Bei Rückforderungsansprüchen i.R.v. § 812 Abs. 1 S. 1 Alt. 1 BGB wegen Zahlungen innerhalb so genannter Schenkkreise wurden über längere Zeit verschiedene Ansichten zum Verjährungsbeginn nach § 199 Abs. 1 BGB geteilt. Ein Rückforderungsanspruch wegen Sittenwidrigkeit derartiger Rechtsgeschäfte wurde zwar schon seit längerer Zeit bejaht, unklar blieb jedoch, ob die Kondiktionssperre des § 817 S. 2 BGB dem Bereicherungsanspruch entgegenstand und inwieweit dieses Merkmal für den Verjährungsbeginn eine Rolle spielte.

Einige Gerichte waren der Auffassung, dass die Rechtslage bis zum klärenden Urteil des Bundesgerichtshofs vom 10. November 2005[788] zur Anwendung des § 817 S. 2 BGB im Rahmen von Schenkkreisen unsicher war. Erst ab diesem Zeitpunkt, zu dem der BGH rechtskräftig feststellte, dass die Kondiktionssperre des § 817 S. 2 BGB dem Rückforderungsanspruch nicht entgegensteht, hätten die Gläubiger Kenntnis von den anspruchsbegründenden Umständen haben können, da zuvor rechtlich ungeklärt war, ob § 817 S. 2 BGB in den Schenkkreis-Fällen

787 BGH, Urt. v. 25.2.1999 – IX ZR 30-98, BGH NJW 1999, 2041, 2042 f. unter Bezugnahme auf BGH, Urt. v. 21.11.1996 – IX ZR 182/95, BGHZ 134, 100 = BGH NJW 1997, 661.

788 BGH, Urt. v. 10.11.2005 – III ZR 72/05, III 73/05, BGH NJW 2006, 45.

einen Bereicherungsanspruch vereitelt.[789] Das Landgericht Kleve hielt § 817 S. 2 BGB hinsichtlich der Verjährung des Anspruchs nach § 812 Abs. 1 S. 1 Alt. 1 BGB für irrelevant. Bei § 817 S. 2 BGB handele es sich nicht um eine anspruchsbegründende Norm i.S.d. § 199 BGB, sondern um eine rechtshemmende Einwendung, welche für die Kenntnis der anspruchsbegründenden Tatsachen keine Rolle spiele. Dies belege der Umstand, dass andere Urteile, welche die Verjährung von Ansprüchen bei einer unsicheren Rechtslage thematisieren, sich keinesfalls mit Zweifeln hinsichtlich rechtshemmender oder rechtsvernichtender Einwendungen des Schuldners befassen.[790] Andere Instanzgerichte begründeten ihre ablehnende Haltung zum Verjährungsaufschub dahingehend, dass die Rechtslage nicht unsicher gewesen sei. Rechtsunkenntnis habe demnach den Verjährungsbeginn nicht hinausschieben können. Stattdessen ordneten sie die Frage, welche Anforderungen an die Kenntnis des Gläubigers i.R.d. § 199 Abs. 1 BGB gestellt werden müssen, als Frage der Tatsachenkenntnis ein.[791]

Der Bundesgerichtshof teilte im nachfolgenden Revisionsurteil die Ansicht, dass es allein auf die Tatsachenkenntnis und nicht auf Rechtsunkenntnis ankomme. Die aufgeworfene Frage des Landgerichts Kleve, ob § 817 S. 2 BGB generell für die Verjährung nach § 199 Abs. 1 BGB Bedeutung hat, bejahte der Gerichtshof durch die Einbeziehung der Norm in die Anforderungen an die Kenntnis. Er argumentierte, der Gläubiger hätte bereits mit Rücksicht auf den stets zu ermittelnden Zweck des Verbotsgesetzes i.R.d. § 817 S. 2 BGB antizipieren können, dass die erfolgreiche Überwindung der Kondiktionssperre wahrscheinlich war. Insbesondere sei erkennbar gewesen, „dass innerhalb der Leistungskondiktion der Schutzzweck der jeweiligen nichtigkeitsbegründenden Norm nicht dadurch konterkariert werden durfte, dass der durch sie zu verhindernde sittenwidrige Zustand perpetuiert oder weiterem sitten- und verbotswidrigem Handeln Vorschub geleistet werden durfte.“ Bei Vergegenwärtigung des Zwecks des § 817 S. 2 BGB habe jeder Gläubiger bzw. Rechtsbeistand also genügend Anhaltspunkte für den erforderlichen

---

789 LG Hildesheim, Urt. v. 2.2.2007 – 7 S 246/06; AG Holzminden, Urt. v. 15.8.2006 – 6 C 572/05; AG Brühl, Urt. v. 17.8.2007 – 22 C 82/07.

790 So LG Kleve, Urt. v. 29.11.2007 – 6 S 124/07; LG Kleve, Urt. v. 11.12.2008 – 6 S 140/08.

791 OLG Celle, Urt. v. 27.10.1999 – 13 U 61/99, OLGR Celle 2000, 255; LG Freiburg, Urt. v. 29.6.2005 – 5 O 409/05; LG Köln, Beschl. v. 3.12.2007 – 13 S 301/07; LG Köln, Beschl. v. 2.1.2008 – 13 T 261/07; LG Bonn, Urt. v. 14.5.2008 – 5 S 58/08, LG Bonn MDR 2008, 1383, 1384; LG Frankfurt a. M., Urt. v. 31.1.2008 – 2/24 S 122/07.

Grad der Kenntnis besitzen können, die Notwendigkeit des Abstellens auf den Zeitpunkt des Senatsurteils vom 10. November 2005 ergebe sich hieraus nicht.[792]

Auch dieser Fallkonstellation, die mehrfach Gegenstand von Verfahren war, lag lediglich eine noch ausstehende rechtliche Beurteilung und nicht, wie in den unter aa. und bb. genannten Fällen, die Anerkennung eines Anspruchs, der in dieser Form noch nicht existierte und erst durch den Bundesgerichtshof akzeptiert wurde, zugrunde. In den Schenkkreisfällen konnte jedermann vor Klageerhebung die tatsächlichen Voraussetzungen des Bereicherungsanspruchs zweifelsfrei benennen, lediglich über die rechtliche Bewertung des § 817 S. 2 BGB war noch nicht rechtsverbindlich entschieden worden. Insofern konnten Gläubiger bereits vor dem Urteil des Bundesgerichtshofs 2005 den für eine Klageerhebung notwendigen Grad der Kenntnis hinsichtlich der anspruchsbegründenden Merkmale besitzen. Da die Figur des Verjährungsaufschubs bei unsicherer und zweifelhafter Rechtslage aus den genannten Gründen abzulehnen ist, kam der Bundesgerichtshof für die vorliegende Konstellation zur der zutreffenden Bewertung, für den Verjährungsbeginn allein auf Tatsachen- und nicht auf Rechtskenntnis zu rekurrieren.

ee. Rechtsprechung zur Rückabwicklung von Darlehensverträgen zur Immobilienfinanzierung

Zahlreiche Urteile zur unsicheren und zweifelhaften Rechtslage sind im Bereich finanzierter Immobilienanlageschäfte ergangen. Als Unwirksamkeitsgründe für die Darlehensverträge wurden zum einen Verstöße gegen das Rechtsberatungsgesetz und zum anderen Verstöße gegen die gesetzlich vorgeschriebene Gesamtbetragsangabe diskutiert.

Unwirksamkeit von Darlehensverträgen wegen Verstößen gegen das Rechtsberatungsgesetz

Die Grundkonstellation bei den Urteilen zu der Unwirksamkeit von Darlehensverträgen wegen Verstößen gegen das Rechtsberatungsgesetz ist dabei im Wesentlichen dieselbe gewesen: Private Kaufinteressenten schlossen mit Treuhändern – meist Steuerberater oder Wirtschaftsprüfer – Geschäftsbesorgungsverträge und erteilten ihnen eine umfassende Vollmacht, damit diese für die Auftraggeber zu Steuerersparniszwecken alle Rechtsgeschäfte besorgen, die zum Kauf einer Immobilie vonnöten sind. Die Treuhänder schlossen sodann mit einer Bank Darlehensverträge ab, die der Finanzierung des Immobilienerwerbs dienen

792 BGH, Urt. v. 18.12.2008 – III ZR 132/08, BGH NJW 2009, 984, 985.

sollten. Die Käufer machten einige Zeit später jedoch gerichtlich geltend, dass sowohl alle den Treuhänder betreffenden als auch alle von diesem eingegangenen Verpflichtungen wegen Verstoßes gegen Art. 1 § 1 Abs. 1 S. 1 Rechtsberatungsgesetz nichtig seien. In Streit stand hinsichtlich der Verjährung der Ansprüche nach § 199 Abs. 1 BGB die Frage, ob die Kaufinteressenten den Rechtsverstoß und damit die Nichtigkeit der Rechtsverhältnisse erkennen konnten oder nicht. Die Schwierigkeit hinsichtlich der Beurteilung, ob die Gläubiger Kenntnis von dem Anspruch hatten oder hätten haben können, lag darin, dass noch keine einheitliche gerichtliche Beurteilung vorlag, ob die auf den finanzierten Immobilienerwerb gerichtete Vermittlungstätigkeit des Steuerberaters bzw. Wirtschaftsprüfers der Erlaubnispflicht i.S.d. Art. 1 § 1 Abs. 1 S. 1 Rechtsberatungsgesetz unterliegt oder nicht.[793]

Im Rahmen einer gleichgelagerten Fallkonstellation äußerte sich der Bundesgerichtshof im Jahre 2008 grundlegend zur Frage der Verjährung. In diesem Fall sollte eine Steuerberatungs-GmbH für ein Ehepaar den Beitritt zu einem geschlossenen Immobilienfonds bewirken. Hierzu schlossen die Kläger mit der GmbH einen Treuhand- und Geschäftsbesorgungsvertrag und erteilten ihr gleichzeitig eine umfassende Vollmacht. Die GmbH schloss sodann am 25. August 1995 für die Kläger einen Vertrag über einen Finanzierungskredit für den Fonds. Das Darlehen wurde von den Klägern am 31. Januar 1998 abgelöst. Im Jahr 2006 wurde von den Klägern eine Klage auf Rückzahlung der Zins- und Tilgungsleistungen erhoben. Das Berufungsgericht war der Ansicht, die subjektiven Voraussetzungen für die Verjährung hätten bereits Ende 2002 vorgelegen, weshalb die Verjährung des Anspruchs am 31. Dezember 2005 eingetreten sei. Im Jahre 2002 sei umfassend von der Rechtsprechung des Gerichtshofs aus den Jahren 2000 bzw. 2001 in den Medien berichtet worden. In der Entscheidung aus dem Jahr 2000 befasste sich der Gerichtshof erstmals im Rahmen eines Notarhaftungsanspruchs mit dem Verstoß des Geschäftsbesorgungsvertrags und der Vollmacht gegen das Rechtsberatungsgesetz bei

---

793 BGH, Urt. v. 19.3.2008 – III ZR 220/07, BGH VersR 2008, 1121 = NJW-RR 2008, 1237; BGH, Urt v. 23.9.2008 – XI ZR 262/07, BGH WM 2008, 2155 = NJW-RR 2009, 547; BGH, Urt. v. 28.4.2009 – XI ZR 228/08; OLG Zweibrücken, Urt. v. 23.1.2006 – 7 U 7/05, OLGR Zweibrücken 2006, 505; OLG Karlsruhe, Urt. v. 18.7.2006 – 17 U 320/05, OLG Karlsruhe ZIP 2006, 1855 = OLGR Karlsruhe 2006, 755; OLG Karlsruhe, Urt. v. 23.2.2007 – 17 U 65/06, OLGR Karlsruhe 2007, 392; OLG Karlsruhe, Urt. v. 17.4.2007 – 17 U 1/07, OLG Karlsruhe VersR 2008, 262 = OLGR 2007, 668; OLG Saarbrücken, Urt. v. 24.4.2007 – 4 U 410/06-133, OLGR Saarbrücken 2007, 718.

einem kreditfinanzierten Immobilienerwerb.[794] Mit zwei Urteilen im Jahre 2001 entschied der Gerichtshof im Rahmen von § 812 Abs. 1 S. 1 BGB, dass die Einschaltung eines Geschäftsbesorgers oder Treuhänders zur umfassenden Abwicklung einer kreditfinanzierten Immobilienfondsbeteiligung sowie die dazugehörige Vollmacht gegen das Rechtsberatungsgesetz verstoßen.[795] In den Urteilen sei klargestellt worden, dass Geschäftsbesorgungsverträge und Treuhändervollmachten, denen keine Erlaubnis nach dem Rechtsberatungsgesetz zugrunde liegen, auch im Zusammenhang mit kreditfinanzierten Immobilienfondsbeteiligungen unwirksam seien. Mit der umfassenden Berichterstattung hätte die Kenntnis bei den Gläubigern einsetzen können.[796] Der Bundesgerichtshof wählte nachfolgend einen anderen Begründungsansatz.[797] Er konstatierte, dass die Verjährung bei unsicherer und zweifelhafter Rechtslage mit der objektiven Klärung der Rechtslage beginne. Auf die Kenntnis oder grob fahrlässige Unkenntnis der Kläger von der Klärung der Rechtslage komme es nicht an. Für den konkreten Fall stellte das Gericht fest, dass die Klärung der Rechtslage mit den Urteilen des Bundesgerichtshofs in den Jahren 2000 und 2001 eingetreten sei. Nach der Veröffentlichung der Entscheidung in der NJW 2001 und 2002 soll die zuvor unklare Rechtslage dem Verjährungsbeginn nicht mehr entgegengestanden haben. An der Zumutbarkeit der Klageerhebung fehle es bei unsicherer und zweifelhafter Rechtslage nur bis zur objektiven Klärung der Rechtslage, danach sei die Klageerhebung zumutbar.[798]

Da es sich vorliegend bei den Fällen zur Unwirksamkeit von Darlehensverträgen wegen Verstößen gegen das Rechtsberatungsgesetz um Fälle handelt, bei denen die tatsächlichen Voraussetzungen des Bereicherungsanspruchs bereits feststehen und lediglich die rechtliche Beurteilung des Vorliegens des Unwirksamkeitsgrundes streitig ist, ist dem Berufungsgericht darin zuzustimmen, dass Gläubiger eines solchen Anspruchs spätestens dann alle Voraussetzungen des Anspruchs hätten kennen können, als objektiv feststand, dass derartige Verträge sowie die dazugehörige Vollmacht gegen das Rechtsberatungsgesetz verstoßen.

---

794 BGH, Urt. v. 28.9.2000 – IX ZR 279/99, BGHZ 145, 265.

795 BGH, Urt. v. 18.9.2001 – XI ZR 321/00, BGH NJW 2001, 3774; BGH, Urt. v. 11.10.2001 – III ZR 182/00, BGH NJW 2002, 66.

796 OLG Karlsruhe, Urt. v. 17.4.2007 – 17 U 1/07, OLG Karlsruhe VersR 2008, 262 = OLGR 2007, 668.

797 Zur methodischen Kritik siehe bereits oben 3. Teil, I. 2. b.

798 BGH, Urt. v. 23.9.2008 – XI ZR 262/07, BGH WM 2008, 2155, 2156 = NJW-RR 2009, 547.

Unwirksamkeit von Darlehensverträgen wegen fehlender Gesamtbetragsangabe

Die andere Fallgruppierung hat die Unwirksamkeit von Darlehensverträgen zur Immobilienfinanzierung wegen einer fehlenden Gesamtbetragsangabe zum Gegenstand. Ein Darlehensvertrag zwischen einem Verbraucher und einem Unternehmer bedarf zwingend diverser Schriftformangaben, die dem Verbraucher die Auswirkungen der finanziellen Verpflichtungen bei Vertragseingehung verdeutlichen sollen. Im früheren Recht normierte § 4 Abs. 1 S. 4 Nr. 1 b) Verbraucherkreditgesetz, dass „bei Kreditverträgen im allgemeinen der *Gesamtbetrag* aller vom Verbraucher zur Tilgung des Kredits sowie zur Zahlung der Zinsen und sonstigen Kosten zu entrichtenden Teilzahlungen (anzugeben ist), wenn der Gesamtbetrag bei Abschluß des Kreditvertrags für die gesamte Laufzeit der Höhe nach feststeht." Nach § 6 Abs. 1 Verbraucherkreditgesetz a.F. war der Kreditvertrag nichtig, wenn eine Angabe i.S.v. § 4 Abs. 1 S. 4 Nr. 1 b) des Gesetzes fehlte. Hat der Verbraucher den Kredit bereits in Anspruch genommen, wurde der Kreditvertrag gültig, jedoch ermäßigte sich der dem Vertrag zugrunde gelegte Zinssatz nach § 6 Abs. 2 S. 2 Verbraucherkreditgesetz a.F. auf den gesetzlichen Zinssatz, sofern die Gesamtbetragsangabe fehlte. Im geltenden Recht findet sich nunmehr ein ähnliches Schriftformerfordernis für die Gesamtbetragsangabe in § 491a Abs. 1 BGB i.V.m. Art. 247 § 3 Abs. 1 Nr. 8, Abs. 2, Abs. 3 EGBGB. Nach Art. 247 § 3 Abs. 2 EGBGB ist der Gesamtbetrag die Summe aus Nettodarlehensbetrag und Gesamtkosten. Nettodarlehensbetrag ist der Höchstbetrag, auf den der Darlehensnehmer aufgrund des Darlehensvertrags Anspruch hat. Die Gesamtkosten und der effektive Jahreszins sind nach § 6 der Preisangabenverordnung zu berechnen.

Mehrere Entscheidungen befassten sich mit der Beurteilung der Frage, ob die vorgeschriebene Gesamtbetragsangabe i.R.d. Darlehensvertrags fehlt und zur Nichtigkeit des Vertrags führt und ob eine fehlerhafte Gesamtbetragsangabe einer fehlenden Gesamtbetragsangabe gleichzusetzen ist und ebenfalls zur Nichtigkeit führt.[799] In der Folge war für die Gerichte auch zweifelhaft, wann die Kenntnis oder grob fahrlässige Unkenntnis des Gläubigers i.S.d. § 199 Abs. 1 BGB von seinem Anspruch im Falle einer fehlenden Gesamtbetragsangabe anzunehmen ist. Je nach Beantwortung der Frage, ob für die Kenntnis des

---

799 BGH, Urt. v. 20.1.2009 – XI ZR 504/07, BGHZ 179, 260 = BGH NJW 2009, 2046; BGH, Urt. v. 15.6.2010 – XI ZR 309/09, BGH WM 2010, 1399; BGH, Urt. v. 7.12.2010 – XI ZR 348/09, BGH NJW 2011, 1278; LG Essen, Urt. v. 7.5.2009 – 6 O 113/08; LG Essen, Urt. v. 18.6.2009 – 6 O 95/08; KG Berlin, Urt. v. 22.9.2009 – 13 U 17/08, BGH WM 2010, 253; OLG Hamm, Urt. v. 19.4.2010 – I-31 U 79/09, 31 U 79/09, 31 U 86/09.

Gläubigers das Kennen des Darlehensvertrags und der darin aufgeführten Berechnung genügt, um den Verjährungsbeginn auszulösen, oder darüber hinaus Kenntnisse von der rechtlichen Beurteilung der Ausgestaltung der Gesamtbetragsangabe erforderlich sind, gingen die einzelnen Gerichte von einem früheren oder späteren Verjährungsbeginn aus.

Die Sachverhalte der maßgeblichen Entscheidungen waren allesamt vergleichbar. Verbraucher wurden von einem Vermittler geworben, einem Immobilienfonds beizutreten. Zur Finanzierung des Fondsbeitritts schlossen die späteren Kläger mit einer Bank einen Darlehensvertrag ab und gewährten der Bank hierfür Sicherheiten, wie z.B. die Abtretung einer Lebensversicherung und die Verpfändung des Fondsanteils. Jahre später machten die Kläger die Nichtigkeit des Darlehensvertrags wegen der fehlenden Gesamtbetragsangabe geltend und forderten die auf das Darlehen geleisteten Zinsen nebst Zinsen gegen die Abtretung des Fondsanteils sowie die Rückübertragung der Sicherheit zurück.[800]

In einer Reihe von Entscheidungen konkretisierte der Bundesgerichtshof den Begriff der fehlenden bzw. fehlerhaften Gesamtbetragsangabe. Mit den Urteilen vom 8. Juni 2004 und vom 14. September 2004 stellte der Gerichtshof in einem Fall, in dem die Gesamtbetragsangabe fehlte, klar, dass die Gesamtbetragsangabe auch bei einer so genannten unechten Abschnittsfinanzierung zu erfolgen hat.[801] Fortführend hat der Gerichtshof am 25. April 2006 entschieden, dass die Gesamtbetragsangabe fehle, wenn der Vertrag nur die Zinsfestschreibung für die Abschnittsfinanzierung enthalte. Es reiche nicht aus, dass in dem Vertrag lediglich die für die Zeit der Zinsfestschreibung zu erbringenden Zahlungen und der bei Ablauf der Zinsbindung bestehende Restkredit aufgeführt werden. Dennoch führte diese fehlerhafte Angabe im Ergebnis nicht zur Nichtigkeit des Vertrags, da die Rechtsfolgen nach § 6 Abs. 2 Verbraucherkreditgesetz a.F. eintraten.[802] Am selben Tag hatte derselbe Senat über einen Fall entschieden, in dem die Gesamtbetragsangabe zwar vorhanden war, jedoch die Raten für die als Sicherheit dienende Lebensversicherung nicht angegeben waren. Dies stufte der Gerichtshof lediglich als Falschangabe ein, die nicht zur Nichtigkeit des Vertrags

800 Sachverhaltsbeispiel aus KG Berlin, Urt. v. 22.9.2009 – 13 U 17/08, KG Berlin WM 2010, 253 bzw. nachfolgend BGH, Urt. v. 7.12.2010 – XI ZR 348/09, BGH NJW 2011, 1278.

801 BGH, Urt. v. 8.6.2004 – XI ZR 150/03, BGH WM 2004, 1542; BGH, Urt. v. 14.9.2004 – XI ZR 11/04, BGH WM 2004, 2306.

802 BGH, Urt. v. 25.4.2006 – XI ZR 193/04, BGHZ 167, 252, 263 ff.

führe.[803] Ferner bestimmte der Gerichtshof am 9. Mai 2006, dass ein Fehlen der Gesamtbetragsangabe vorliege, wenn der Darlehensvertrag nur den für die Zeit der Zinsfestschreibung berechneten Teilbetrag ausweist, auch wenn der Vertrag zusätzlich die nach Ablauf der Zinsfestschreibung bestehende Restschuld angibt.[804]

Der Bundesgerichtshof hat in einer Reihe von Entscheidungen das gesetzliche Merkmal der Gesamtbetragsangabe präzisiert, dabei jedoch keine über den Gehalt des Gesetzes hinausgehenden Ansprüche geschaffen. § 4 Abs. 1 S. 4 Nr. 1 b) Verbraucherkreditgesetz a.F. gab Bezugspunkte vor, worauf sich die Gesamtbetragsangabe bei Kreditverträgen erstrecken sollte, so dass der Gerichtshof nicht im Sinne der in aa. und bb. genannten Fälle rechtsfortbildend tätig wurde. Vielmehr handelte es sich auch in diesen Fällen um solche, bei denen lediglich die rechtliche Beurteilung eines Merkmals in Streit stand, weshalb in diesen Fällen ein Verjährungsaufschub wegen einer unsicheren und zweifelhaften Rechtslage ebenfalls konsequenter Weise abzulehnen ist.

ff. Sonstige Beispielsfälle

Ein Fall der unsicheren und zweifelhaften Rechtslage wurde vom OLG Nürnberg bei einer Klage eines Energieversorgungsunternehmens gegen einen Netzbetreiber angenommen, der zu hohe Netzentgelte gefordert hatte und deshalb von dem Versorgungsunternehmen auf Rückerstattung der zuviel gezahlten Entgelte in Anspruch genommen wurde. Das OLG war der Ansicht, das Versorgungsunternehmen habe erst dann Kenntnis von den Erfolgsaussichten seiner Rückerstattungsansprüche haben können, als der BGH erstmals im Zusammenhang mit Netznutzungsverträgen ausgesprochen hatte, dass die Darlegungs- und Beweislast im Rückforderungsprozess beim Netzbetreiber liege. Vor diesem Zeitpunkt habe eine unsichere und zweifelhafte Rechtslage vorgelegen. Es führt dazu aus: „Die Rechtsprechung des Bundesgerichtshofs, die Grundlage für die Rückforderungsansprüche der Klägerin ist, begann erst im Jahr 2005 mit dem Urteil vom 18.10.2005 (KZR 36/04 – Stromnetznutzungsentgelt). In dieser Entscheidung hat der Bundesgerichtshof erstmals im Zusammenhang mit Netznutzungsverträgen ausgesprochen, dass die Darlegungs- und Beweislast auch im Rückforderungsprozess beim leistungsbestimmungsberechtigten Gläubiger liegt, wenn der Schuldner lediglich Abschlagszahlungen oder unter Vorbehalt geleistet hat. Erst ab diesem Zeitpunkt konnte

803 BGH, Urt. v. 25.4.2006 – XI ZR 106/05, BGHZ 167, 239, 243 ff.
804 BGH, Urt. v. 9.5.2006 – XI ZR 119/05, BGH NJW-RR 2006, 1419.

die Klägerin davon ausgehen, eine hinreichend aussichtsreiche, wenn auch nicht risikolose Klage erheben zu können; damit lagen die Voraussetzungen des § 199 Abs. 1 Nr. 2 BGB vor."[805] Das OLG Nürnberg führte weiter aus, dass „*Grundlage* für die Rückforderungsansprüche" das höchstrichterliche Urteil vom 18. Oktober 2005 sei und die Klägerin erst ab diesem Zeitpunkt von einer Klageerhebung i.S.d. Anforderungen aus § 199 Abs. 1 Nr. 2 BGB ausgehen konnte. Zur Fälligkeit des Anspruchs merkte das OLG an, dass sich die Höhe des Rückforderungsanspruchs frühestens mit dem Ende des Abrechnungszeitraums bestimmen lasse. Der Anspruch entstehe erst, wenn die Abrechnung erteilt wurde bzw. erteilt werden konnte.[806] Dass sich die Entgeltbestimmung für Netznutzungsverträge nach billigem Ermessen i.S.d. § 315 BGB richten kann, hat der Bundesgerichtshof in dem besagten Urteil entschieden. In einem weiteren Urteil aus dem Jahre 2008 entschied er weiter, dass die Billigkeitskontrolle des § 315 BGB bei Leistungen der Daseinsvorsorge, bei denen der Versorger eine Monopolstellung inne habe, auch auf anfänglich vereinbarte Preise Anwendung finde und dass Netzbetreiber als monopolartige Versorger anzusehen seien.[807]

Mit diesen Urteilen ebnete der Gerichtshof den Weg für die Anwendung des § 315 BGB bei Netznutzungsverträgen, was für die Anspruchsentstehung in diesen Fällen konkrete Auswirkungen hat. Denn nach § 315 Abs. 3 BGB ist die getroffene Entgeltbestimmung für den Anspruchsgläubiger nur *verbindlich*, wenn sie der Billigkeit entspricht. Ob die vom Rückforderungsgläubiger geltend gemachte Unbilligkeit der Leistungsbestimmung im konkreten Fall zutrifft, muss im Einzelnen durch gerichtliches Urteil festgestellt werden. Rückforderungsansprüche wegen überhöhter Netzentgelte entstehen demnach richtigerweise bei Unbilligkeit erst mit rechtskräftigem Urteil i.S.v. § 315 Abs. 3 BGB, weshalb auch im Fall des OLG Nürnberg die Verjährungsvoraussetzungen in objektiver Hinsicht erst mit der rechtskräftigen Entscheidung über den konkreten Fall vorgelegen haben. Würde man die Entstehung des Rückforderungsanspruchs von § 315 Abs. 3 BGB losgelöst sehen, d.h. würde das einseitige Leistungsbestimmungsrecht der einen Vertragspartei bereits zu einer Anspruchsbegründung führen, liefe die Überprüfung der Billigkeit durch gerichtliches Urteil leer[808]: Denn der Wortlaut des § 315 BGB erklärt die Entgeltbestimmung nur für verbindlich, *wenn* sie der Billigkeit entspricht, was

805 OLG Nürnberg, Urt. v. 1.3.2011 – 1 U 2040/10, OLG Nürnberg IR 2011, 109.
806 Ebd.
807 BGH, Urt. v. 4.3.2008 – KZR 29/06, BGH NJW 2008, 2175.
808 Vgl. Schwintowski, ZIP 2006, 2302, 2304.

aufgrund der Anwendung des § 315 BGB auf Netznutzungsverträge eine Entscheidung über das „Ob“ des Rückforderungsanspruchs durch Richterrecht einschließt. Demnach handelt es sich bei dieser Fallkonstellation des § 315 BGB um einen Sonderfall, der nicht die Zumutbarkeit der Klageerhebung, sondern jeweils die Anspruchsentstehung durch rechtskräftiges Urteil betrifft.

Eine aktuelle Fallgestaltung, bei der die Verjährung von Ansprüchen unter dem Gesichtspunkt der unsicheren und zweifelhaften Rechtslage diskutiert wird, stammt aus dem Mietrecht. Am 23. Juni 2004 hatte der Bundesgerichtshof entschieden, dass eine Klausel im Mietvertrag, welche sowohl die Verwendung eines starren Fristenplans durch den Vermieter als auch die Überwälzung der gesamten Schönheitsreparaturen auf den Mieter vorsieht, unwirksam ist.[809] Am 27. Mai 2009 wurde das Bestehen eines Bereicherungsanspruchs des Mieters wegen der Durchführung einer nicht geschuldeten Endrenovierung erstmals vom Bundesgerichtshof bestätigt.[810] Er führte darin aus, dass der Anspruch nicht auf den Ausgleich der Wertsteigerung der Mieträume, welcher der Vermieter aus einem erhöhten objektiven Ertragswert der Mietsache erzielen könnte, gerichtet sei, sondern auf den Wert der üblichen, angemessenen Vergütung für die Renovierungsleistungen.[811]

Zu welchem Zeitpunkt von dem Verjährungsbeginn von Bereicherungsansprüchen wegen der Durchführung einer nicht geschuldeten Endrenovierung ausgegangen werden soll, ist seitdem Streitgegenstand des rechtswissenschaftlichen Diskurses. Da die objektive Klärung der Rechtslage erst mit dem Urteil des Bundesgerichtshofs vom 27. Mai 2009 eingetreten sei und eine Veröffentlichung dieser Entscheidung im selben Jahr stattgefunden haben, beginne die Verjährung derartiger Bereicherungsansprüche mit dem Anfang des Jahres 2010.[812] *Blank* will damit die vom Bundesgerichtshof in seinem Urteil vom 23.9.2008[813] aufgestellten Grundsätze auf den vorliegenden Fall übertragen. *Jacoby* geht von dem Verjährungsbeginn dieser Ansprüche bereits ab dem Jahr 2005 aus, da der Bundesgerichtshof sich bereits am 23. Juni 2004 zu der Unwirksamkeit dieser Klauseln geäußert habe; im Übrigen sei die Rechtsfigur des Verjährungsaufschubs nicht nur in diesem Zusammenhang, sondern generell abzulehnen.[814]

---

809 BGH, Urt. v. 23.6.2004 – VIII ZR 361/03, BGH NJW 2004, 2586.

810 BGH, Urt. v. 27.5.2009 – VIII ZR 302/07, BGH NJW 2009, 2590.

811 BGH, Urt. v. 27.5.2009 – VIII ZR 302/07, BGH NJW 2009, 2590, 2592.

812 Blank, NZM 2010, 97, 102.

813 BGH, Urt. v. 23.9.2008 – XI ZR 262/07, BGH WM 2008, 2155, 2156 = NJW-RR 2009, 547; zur Kritik an den dogmatischen Schwächen dieses Urteils siehe bereits oben, 3. Teil, I. 2.b.

814 Jacoby, ZMR 2010, 335, 339 f.

Mit Beschluss vom 31. Januar 2012 hat sich der Bundesgerichtshof dafür ausgesprochen, dass hinsichtlich der Kenntniserlangung nicht auf das Urteil vom 27. Mai 2009, sondern auf dasjenige vom 23. Juni 2004 abzustellen sei, da spätestens zu diesem Zeitpunkt die unsichere Rechtslage geklärt worden sei.[815]

Auch bei dieser Fallkonstellation ist ein Verjährungsaufschub wegen einer unsicheren und zweifelhaften Rechtslage abzulehnen. Die Verjährung konnte hier bereits mit der Kenntnis von den anspruchsbegründenden Tatsachen mit Schluss des Jahres 2004, d.h. zu dem Zeitpunkt beginnen, zu dem die Unwirksamkeit der Klauseln feststand. Denn bereits im Jahre 2004 kannten potenzielle Gläubiger die Grundlage für die Bereicherungsansprüche wegen Unwirksamkeit der Klauseln.

Ein anderer Beispielsfall aus dem Mietrecht zeigt hingegen auf, dass nicht alle Sachverhalte, die Gerichte als Verjährungsfälle mit einer unsicheren Rechtslage einordneten, als solche zu bezeichnen waren und einen Verjährungsaufschub begründen konnten. Auf das Erfordernis ausnahmsweiser Rechtskenntnis für den Verjährungsbeginn bestand das OLG Stuttgart in einem Fall, in dem die Mieter eines Einfamilienhauses mit Klage im Jahre 2009 die Rückzahlung eines Teils der sechs im Jahre 2005 geleisteten Monatsmieten begehrten, die sie zu Beginn des Mietverhältnisses als Kaution an den Vermieter bezahlten. Das OLG war der Ansicht, dass die Mieter erst ab der anwaltlichen Beratung Kenntnis von dem gesetzlichen Verbot des § 551 Abs. 1 BGB haben konnten, das Sicherheitsleistungen nur in Höhe von drei Monatsmieten gestattet. In dem vorliegenden Fall habe die Verjährung des Anspruchs deshalb nicht schon mit der Zahlung der sechs Kautionen begonnen, sondern ähnlich wie bei § 839 BGB sei Kenntnis von der Rechtswidrigkeit des Verhaltens erforderlich gewesen, um den Verjährungsbeginn auszulösen.[816] Der Bundesgerichtshof lehnte diesen Begründungsansatz und das Vorliegen einer unsicheren und zweifelhaften Rechtslage jedoch nachfolgend ab. Der Anspruch auf Rückzahlung der zu viel geleisteten Monatsmieten war nach Ansicht des BGH bereits mit der Zahlung 2005 entstanden.[817]

Dass die Kläger drei der Monatsmieten rechtsgrundlos bezahlt haben und deshalb ein Rückforderungsanspruch besteht, stand in objektiver Hinsicht

---

815 BGH, Beschl. v. 31.1.2012 – VIII ZR 141/11, BGH NJW 2012, 1572; vgl. auch AG Schöneberg, Urt. v. 29.4.2010 – 9 C 386/09.

816 OLG Stuttgart, Urt. v. 25.3.2010 – 13 U 136/09.

817 BGH, Urt. v. 1.6.2011 – VIII ZR 91/10, BGH NJW 2011, 2570, 2571.

bereits 2005 fest. Aus dem gesetzlichen Verbot des § 551 Abs. 1 BGB ergibt sich zweifellos die Rechtsgrundlosigkeit der Zahlung gem. § 812 Abs. 1 S. 1 BGB, so dass die Kläger hinreichende Kenntnis von den anspruchsbegründenden Tatsachen bereits im Jahre 2005 haben konnten. Die Kläger hätten die erforderliche Kenntnis von dem Anspruch ohne weiteres durch Blick ins Gesetz oder bei einem Rechtsanwalt einholen können.

b. Arbeitsrechtliche Judikatur

Hinsichtlich der Verjährung von „Equal-Pay"-Ansprüchen bestand zwischen den Arbeitsgerichten ebenfalls Streit.

Leiharbeitnehmer forderten gemäß § 10 Abs. 4 S. 4 AÜG nach den Grundsätzen des „Equal-Pay" von dem Verleihunternehmen die Differenz zwischen dem ausbezahlten Entgelt und dem Entgelt, das den festangestellten Arbeitnehmern im Entleihbetrieb ausbezahlt wurde. Alle klagenden Leiharbeitnehmer hatten zu Beginn ihrer Tätigkeit mit dem Verleihunternehmen die Geltung der zwischen der Tarifgemeinschaft Christlicher Gewerkschaften für Zeitarbeit und Personalserviceagenturen (CGZP) und dem Arbeitgeberverband Mittelständischer Personaldienstleistungen (AMP) geschlossenen Tarifverträge vereinbart. Am 1. April 2009 wurde erstmals vom Arbeitsgericht Berlin[818] entschieden, dass die CGZP tarifunfähig sei. Dies wurde vom Landesarbeitsgericht Berlin-Brandenburg[819] am 7. Dezember 2009 bestätigt. Die nachfolgende höchstrichterliche Anerkennung der Tarifunfähigkeit der CGZP folgte am 14. Dezember 2010 vom Bundesarbeitsgericht.[820] Aufgrund dieser Rechtsprechungsentwicklung machten einige Leiharbeitnehmer vor Gericht gemäß §§ 9 Nr. 2, 10 Abs. 4 S. 4 AÜG die Differenzbeträge geltend. Nach dieser Vorschrift löst eine Benachteiligung eines Leiharbeitnehmers, die nicht durch einen Tarifvertrag gedeckt ist, grundsätzlich Ansprüche des Leiharbeitnehmers gegen den Verleiher auf die vergleichbare Einsatzvergütung aus. Ob die von den Leiharbeitnehmern geltenden gemachten Ansprüche auf eine vergleichbare Vergütung nach §§ 9 Nr. 2, 10 Abs. 4 S. 4 AÜG auch für die Vergangenheit geltend gemacht werden können oder ob das Verjährungsrecht hierfür eine zeitliche Grenze markiert, wird von den Gerichten bisweilen unterschiedlich beurteilt. Uneinheitlich bewertet wird dabei, wie sich in diesen Fällen eine einzelvertraglich vereinbarte Ausschlussfrist, nach deren

818 ArbG Berlin, Urt. v. 1.4.2009 – 35 BV 17008/08.
819 LAG Berlin-Brandenburg, Urt. v. 7.12.2009 – 23 TaBV 1016/09.
820 BAG, Beschl. v. 14.12.2010 – 1 ABR 19/10, BAG NZA 2011, 289.

Ablauf eine Geltendmachung der Ansprüche grundsätzlich nicht mehr möglich ist, zu der Verjährung der Ansprüche nach § 199 Abs. 1 BGB verhält.

Nach Auffassung einiger Arbeitsgerichte[821] sei bis zur Entscheidung des Bundesarbeitsgerichts im Jahre 2010 vollkommen unsicher gewesen, ob die Tarifverträge unwirksam waren oder nicht, so dass für die Gläubiger eine Klageerhebung zu einem früheren Zeitpunkt nicht zumutbar gewesen wäre. Erst mit der Entscheidung des Bundesarbeitsgerichts sei die Rechtslage geklärt worden, so dass auch die Gläubiger erst dann von ihren Ansprüchen erfahren konnten. Die einzelvertraglich vereinbarte Ausschlussfrist wurde dabei – sofern sie im konkreten Fall überhaupt als wirksam erachtet wurde[822], nicht als Hinderungsgrund für den Verjährungsbeginn im Jahr 2011 angesehen. Hierzu wurde konstatiert, dass der Lauf der Ausschlussfrist frühestens mit Bekanntgabe der Entscheidung des Bundesarbeitsgerichts am 14. Dezember 2010 beginne. Dies ergebe sich aus der Übertragung des Rechtsgedankens, welcher dem Verjährungsaufschub bei einer unsicheren und zweifelhaften Rechtslage zugrunde liege.[823]

Das Arbeitsgericht Emden war hingegen der Ansicht, dass die Leiharbeitnehmer hinreichende rechtliche Kenntnisse bereits mit dem ersten Urteil des Arbeitsgerichts Berlin vom 1. April 2009 hätten erlangen können, so dass die Verjährung Anfang 2010 begonnen habe.[824] Das Landesarbeitsgericht Nürnberg sah die hinreichende Kenntnis spätestens mit dem Urteil des Landesarbeitsgerichts Berlin-Brandenburg vom 7. Dezember 2009 als gegeben an.[825]

Von einem weitaus früheren Verjährungsbeginn gingen indessen andere Instanzgerichte aus. Das Arbeitsgericht Potsdam ist beispielsweise der Ansicht, die Ansprüche seien im jeweiligen Kalenderjahr fällig geworden, weshalb die Verjährung mit Beginn des nächsten Kalendarjahres eingesetzt habe. Auf die Rechtsfigur der unsicheren und zweifelhaften Rechtslage komme es nicht an, da

---

821 ArbG Bremen-Bremerhaven, Urt. v. 12.5.11 – 5 Ca 5129/10, ArbG Bremen-Bremerhaven, AiB 2011, 690; ArbG Frankfurt/Oder, Urt. v. 9.6.2011 – 3 Ca 422/11, ArbG Frankfurt/Oder AiB 2011, 550; ArbG Dortmund, Urt. v. 15.7.2011 – 1 Ca 2297/11, ArbG Dortmund AiB 2011, 690; LAG Berlin-Brandenburg, Urt. v. 20.9.2011 – 7 Sa 1318/11, LAG Berlin-Brandenburg BB 2012, 1544.

822 Im Fall des ArbG Dortmund, Urt. v. 15.7.2011 – 1 Ca 2297/11, ArbG Dortmund AiB 2011, 690 wurde die Wirksamkeit beispielsweise verneint.

823 ArbG Frankfurt/Oder, Urt. v. 9.6.2011 – 3 Ca 422/11, AiB 2011, 550, 551; LAG Berlin-Brandenburg, Urt. v. 20.9.2011 – 7 Sa 1318/11, LAG Berlin-Brandenburg BB 2012, 1544, 1546.

824 ArbG Emden, Urt. v. 28.9.2011 – 1 Ca 188/11.

825 LAG Nürnberg, Urt. v. 2.5.2012 – 2 Sa 516/11, LAG Nürnberg BB 2012, 2112.

die Leiharbeitnehmer von der Ungleichbezahlung und anderen Umständen bereits damals gewusst hätten und Unkenntnis von rechtlichen Umständen unschädlich sei.[826] Als ausschlaggebend für den Verfall der „Equal-Pay"-Ansprüche sahen andere Gerichte die Ausschlussfrist an, deren Beginn nicht auf den Zeitpunkt der Entscheidung des Bundesarbeitsgerichts hinauszuschieben sei.[827]

Richtigerweise hatten Gläubiger durch die Urteile des Arbeitsgerichts Berlin und des Landesarbeitsgerichts Berlin-Brandenburg aus dem Jahre 2009 erstmals Kenntnis davon erhalten können, dass Benachteiligungen eines Leiharbeitnehmers, die nicht durch einen wirksamen Tarifvertrag mit der CGZP gedeckt sind, grundsätzlich Ansprüche des Leiharbeitsnehmers gegen den Verleiher auf die vergleichbare Einsatzvergütung auslösen. Gläubiger derartiger Ansprüche hatten demnach bereits mit Schluss des Jahres 2009 Kenntnis von den anspruchsbegründenden Tatsachen des Anspruchs erlangen können. Somit ist auch in dieser Fallkonstellation die Begründung des Verjährungsaufschubs über die Rechtsfigur der unsicheren und zweifelhaften Rechtslage entbehrlich.

c. Öffentlich-rechtliche Judikatur

Im öffentlichen Recht finden sich vereinzelt Fallkonstellationen, bei denen ein Verjährungsaufschub wegen einer unsicheren und zweifelhaften Rechtslage thematisiert wurde. Diese hatten beamtenrechtliche Versorgungs- bzw. Besoldungsansprüche zum Gegenstand.

In dem einen Fall begehrte der verbeamtete Kläger die Zahlung des Unterschiedsbetrags nach § 50 Abs. 1 BeamtenVG, welcher den Familienzuschlag für Beamte regelt. Dieser wurde dem Kläger für den streitgegenständlichen Zeitraum im Jahr 2002 vom Versorgungsgeber mit der Begründung, das für diesen Anspruch als notwendige Voraussetzung geltende Kindergeld stünde dem Empfänger nicht zu, verwehrt. Die gegen die Versagung des Unterschiedsbetrags i.S.v. § 50 Abs. 1 BeamtenVG im Jahre 2007 erhobene Klage wurde mit dem Hinweis auf die Verjährung des Anspruchs i.S.d. §§ 195, 199 BGB abgewiesen. In der letztinstanzlichen Berufung lehnte der Bayerische Verwaltungsgerichtshof München die Einrede der Verjährung mit dem Hinweis auf eine unsichere und zweifelhafte Rechtslage ab. Denn nach der ständigen Rechtsprechung des Bundesfinanzhofs konnte der Kläger nicht damit rechnen, dass ihm ein Anspruch

826 ArbG Potsdam, Urt. v. 13.3.2012 – 3 Ca 816/11.

827 ArbG Chemnitz, Urt. v. 31.3.2011 – 4 Ca 3529/10; vgl. auch ArbG Stuttgart, Urt. v. 12.5.2011 – 32 Ca 10252/10.

zustehen würde, weshalb eine Klageerhebung nicht zumutbar gewesen sei. Erst nachdem das Bundesverfassungsgericht[828] in der bis dato geltenden Spruchpraxis des Bundesfinanzhofs einen Grundrechtsverstoß erkannte, sei es dem Kläger zumutbar geworden, zu klagen.[829]

Das Bundesverfassungsgericht erklärte die Rechtsprechung des Bundesfinanzhofs, wonach für die Gewährung von Kinderfreibeträgen bzw. Kindergeld die Sozialversicherungsbeiträge des Kindes in die Bemessungsgröße für den Jahresgrenzbetrag nach § 32 Abs. 4 S. 2 Einkommensteuergesetz zu Lasten der unterhaltsverpflichteten Eltern einzubeziehen seien, für verfassungswidrig. Dennoch handelt es sich bei dieser Fallkonstellation lediglich um eine veränderte rechtliche Beurteilung des § 50 Abs. 1 BeamtVG und nicht um die erstmalige Begründung eines Anspruchs in richterlicher Rechtsfortbildung. Maßgeblich ist daher die subjektive Verjährungsvoraussetzung, mithin die Frage, ab welchem Zeitpunkt Gläubiger des Anspruchs Kenntnis von selbigem haben konnten. Eine veränderte Rechtsprechung der Fachgerichte im Nachgang zu einer Bundesverfassungsgerichtsentscheidung ist nicht unüblich und kann nicht allein dazu führen, dass die Verjährung aufgeschoben wird. Maßgeblich ist daher in strikter Anwendung des § 199 Abs. 1 BGB die Kenntnis derjenigen Tatsachen, aufgrund derer zum Erkenntniszeitpunkt über das Bestehen oder des Nichtbestehen eines Anspruchs befunden werden konnte.

In einem anderen Fall war streitig, ob und ab wann dem Kläger ein Anspruch auf Zahlung von Zuschüssen zu seinen Dienstbezügen gemäß § 4 Abs. 1 der 2. Verordnung über besoldungsrechtliche Übergangsregelungen nach Herstellung der Einheit Deutschlands (2. BesÜV) zusteht.[830] Im Zuge der Wiedervereinigung Deutschlands wurden mit der 2. BesÜV im Beitrittsgebiet der ehemaligen Deutschen Demokratischen Republik die Vorschriften des Bundesbesoldungsgesetzes mit besonderen Maßgaben eingeführt.[831] Die in Streit stehende Vorschrift des § 4 Abs. 1 der 2. BesÜV gewährte Beamten, Richtern und Soldaten mit Anspruch auf Besoldung nach § 2 einen ruhegehaltfähigen Zuschuss in Höhe des Unterschiedsbetrags zwischen den Bezügen nach § 2 und den bei gleichem Amt für das bisherige Bundesgebiet geltenden Dienstbezügen, wenn sie aufgrund der im bisherigen Bundesgebiet erworbenen Befähigungsvoraussetzungen ernannt werden. Das Bundesverwaltungsgericht hatte in jahrelanger Rechtsprechung die Ansicht vertreten, der in der Vorschrift genannte

828 BVerfG, Beschl. v. 11.1.2005 – 2 BvR 167/02, BVerfGE 112, 164.
829 BayVGH München, Urt. v. 10.3.2010 – 14 B 09.630.
830 VG Ansbach, Urt. v. 23.4.2008 – AN 11 K 07.01393; BayVGH München, Urt. v. 10.3.2010 – 14 BV 08.2444; BVerwG, Beschl. v. 20.12.2010 – 2 B 44/10.
831 Vgl. BVerfG, Beschl. v. 12.2.2003 – 2 BvR 709/99, BVerfGE 107, 257, 259.

Begriff der Befähigungsvoraussetzungen müsse die gesamte Vorbildung des Beamten inklusive der allgemeinbildenden erfassen. Das Bundesverfassungsgericht stellte jedoch 2003 fest, dass für die Auslegung des Tatbestandsmerkmals der Befähigungsvoraussetzungen die spezifisch fachbezogene Ausbildung und nicht die allgemeinbildende entscheidend sei.[832] Mit dieser Rechtsprechung begründete das Bundesverfassungsgericht den Umstand, dass nunmehr § 4 Abs. 1 der 2. BesÜV auch Beamte zugeordnet werden, die ihre Kindheit und Jugend bis zum Abitur im Beitrittsgebiet verbracht haben und sich nur vorübergehend zur Ausbildung in das bisherige Bundesgebiet begeben haben. Das Bundesverwaltungsgericht folgte dieser Vorgabe des Bundesverfassungsgerichts und präzisierte sie 2006 dahingehend, dass zur Wahrung der Gleichheit i.S.v. Art. 3 GG die Befähigungsvoraussetzungen auch dann als im bisherigen Bundesgebiet erworben gelten müssten, wenn der dort durchgeführte Teil der fachspezifischen Ausbildung zeitlich mindestens die Hälfte der Gesamtausbildung ausgemacht habe.[833]

In dem vorliegenden Fall begehrte der Kläger mit seiner 2007 erhobenen Klage die Zahlung von Zuschüssen zu seinen Dienstbezügen für den Zeitraum vom 12. Oktober 1995 bis 31. Dezember 2002. Das Verwaltungsgericht sah in der ersten Instanz die Ansprüche des Klägers bis einschließlich 31. Dezember 1997 als verjährt an, da sich die Verjährung dieser Ansprüche vor der Schuldrechtsreform nach der vierjährigen Frist i.S.v. §§ 197, 201 BGB a.F. gerichtet habe. Nach diesen Vorschriften seien die Ansprüche bis Ende 1997 nach ihrer Entstehung jeweils mit Jahresschluss verjährt. Die übrigen Ansprüche, deren Verjährung sich mangels einer § 197 BGB a.F. entsprechenden Sondervorschrift nach § 195, 199 BGB richteten, hielt das Verwaltungsgericht jedoch für unverjährt und stützte seine Ansicht auf das subjektive Element des § 199 Abs. 1 BGB. Es führte dazu aus, der Kläger habe bis zum Urteil des Bundesverwaltungsgerichts vom 15. Juni 2006 keinen Anlass gehabt, „gegenüber der Beklagten einen nach damaliger Auffassung mangels Erfüllung der Tatbestandsvoraussetzung nicht gegebenen Anspruch geltend zu machen." Aufgrund der Unkenntnis dieser Rechtstatsache habe die Verjährung des Anspruchs erst mit dem 1. Januar 2007 begonnen.[834]

Das Berufungsgericht hingegen sah auch die Ansprüche vor der Schuldrechtsreform aus den Jahren 1998 bis 2001 als verjährt an, da die vierjährige

832 Vgl. u.a. BVerfG, Beschl. v. 12.2.2003 – 2 BvR 709/99, BVerfGE 107, 257, 272 ff.; BVerfG, Beschl. v. 12.2.2003 – 2 BvL 3/00, BVerfGE 107, 218 ff.

833 BVerwG, Urt. v. 15.6.2006 – 2 C 14.05; BVerwG, Urt. v. 15.6.2006 – 2 C 17.05; BVerwG, Urt. v. 15.6.2006 – 2 C 25/05.

834 VG Ansbach, Urt. v. 23.4.2008 – AN 11 K 07.01393.

Verjährungsfrist bei Klageerhebung 2007 aufgrund des Verjährungsbeginns am Anfang des darauffolgenden Jahres bereits abgelaufen gewesen sei. Die Verjährung der Ansprüche aus 2002 verneinte es, da sich diese nach §§ 195, 199 BGB richte und bis zur Entscheidung des Bundesverfassungsgerichts, „wahrscheinlich aber sogar erst mit der Bekanntgabe der Entscheidungen des Bundesverwaltungsgerichts" eine unklare Rechtslage bestanden habe. Im Ergebnis nahm das Berufungsgericht den Verjährungsbeginn für den Besoldungsanspruch aus dem Jahr 2002 jedoch „frühestens mit der objektiv möglichen Kenntniserlangung des Klägers von der genannten Entscheidung des Bundesverfassungsgerichts" an, so dass die Verjährung des Anspruchs aus dem Jahre 2002 mit Anfang des Jahres 2004 begonnen und mit Ablauf des Jahres 2006 geendet habe. Obgleich die Klage erst 2007 erhoben wurde, nahm das Gericht aufgrund der Anspruchshemmung nach § 204 Abs. 1 Nr. 12 BGB im Ergebnis keine Verjährung des Anspruchs aus 2002 an.[835]

Das Bundesverfassungsgericht ging in seinen Beschlüssen vom 12. Februar 2003 zur Wahrung des verfassungsrechtlich verankerten Gleichheitssatzes von einer anderen Auslegung des Tatbestandsmerkmals der „Befähigungsvoraussetzungen" i.S.d. § 4 Abs. 1 der 2. BesÜV aus, als dies in der langjährigen Rechtsprechung des Bundesverwaltungsgerichts der Fall war. Dennoch handelt es sich bei dieser Fallkonstellation lediglich um eine veränderte rechtliche Beurteilung des Merkmals der „Befähigungsvoraussetzungen" und nicht um die erstmalige Begründung eines Anspruchs in richterlicher Rechtsfortbildung. Dass die Gerichte auf der Grundlage von § 4 Abs. 1 der 2. BesÜV nunmehr auch Beamte einbeziehen könnten, die ihre Kindheit und Jugend bis zum Abitur im Beitrittsgebiet verbracht und sich nur vorübergehend zur Ausbildung in das bisherige Bundesgebiet begeben haben, ist eine Frage der verfassungskonformen Auslegung der Norm und keine Situation im Sinne des objektiven Ansatzes, bei der niemand in der Lage ist, im Vorhinein – sei es nur denkgesetzlich – die Anspruchsvoraussetzungen der Norm zu benennen.

4. Praktische Auswirkungen und Vorteile des objektiven Ansatzes

Wie im Einzelnen dargelegt wurde, sollte ein späterer Verjährungsbeginn nur in den Fällen gewährt werden, in denen die Rechtsprechung rechtsfortbildend einen Anspruch kreiert hat, bei dem niemand im Vorhinein in der Lage war, die tatsächlichen Voraussetzungen des Anspruchs zu benennen, weil diese bis zu diesem

835 BayVGH München, Urt. v. 10.3.2010 – 14 BV 08.2444.

Zeitpunkt durch den höchsten Gerichtshof noch nicht objektiv anerkannt waren. In allen anderen Fällen sollte zugunsten der rechtssicheren Anwendung der Norm auf die Ausdehnung des Merkmals der Zumutbarkeit innerhalb des subjektiven Kriteriums verzichtet und für den Verjährungsbeginn ausschließlich auf die Erlangung der Tatsachenkenntnisse abgestellt werden.

Welche Auswirkungen dieser objektive Ansatz für die Rechtspraxis hat, wird im Folgenden beleuchtet. Des Weiteren wird dargestellt, in welcher Hinsicht sich Unterschiede und Vorteile durch den objektiven Ansatz im Vergleich zur bisherigen Lösung der problematischen Fälle auftun.

a. Auswirkungen auf die Gerichtspraxis

aa. Situation vor der höchstrichterlichen Anspruchsanerkennung

Ist eine Situation gegeben, bei der das Vorliegen eines Anspruchs denkgesetzlich zwar möglich erscheint, ein solcher aber weder de lege lata noch richterrechtlich anerkannt ist, müssen die Instanzgerichte diesem Umstand Rechnung tragen: Falls der zuständige Richter in der unteren Instanz nicht mit Sicherheit davon ausgehen kann, dass ein Anspruch vorliegend gegeben ist oder nicht, wenn also eine Situation besteht, in der weder ein Anspruch eindeutig bejaht oder verneint werden kann, muss sich dies in der Urteilsbegründung widerspiegeln und mangels Anspruchsentstehung die Klage abgewiesen werden. Wegen grundsätzlicher Bedeutung der Rechtssache bzw. zur Fortbildung des Rechts muss dem Kläger der Weg bis zum obersten Gerichtshof gewährt, d.h. Berufung und Revision zugelassen werden, um die Voraussetzungen der Anspruchsentstehung klären zu lassen.

Zwar kann der Klageweg im Einzelfall für den Kläger länger sein, dies kann sich jedoch für ihn im Ergebnis als vorteilhafter darstellen als aufgrund einer zu früh angenommenen Verjährung von einem potenziellen Anspruch abgeschnitten zu werden. Aufgrund der derzeit herrschenden, ungewissen Einordnung durch die Gerichte, ob seinem Fall eine die Verjährung des Anspruchs beeinflussende unsichere Rechtslage zugrunde liegen könnte, muss der Kläger bei der Klageerhebung mindestens in gleichem Umfang mit einem ungewissen Verfahrensausgang rechnen.

Wie die Falluntersuchung gezeigt hat, häufen sich die problematischen Fälle dergestalt, dass sie innerhalb eines bestimmten Zeitraums Gegenstand mehrerer Prozesse waren.[836] Als Indiz für eine bislang ungeklärte Anspruchsgrundlage kann den Instanzgerichten demnach die Existenz mehrerer rechtshängiger Prozesse

836 Vgl. beispielsweise die Nachweise unter 3. Teil, I. 1. d. aa. und bb.

dienen. Durch den expliziten Hinweis auf die unklaren Anspruchsvoraussetzungen weiß der Kläger zudem, worauf genau er sein weiteres Vorgehen stützen soll.

Alternative prozessuale Vorgehensweisen, mit denen das Bestehen eines Anspruchs schneller höchstrichterlich geklärt werden könnte, bestehen nicht: Die engen Voraussetzungen einer Sprungrevision gemäß § 566 ZPO sind in der Regel schwer zu erreichen. Die Zivilprozessordnung sieht ferner kein Vorabentscheidungsverfahren vor den obersten deutschen Gerichten vor, wie dies Art. 267 AEUV für das europäische Recht statuiert. Die Möglichkeit, dass sich mehrere Kläger zu einem Musterverfahren zusammenschließen, in welchem eine Rechtsfrage einheitlich und mit Bindungswirkung für alle Kläger entschieden würde, besteht im geltenden Recht nur nach den Voraussetzungen des Kapitalanleger-Musterverfahrensgesetzes. Der Anwendungsbereich des Gesetzes erschöpft sich jedoch in Schadensersatzansprüchen wegen falscher, irreführender oder unterlassener öffentlicher Kapitalmarktinformation bzw. fehlender Aufklärung darüber und stellt demnach kein Anwendungsfeld für die hier interessierenden Fälle dar.[837]

bb. Situation nach der höchstrichterlichen Anspruchsanerkennung

Sofern in einem höchstrichterlichen Urteil objektiv ein Anspruch geschaffen bzw. eine Anspruchsvoraussetzung dergestalt konkretisiert wird, dass der Anspruch als Ganzes entsteht, kann sich für viele Kläger, die zuvor nicht von dem Bestehen eines Anspruchs ausgegangen sind und keine Klage erhoben haben, eine Klagemöglichkeit eröffnen, die innerhalb von drei Jahren geltend gemacht werden muss. Zwischen der erstmaligen Begründung eines Rechtsverhältnisses und der Anspruchsanerkennung können dann mehrere Jahre liegen, was zu einem günstigen Umstand für prozessual untätig gebliebene Anspruchsgläubiger führen kann. Die Notwendigkeit der rechtssicheren und sachgemäßen Normanwendung des § 199 Abs. 1 BGB lässt jedoch zum einen keinen anderen Schluss zu, zum anderen ist die Anzahl derartiger Fälle begrenzt.

b. Verhältnis der Regelverjährung zu der dreißigjährigen Verjährung des § 197 Abs. 1 Nr. 3 BGB in den Fällen erstmaliger Anspruchsanerkennung

Gemäß § 197 Abs. 1 Nr. 3 BGB verjähren Ansprüche zwischen dem Berechtigten und dem Verpflichteten in dreißig Jahren, wenn der Anspruch durch Urteil oder in

837 Vgl. § 1 Abs. 1 Kapitalanleger-Musterverfahrensgesetz.

sonstiger Weise rechtskräftig festgestellt wurde. Gemäß § 201 S. 1 BGB beginnt die Verjährung von Ansprüchen der in § 197 Abs. 1 Nr. 3 BGB bezeichneten Art mit der Rechtskraft der Entscheidung, nicht jedoch vor der Entstehung des Anspruchs. Mit dem Vorliegen einer rechtskräftigen Entscheidung ist das Bestehen des Anspruchs inter partes ausreichend verlässlich geklärt.[838] Die Verjährung der festgestellten Ansprüche nach § 197 Abs. 1 Nr. 3 BGB beginnt mit der Feststellung neu, so dass die zuvor für den Anspruch geltenden Fristen von der dreißigjährigen Frist abgelöst werden.[839] § 197 Abs. 1 Nr. 3 BGB gilt dabei für Ansprüche und Titel jeder Art.[840]

Ansprüche können erst ab dem Zeitpunkt ihrer Existenz Gegenstand der Verjährung sein.[841] Die dreijährige Regelverjährung beginnt gem. § 199 Abs. 1 BGB mit Fälligkeit und Kenntnis des Anspruchs. In denjenigen Fällen des hier beschriebenen objektiven Ansatzes, in denen die tatsächlichen Voraussetzungen des Anspruchs im Vorhinein nicht benannt werden konnten, weil der Anspruch zu dieser Zeit objektiv noch nicht existierte, unterliegt ein solcher Anspruch erst zu dem Zeitpunkt, zu dem dieser im Wege richterlicher Rechtsfortbildung anerkannt wurde und er jeweils fällig geworden ist, in objektiver Hinsicht dem Verjährungsbeginn des § 199 Abs. 1 BGB.[842] In subjektiver Hinsicht erfordert der Verjährungsbeginn für den jeweiligen Gläubiger zusätzlich, dass dieser von den tatsächlichen Umständen Kenntnis erhält bzw. ihm grob fahrlässige Unkenntnis vorgehalten werden kann, wenn er sich nicht innerhalb von drei Jahren über die Rechtsprechungsentwicklung informiert bzw. informieren lässt.

Sofern ein Anspruch richterrechtlich entwickelt wird und Fälligkeit eingetreten ist, stehen Anspruchsgläubigern mit Jahresende regelmäßig lediglich drei Jahre zur Verfügung, um durch Klageerhebung die Hemmung ihres jeweiligen Anspruchs zu erreichen und diesen mit Erfolg vor Gericht geltend zu machen. Genauso wie bei der Schaffung eines neuen Gesetzes steht Gläubigern eines Anspruchs auch in den Fällen richterlicher Anspruchsschaffung ab Fälligkeit und Kenntnis nur drei Jahre Regelverjährungsfrist zu, um ihren Anspruch geltend zu machen. Mit Rechtskraft der Entscheidung über das Bestehen ihres Anspruchs wird die zuvor geltende Regelverjährungsfrist sodann von der dreißigjährigen Verjährungsfrist des § 197 Abs. 1 Nr. 3 BGB abgelöst. Aus dem objektiven Ansatz zur Behandlung der

838 Staudinger-*Peters/Jacoby*, 2009, § 197 Rn. 32, 44.

839 Mansel/Budzikiewicz, § 4 Rn. 96.

840 MüKo-*Grothe*, § 197 Rn. 19 f.

841 Vgl. § 194 Abs. 1 BGB: „Das Recht, von einem anderen ein Tun oder Unterlassen zu verlangen (Anspruch), unterliegt der Verjährung.“

842 Siehe die Beispiele unter 3. Teil, II. 3. a. aa. und bb.

Verjährungsfälle bei unsicherer und zweifelhafter Rechtslage ergeben sich demzufolge keine Besonderheiten im Verhältnis von § 199 Abs. 1 BGB und § 197 Abs. 1 Nr. 3 BGB.

c. Vorteile gegenüber der bisherigen Problemlösung

Der objektive Ansatz führt zu mehr Rechtssicherheit sowie einer verstärkten Gleichbehandlung vergleichbarer Fälle und wird den Verjährungszielen besser gerecht.

Innerhalb der unterschiedlichen Instanzen trat mehrfach der Konflikt zu Tage, *ob* überhaupt eine rechtlich unklare Lage besteht, die den Verjährungsbeginn aufschiebt.[843] Dies führte häufig zu unterschiedlichen Beurteilungen. Eine abschreckende Wirkung für potenzielle Kläger, die von einer widersprüchlichen oder konträren Beurteilung der Verjährungsfrage durch andere Instanzgerichte ausgehen kann, wird jedoch verringert, wenn klar daran angeknüpft wird, ob die Voraussetzungen eines Anspruchs zum Zeitpunkt der Klageerhebung bereits benannt und formuliert werden können. In allen anderen Fällen, in denen die tatsächlichen Voraussetzungen des Anspruchs benannt werden können, ist ein Verjährungsaufschub abzulehnen, so dass eine klare Differenzierungsmöglichkeit zwischen den Fällen besteht. Auf die unsichere Beurteilung der Untergerichte bzw. Oberlandesgerichte, ab welchem Zeitpunkt der Kläger so viel Kenntnis hatte, dass eine Klageerhebung zumutbar gewesen wäre und ob der Verjährungsbeginn hinausgeschoben wird, kommt es dann nicht mehr an. Für den Rechtsanwender besteht anhand dieser Differenzierung mehr Klarheit darüber, ob ein Verjährungsaufschub überhaupt in Betracht kommt, wenn daran angeknüpft wird, ob ein Anspruch bereits anerkannt ist oder das Bestehen eines Anspruchs zwar grundsätzlich denkbar, aber derart ungewiss ist, dass eine Klärung dieser Frage letztlich nur eine höchstrichterliche Entscheidung bringen kann.

Auch den Verjährungszielen des Schuldner- und des Gläubigerschutzes sowie den objektiven Verjährungszielen wird der objektive Ansatz besser

843 Vgl. z.B. LG Hildesheim, Urt. v. 2.2.2007 – 7 S 246/06; AG Holzminden, Urt. v. 15.8.2006 – 6 C 572/05; AG Brühl, Urt. v. 17.8.2007 – 22 C 82/07; OLG Celle, Urt. v. 27.10.1999 – 13 U 61/99, OLGR Celle 2000, 255; LG Freiburg, Urt. v. 29.6.2005 – 5 O 409/05; LG Köln, Beschl. v. 3.12.2007 – 13 S 301/07; LG Köln, Beschl. v. 2.1.2008 – 13 T 261/07; LG Bonn, Urt. v. 14.5.2008 – 5 S 58/08, LG Bonn MDR 2008, 1383, 1384; LG Frankfurt a. M., Urt. v. 31.1.2008 – 2/24 S 122/07; OLG Celle, Urt. v. 16.1.2007 – 16 U 160/06, OLG Celle ZGS 2007, 195; KG Berlin, Urt. v. 30.1.2007 – 4 U 192/05, KG Berlin ZGS 2007, 230; BGH, Urt. v. 27.5.2008 – XI ZR 132/07, BGH WM 2008, 1260, 1264 = NJW-RR 2008, 1495, 1498.

gerecht. Mit der klaren Differenzierung, ob die objektiven Anspruchsvoraussetzungen bereits anerkannt sind, wird das objektive Verjährungsziel der Rechtssicherheit optimal erreicht. Einer nachvollziehbaren Differenzierung kommt auch eine Befriedungsfunktion zu, so dass sich potenzielle Anspruchsgläubiger mit ihrer Anspruchssituation besser arrangieren können. Zwar kann ein durch die höchstrichterliche Rechtsfortbildung womöglich erst spät einsetzender Verjährungsbeginn den Schuldnerinteressen zuwiderlaufen und eher die Gläubigerinteressen befriedigen, wie gezeigt wurde, stellen derartige Ausnahmefälle jedoch nicht die Regel dar. Da die Verjährungseinrede faktisch einen vollständigen Forderungs- und damit weitgehenden Eigentumsverlust beim Gläubiger bewirkt[844], sollte der Anwendung der Verjährungsvorschriften ein möglichst hohes Niveau an objektiver Rechtssicherheit zuteil werden. Der Eigentumsverlust beim Gläubiger ist nur dann gerechtfertigt, wenn er möglichst nachvollziehbaren Kriterien unterliegt.

Eine handhabbare und verlässliche Vorgabe durch die Gerichte, wann eine verjährungsrelevante unsichere und zweifelhafte Rechtslage gegeben sein soll, fehlt gegenwärtig. Aus diesem Grund ist für die potenziellen Kläger bzw. ihre Rechtsbeistände bei der bisherigen Problemlösung nicht abzusehen, wie das Gericht in Bezug auf ihren Fall mit der Verjährungsfrage umgehen würde. Im Bereich des Verjährungsaufschubs herrscht eine erhebliche Rechtsunsicherheit, die für den Kläger mit hohen Prozessrisiken verbunden ist.

Diese prozessualen Risiken werden durch den objektiven Ansatz vermieden. Auf die unsichere Einordnung der Gerichte in Bezug auf das Vorliegen eines Verjährungsaufschubs kommt es nicht mehr an, wenn für den Verjährungsaufschub allein Fälle maßgeblich sind, in denen die Rechtsprechung rechtsfortbildend einen Anspruch kreiert hat, bei dem niemand im Vorhinein in der Lage war, die tatsächlichen Voraussetzungen des Anspruchs zu benennen, weil diese bis zu diesem Zeitpunkt weder vom Gesetzgeber, noch höchstrichterlich oder gewohnheitsrechtlich anerkannt waren und in allen übrigen Fällen auf die Figur des Verjährungsaufschubs verzichtet wird.

844 BT-Drs. 14/6040, S. 100; Peters/Zimmermann, Gutachten, S. 77, 103.

Schlussbetrachtung

Die Rechtsprechung zum Verjährungsaufschub bei unsicherer und zweifelhafter Rechtslage hat ihre Anfänge in der reichsgerichtlichen Rechtsprechung zum kenntnisabhängigen Verjährungsbeginn gem. § 852 Abs. 1 BGB a.F. und wird auch nach der Schuldrechtsreform von den Gerichten im Rahmen der Regelverjährung des § 199 Abs. 1 BGB fortgeführt.

Die Einführung einer kenntnisabhängigen Regelverjährung im Rahmen der Schuldrechtsreform war sinnvoll und legitim, weil sie die widerstreitenden Schuldner- und Gläubigerinteressen grundsätzlich gerecht zum Ausgleich bringt. Auch andere europäische Rechtsordnungen greifen zunehmend auf einen kenntnisabhängigen Verjährungsbeginn zurück. Der Anwendungsbereich der Rechtsprechung, die in schwierigen Fällen den Verjährungsbeginn durch die Einbeziehung von Rechtskenntnissen hinausschiebt, wird sich jedoch durch die Vielzahl der § 199 Abs. 1 BGB unterfallenden Ansprüche eher vergrößern.

Diese Entwicklung wäre aus mehreren Gründen bedenklich. In vielen inhaltlich gleichgelagerten Fällen kamen die Instanzgerichte hinsichtlich der Bejahung oder Verneinung eines Verjährungsaufschubs zu sehr unterschiedlichen Ergebnissen. Dies hatte zur Folge, dass einige Gläubiger endgültig von ihrem Anspruch abgeschnitten wurden, wogegen dies bei anderen Gläubigern in derselben Situation nicht der Fall war. Eine handhabbare und verlässliche Vorgabe durch die Gerichte, wann eine verjährungsrelevante unsichere und zweifelhafte Rechtslage gegeben sein soll, fehlt bislang. Für die potenziellen Kläger bzw. ihre Rechtsbeistände war demnach nicht abzusehen, wie das Gericht in Bezug auf ihren Fall mit der Verjährungsfrage umgehen würde. Im Bereich des Verjährungsaufschubs herrscht erhebliche Rechtsunsicherheit, die für den Kläger mit hohen Prozessrisiken verbunden ist. Die methodische Anknüpfung der Rechtsprechung an den unbestimmten Rechtsbegriff der „Zumutbarkeit“ im Rahmen des Kenntnismerkmals erweist sich überdies als dogmatisch verfehlt.

Durch den in dieser Arbeit entwickelten objektiven Ansatz wird dieser weite Maßstab der Rechtsprechung korrigiert. Ein späterer Verjährungsbeginn sollte nur in den Fällen gewährt werden, in denen die Rechtsprechung rechtsfortbildend einen Anspruch kreiert hat, bei dem niemand im Vorhinein in der Lage war, die tatsächlichen Voraussetzungen des Anspruchs zu benennen, weil diese bis zu diesem Zeitpunkt weder vom Gesetzgeber noch höchstrichterlich oder gewohnheitsrechtlich anerkannt waren. In diesen seltenen Fällen, die dann auftreten, wenn durch ein oberstes Gericht Voraussetzungen des Anspruchs benannt werden, die de lege lata für den Rechtsanwender nicht im Vorfeld formulierbar waren bzw. der Versuch, einen solchen Anspruch einzuklagen, regelmäßig in den unteren Instanzen erfolglos geblieben und ein Anspruch als unbegründet abgewiesen worden wäre, war die Rechtslage bis zur Anerkennung des Anspruchs in objektiver Hinsicht „unsicher". In allen anderen Fällen, bei denen lediglich die Auslegung eines Tatbestandsmerkmals oder ein rechtlich ungeklärter Aspekt in Streit steht, die Anspruchsvoraussetzungen jedoch geklärt sind, sollte zugunsten der rechtssicheren Anwendung der Norm auf die Ausdehnung des Merkmals der Zumutbarkeit innerhalb des subjektiven Kriteriums verzichtet und – genauso wie dies in den Nachbarrechtsordnungen ganz überwiegend der Fall ist – für den Verjährungsbeginn ausschließlich auf die Erlangung der Tatsachenkenntnisse abgestellt werden.

Dass sich Ansprüche nicht nur aus dem Gesetz ergeben, sondern in seltenen Fällen auch im Wege richterlicher Rechtsfortbildung kreiert werden, wurde anhand verschiedener Beispiele dargelegt. Ein Anspruch entsteht materiell in dem Zeitpunkt, in dem ein subjektives Recht verletzt wird. Vor Gericht erfolgreich geltend gemacht kann der Anspruch erst werden, wenn das subjektive Recht objektiv anerkannt ist. Ohne Bestehen des subjektiven Rechts ist keine Grundlage für die Anspruchsentstehung vorhanden. Aufgrund ihrer hervorgehobenen Stellung im Gerichtssystem werden Urteile der obersten Gerichte regelmäßig von den unteren Gerichten geachtet. Das Negieren der richterlichen Rechtsschöpfung würde bedeuten, dass man das Gesetz für lückenlos hielte. Die Grenzen zwischen Gesetzes- und Richterrecht sind in der heutigen Rechtspraxis jedoch nicht mehr starr, was zahlreiche Beispiele belegen.

Die Differenzierung des objektiven Ansatzes, die einen späteren Verjährungsbeginn nur in denjenigen seltenen Fällen gestattet, die in denen ein oberstes Gericht einen neuen Anspruch kreiert hat, führt zu mehr Rechtssicherheit sowie einer verstärkten Gleichbehandlung vergleichbarer Fälle und wird den Verjährungszielen besser gerecht. Der Ansatz des Bundesgerichtshofs stellt eine tatbestandliche Reduktion des § 199 Abs. 1 Nr. 2 BGB dar, welcher dogmatische Schwächen aufweist und gänzlich aufgegeben werden sollte. Der aufgezeigte objektive Ansatz ermöglicht hingegen eine klarere, gerechtere und „sauberere" Anwendung des § 199 Abs. 1 BGB, indem er die bestehenden Unsicherheiten hinsichtlich der Frage, wann eine verjährungsrelevante unsichere und zweifelhafte Rechtslage gegeben sein soll, durch eine objektive Differenzierung auflöst.

Literaturverzeichnis

Adomeit, Klaus, Rechtsquellenfragen im Arbeitsrecht, München 1969 (zit.: Adomeit).

Anwaltkommentar, BGB, Band 1: Allgemeiner Teil mit EGBGB, hrsg. v. Barbara Dauner-Lieb, Thomas Heidl, Gerhard Ring, 1. Auflage, Bonn 2005 (zit.: AnwK-*Bearbeiter*).

Bamberger, Heinz Georg/Roth, Herbert, Kommentar zum Bürgerlichen Gesetzbuch, Band 1, §§ 1-610, CISG, 3. Auflage, München 2012 (zit.: Bamberger/Roth-*Bearbeiter*).

Bernstorff, Christoph Graf von, Einführung in das englische Recht, 4. Auflage, München 2011.

Birks, Peter, English Private Law, Volume I and II, Oxford 2000 (zit.: Birks-Bearbeiter I/II).

Birr, Christiane, Verjährung und Verwirkung, 2. Auflage, Berlin 2006 (zit.: Birr).

Bitter, Georg/Alles, Matthias, Die Rechtsprechung zum Aufschub des Verjährungsbeginns bei unklarer Rechtslage, NJW 2011, S. 2081–2084 (zit.: Bitter/Alles, NJW 2011).

Blank, Hubert, Wertausgleich für rechtsgrundlos geleistete Schönheitsreparaturen durch den Mieter während der Mietzeit, NZM 2010, S. 97–103 (zit.: Blank, NZM 2010).

Bloch, Konrad, Die Hemmung der Verjährung nach Art. 134 Ziff. 6 OR, SJZ 1955, S. 353–357 (zit.: Bloch, SJZ 1955).

Bornemann, Fritz, Zivilrecht im Querschnitt, Band IV, Die Lehre vom Anspruch, Heidelberg, 1971 (zit.: Bornemann).

Buck, Petra, Wissen und juristische Person: Wissenszurechnung und Herausbildung zivilrechtlicher Organisationspflichten, Tübingen 2001 (zit.: Buck).

Bundesminister der Justiz (Hrsg.), Abschlußbericht der Kommission zur Überarbeitung des Schuldrechts, Köln 1992 (zit.: Abschlussbericht).

Calliess, Christian/Ruffert, Matthias, EUV/AEUV Kommentar, 4. Auflage, München 2011 (zit.: Calliess/Ruffert-*Bearbeiter*).

Chitty, Joseph, Chitty on Contracts, Volume I, General Principles, 30. Auflage, London 2008 (zit.: Chitty-*Bearbeiter*).

Coing, Helmut, Grundzüge der Rechtsphilosophie, Berlin 1950 (zit.: Coing).

Conrads, Markus, Verjährung im englischen Recht, Münster 1996 (zit.: Conrads).
Currie, David P., Die Vereinheitlichung des amerikanischen Privatrechts, JZ 1996, S. 930–934 (zit.: Currie, JZ 1996).
Däubler-Gmelin, Herta, Die Entscheidung für die so genannte Große Lösung bei der Schuldrechtsreform, NJW 2001, S. 2281–2289 (zit.: Däubler-Gmelin, NJW 2001).
Danco, Anne, Die Perspektiven der Anspruchsverjährung in Europa – Eine rechtsvergleichende Untersuchung unter besonderer Berücksichtigung der Sachmängelgewährleistungsfristen im Kaufrecht, Berlin 2001 (zit.: Danco).
Dannemann, Gerhard/Karatzenis, Fotios/Thomas, Geoffrey V., Reform des Verjährungsrechts aus rechtsvergleichender Sicht – Hans Stoll zum 65. Geburtstag am 4. August 1991 –, RabelsZ 55 (1991), S. 697–731 (zit.: Dannemann/Karatzenis/Thomas, RabelsZ 55 (1991)).
Díez-Picazo, Luis, La prescripción en el Código civil, Barcelona 1964 (zit.: Díez Picazo).
Eidgenössisches Justiz- und Polizeidepartement, Obligationenrecht (Revision des Verjährungsrechts), Bericht zum Vorentwurf, Bern 2011; abrufbar unter: http://www.ejpd.admin.ch/content/dam/data/wirtschaft/gesetzgebung/verjaehrungsfristen/vn-ber-d.pdf (Stand: 22.2. 2012); (zit.: EJPD, Obligationenrecht, Bericht zum Vorentwurf).
Enneccerus, Ludwig/Nipperdey, Hans Carl, Allgemeiner Teil des Bürgerlichen Rechts, Erster Halbband: Allgemeine Lehren, Personen, Rechtsobjekte, Tübingen 1959 (zit.: Enneccerus/Nipperdey).
Erman, Walter, Bürgerliches Gesetzbuch, Band I, §§ 1-758, AGG, UKlaG, 13. Auflage, Köln 2011 (zit.: Erman-*Bearbeiter*).
Esser, Josef, Richterrecht, Gerichtsgebrauch und Gewohnheitsrecht, in: Festschrift für Fritz von Hippel zum 70. Geburtstag, (Hrsg.) Josef Esser, Hans Thieme, Tübingen 1967, S. 95–130 (zit.: Esser, FS von Hippel).
Ferid, Murad/Sonnenberger, Hans Jürgen, Das Französische Zivilrecht Band 1/1, Erster Teil: Allgemeine Lehren des Französischen Zivilrechts: Einführung und Allgemeiner Teil des Zivilrechts, 2. Auflage, Heidelberg 1994 (zit.: Ferid/Sonnenberger).
Fick, Fritz, Hinderung und Stillstand der Verjährung wegen höherer Gewalt, SJZ 1914/1915, S. 181–182 (zit.: Fick, SJZ 1914/1915).
Fischer, Hans Georg/Keller, Matthias/Ott, Michael/Quarch, Matthias, EU-Recht in der Praxis, Köln 2012 (zit.: Fischer/Keller/Ott/Quarch).

Fötschl, Andreas, Das neue dänische Verjährungsrecht – Die Principles of European Contract Law als Modell für den dänischen Gesetzgeber, RIW 2011, S. 696–702 (zit.: Fötschl, RIW 2011).

Grimmer, Klaus, Die Rechtsfiguren einer „Normativität des Faktischen" – Untersuchungen zum Verhältnis von Norm und Faktum und zur Funktion der Rechtsgestaltungsorgane, Berlin 1971 (zit.: Grimmer).

Grossfeld, Bernhard, Probleme der Rechtsvergleichung im Verhältnis Vereinigte Staaten von Amerika – Deutschland, RabelsZ 39 (1975), S. 5–27 (zit.: Grossfeld, RabelsZ 39 (1975)).

Grundmann, Stefan/Zaccaria, Alessio (Hrsg.), Einführung in das italienische Recht, Frankfurt am Main 2007 (zit.: Grundmann/Zaccaria-*Bearbeiter*).

Guhl, Theo/Merz, Hans/Kummer, Max/Koller, Alfred/Druey, Jean Nicolas, Das Schweizerische Obligationenrecht, 8. Auflage, Zürich 1991 (zit.: Guhl/Merz/Koller).

Haug, Henner, Die Neuregelung des Verjährungsrechts – Eine kritische Untersuchung des Verjährungsrechts im Entwurf der Kommission zur Überarbeitung des Schuldrechts, 1. Auflage, Baden-Baden 1999 (zit.: Haug).

Hay, Peter, US-Amerikanisches Recht, 5. Auflage, München 2011 (zit.: Hay).

Hecker, Bernd, Europäisches Strafrecht, 3. Auflage, Berlin 2010 (zit.: Hecker).

Heidemann, Carsten, Die Norm als Tatsache, 1. Auflage, Baden-Baden 1997 (zit.: Heidemann).

Heinrichs, Helmut, Entwurf eines Schuldrechtsmodernisierungsgesetzes: Neuregelung des Verjährungsrechts, BB 2001, S. 1417–1423 (zit.: Heinrichs, BB 2001).

Hellwig, Konrad, Anspruch und Klagrecht, Beiträge zum Bürgerlichen und zum Prozessrecht, Leipzig 1900 (zit.: Hellwig).

Henry, Xavier et al., Code Civil, Edition 2010, 109. Auflage, Paris 2009 (zit.: Henry et al., Code Civil).

Hillgruber, Christian, Richterliche Rechtsfortbildung als Verfassungsproblem, JZ 1996, 118–125 (zit.: Hillgruber, JZ 1996).

Hondius, Ewoud, Das neue Niederländische Zivilgesetzbuch, AcP 191 (1991), S. 378–395 (zit.: Hondius, AcP 191 (1991)).

Honsell, Heinrich, Einige Bemerkungen zum Diskussionsentwurf eines Schuldrechtsmodernisierungsgesetzes, JZ 2001, S. 18–21 (zit.: Honsell, JZ 2001).

———/*Vogt, Nedim Peter/Wiegand, Wolfgang* (Hrsg.), Basler Kommentar, Obligationenrecht I (Art. 1-529 OR), 4. Auflage, Basel 2007 (zit.: Honsell/Vogt/Wiegand-*Bearbeiter*).

Jacoby, Florian, Die Verjährung des Rückforderungsanspruchs wegen Durchführung nicht geschuldeter Schönheitsreparaturen, ZMR 2010, S. 335–340 (zit.: Jacoby, ZMR 2010).

Juris PraxisKommentar, BGB, Band 1 Allgemeiner Teil, hrsg. von Klaus Vieweg, 4. Auflage, Saarbrücken 2009 (zit.: jurisPK-*Bearbeiter*).

Karpenstein, Ulrich/Mayer, Franz C., EMRK, Konvention zum Schutz der Menschenrechte und Grundfreiheiten, Kommentar, München 2012 (zit.: Karpenstein/Mayer-*Bearbeiter*).

Kaser, Max, Das römische Privatrecht, Erster Abschnitt – Das altrömische, das vorklassische und klassische Recht, 2. Auflage, München 1971 (zit.: Kaser I).

———, Das römische Privatrecht, Zweiter Abschnitt – Die nachklassischen Entwicklungen, 2. Auflage, München 1975 (zit.: Kaser II).

———/*Knütel, Rolf*, Römisches Privatrecht, 19. Auflage, München 2008 (zit.: Kaser/Knütel).

Kelsen, Hans, Allgemeine Theorie der Normen, Wien 1979 (zit.: Kelsen).

Kindler, Peter, Einführung in das italienische Recht, 2. Auflage, München 2008 (zit.: Kindler).

Kininger, Ewald, Die Realität der Rechtsnorm – eine empirische Studie, Berlin 1971 (zit.: Kininger).

Kleinschmidt, Jens, Das neue französische Verjährungsrecht, RIW 2008, S. 590–600 (zit.: Kleinschmidt, RIW 2008).

Kopp, Ferdinand/Ramsauer, Ulrich, Verwaltungsverfahrensgesetz, 13. Auflage, München 2012 (zit.: Kopp/Ramsauer, VwVfG).

Krämer, Ulrich, Die Neuregelung des Verjährungsrechts im Schuldrechtsmodernisierungsgesetz, Göttingen 2002 (zit.: Krämer).

Larenz, Karl, Über die Bindungswirkung von Präjudizien, in: Festschrift für Hans Schima zum 75. Geburtstag, (Hrsg.) Hans Walter Fasching, Winfried Kralik, Wien 1969, S. 247–264 (zit.: Larenz, FS Schima).

Larenz, Karl/Wolf, Manfred, Allgemeiner Teil des Bürgerlichen Rechts, 7. Auflage, München 1989 (zit.: Larenz/Wolf, 7. A.).

———, Allgemeiner Teil des Bürgerlichen Rechts, 9. Auflage, München 2004 (zit.: Larenz/Wolf, 9. A.).

Law Commission, Consultation Paper No 151, Limitation of Actions, London 1998; abrufbar unter: http://www.justice.gov.uk/lawcommission/docs/

cp151_Limitation_of_Actions_Consultation.pdf (Stand: 31.1.2012) (zit.: Law Commission, Consultation Paper No 151).

———, Law Com No 270, Limitation of Actions, Item 2 of the Seventh Programme of Law Reform: Limitation of Actions, London 2001; abrufbar unter: http://www.justice.gov.uk/lawcommission/docs/lc270_Limitation_of_Actions.pdf (Stand: 31.1.2012) (zit.: Law Commission, Law Com No 270).

———, Annual Report 2009–2010, The Forty-Fourth Annual Report of the Law Commission, London 2010; abrufbar unter: http://www.justice.gov.uk/lawcommission/docs/lcar0910_web.pdf (Stand: 31.1.2012) (zit.: Law Commission, Annual Report 2009–2010).

Leenen, Detlef, Die Neuregelung der Verjährung, JZ 2001, S. 552–560 (zit.: Leenen, JZ 2001).

Leveneur, Laurent, Code Civil 2010, 29. Auflage, Paris 2009 (zit.: Leveneur, Code Civil 2010).

Mansel, Heinz-Peter, Die Reform des Verjährungsrechts, in: Zivilrechtswissenschaft und Schuldrechtsreform – Zum Diskussionsentwurf eines Schuldrechtsmodernisierungsgesetzes des Bundesministeriums der Justiz, hrsg. v. Wolfgang Ernst, Reinhard Zimmermann, Tübingen 2001, S. 333–423 (zit.: Mansel).

———*/Budzikiewicz, Christine*, Das neue Verjährungsrecht, Bonn 2002 (zit.: Mansel/Budzikiewicz).

Mazeaud, Henri/Mazeaud, Léon/Mazeaud, Jean/Chabas, François, Leçons de droit civil, Obligations: théorie générale, Tome II, Premier Volume, 9. Auflage, Montchrestien 1998 (zit.: Mazeuad/Mazeaud/Mazeaud/Chabas, Leçons de droit civil Tome II, Vol. I).

Meder, Stephan, Ius non scriptum – Traditionen privater Rechtsetzung, 2. Auflage, Tübingen 2009 (zit.: Meder).

Merten, Detlef, Das System der Rechtsquellen (1. Teil), Jura 1981, S. 169–182 (zit.: Merten, Jura 1981).

Meyer-Cording, Ulrich, Die Rechtsnormen, Tübingen 1971 (zit.: Meyer-Cording).

Meyer-Ladewig, Jens, EMRK, Europäische Menschenrechtskonvention, Handkommentar, 3. Auflage, Baden-Baden 2011 (zit.: Meyer-Ladewig).

Mincke, Wolfgang, Einführung in das niederländische Recht, München 2002 (zit.: Mincke).

Mitscherlich, Matthias/Jander, Klaus H., Verjährungsprobleme im internationalen Privatrecht der Vereinigten Staaten, RIW 1978, S. 358–364 (zit.: Mitscherlich/Jander, RIW 1978).

Motive zu dem Entwurfe eines Bürgerlichen Gesetzbuches für das Deutsche Reich: Band I, Allgemeiner Theil, 2. Auflage, Berlin 1896 (zit.: Motive zum BGB).

Münch, Ingo von/Kunig, Philip, Grundgesetz Kommentar, Band 1: Präambel bis Art. 69, 6. Auflage, München 2012 (zit.: v. Münch/Kunig-*Bearbeiter*).

Münchener Kommentar zum Bürgerlichen Gesetzbuch, Band 6, Sachenrecht, §§ 854-1296, Redakteur: Gaier, Reinhard, 5. Auflage, München 2009 (zit.: MüKo-*Bearbeiter*).

Münchener Kommentar zum Bürgerlichen Gesetzbuch, Band 1, Allgemeiner Teil, §§ 1-240, Redakteur: Säcker, Franz Jürgen, 6. Auflage, München 2012 (zit.: MüKo-*Bearbeiter*).

Musielak, Hans-Joachim, Kommentar zur Zivilprozessordnung mit Gerichtsverfassungsgesetz, 9. Auflage, München 2012 (zit.: Musielak-*Bearbeiter*).

Neussel, Julius, Anspruch und Rechtsverhältnis, Mainz 1952 (zit.: Neussel).

Otto, Mark-Oliver, Die Bestimmung des § 199 Abs. 1 Nr. 2 BGB, Frankfurt am Main 2006 (zit.: Otto).

———, Rechtsunkenntnis und Verjährungsbeginn, VersR 2009, S. 760–763 (zit.: Otto, VersR 2009).

Palandt, Otto, Bürgerliches Gesetzbuch, 73. Auflage, München 2014 (zit.: Palandt-*Bearbeiter*).

Patti, Salvatore, Codice Civile Italiano – Das italienische Gesetzbuch, München 2007 (zit.: Patti).

Paz-Areas Rodriguez, Candido/Díez-Picazo, Luis/Bercovitz, Rodrigo/Salvador Coderch, Pablo, Comentario del Código Civil, Tomo II, 2. Auflage, Madrid 1993 (zit: Paz-Areas Rodriguez/Díez-Picazo/Bercovitz/Salvador Coderch-*Bearbeiter*).

Peters, Frank/Zimmermann, Reinhard, Verjährungsfristen – Der Einfluß von Fristen auf Schuldverhältnisse; Möglichkeiten der Vereinheitlichung von Verjährungsfristen, in: Gutachten und Vorschläge zur Überarbeitung des Schuldrechts Band I, Bundesanzeiger, Bundesminister der Justiz (Hrsg.), Köln 1981, S. 77–373 (zit.: Peters/Zimmermann, Gutachten).

Peuster, Witold, Código Civil – Das spanische Zivilgesetzbuch, Frankfurt am Main 2002 (zit.: Peuster).

Piekenbrock, Andreas, Reform des allgemeinen Verjährungsrechts: Ausweg oder Irrweg?, in: Jahrbuch Junger Zivilrechtswissenschaftler 2001, Das neue Schuldrecht, Freiburger Tagung 5. bis 8. September 2001; hrsg. von Tobias Helms, Daniela Neumann, Georg Caspers, Rita Sailer, Martin Schmidt-Kessel, Stuttgart et al. 2001, S. 309–339 (zit.: Piekenbrock).

Podewils, Arne, Rückabwicklung eines Immobiliendarlehens: Neue Regelverjährung beginnt auch in Überleitungsfällen erst mit Kenntnis des Gläubigers von den anspruchsbegründenden Tatsachen, Anmerkung zu BGH, Urteil vom 23.1.2007 (XI ZR 44/06), ZfIR 2007, S. 274–275 (zit.: Podewils, ZfIR 2007).

Prütting, Hans/Wegen, Gerhard/Weinreich, Gerd, BGB Kommentar, 7. Auflage, Köln 2012 (zit.: Prütting/Wegen/Weinreich-*Bearbeiter*).

Riedhammer, Markus, Kenntnis, grobe Fahrlässigkeit und Verjährung, Frankfurt am Main 2004 (zit.: Riedhammer).

Rimmelspacher, Bruno, Materiellrechtlicher Anspruch und Streitgegenstandsprobleme im Zivilprozess, Göttingen 1970 (zit.: Rimmelspacher).

Schmidt, Karsten, Gesetzgebung und Rechtsfortbildung im Recht der GmbH und der Personengesellschaften, JZ 2009, S. 10–20 (zit.: K. Schmidt, JZ 2009).

Schmidt-Bleibtreu, Bruno/Hofmann, Hans/Hopfauf, Axel, Kommentar zum Grundgesetz, 12. Auflage, Köln 2011 (zit.: Schmidt-Bleibtreu/Hofmann/Hopfauf-*Bearbeiter*).

Schnaufer, Susanne, Die Kenntnis des Geschädigten als Auslöser für den Beginn der Verjährungsfrist, Frankfurt am Main 1997 (zit.: Schnaufer).

Schweizerisches Institut für Rechtsvergleichung, Gutachten zum Recht der Verjährung in Deutschland, Frankreich, England und Dänemark, Lausanne 2011; abrufbar unter: http://www.ejpd.admin.ch/content/dam/data/wirtschaft/gesetzgebung/verjaehrungsfristen/gutachten-sir-d.pdf (Stand: 31.1.2012); (zit.: Schweizerisches Institut für Rvgl., Gutachten zum Recht der Verjährung).

Schwenzer, Ingeborg, Schweizerisches Obligationenrecht Allgemeiner Teil, Bern 1998 (zit.: Schwenzer).

Schwintowski, Hans-Peter, Die Verjährung von Ansprüchen auf Rückzahlung überhöhter Stromentgelte, ZIP 2006, S. 2302–2306 (zit.: Schwintowski, ZIP 2006).

———, Die Verjährung von Ansprüchen aus Lebensversicherungsverträgen am Beispiel der Urteile des BGH vom 12. Oktober 2005, VuR 2007, S. 130–137 (zit.: Schwintowski, VuR 2007).

———, Aktuelle Verjährungsfragen aus dem Bank- und Kapitalmarktrecht, BKR 2009, S. 89–99 (zit.: Schwintowski, BKR 2009).

Spiro, Karl, Die Begrenzung privater Rechte durch Verjährungs-, Verwirkungs- und Fatalfristen, Band 1, Die Verjährung der Forderungen, Bern 1975 (zit.: Spiro I).

———, Zur Reform der Verjährungsbestimmungen, in: Festschrift für Wolfram Müller-Freienfels, hrsg. v. Albrecht Dieckmann, Rainer Frank, Hans Hanisch, Spiros Simitis, Baden-Baden 1986, S. 617–630 (zit.: Spiro, FS Müller-Freienfels).

Staudinger, Julius von, Kommentar zum Bürgerlichen Gesetzbuch mit Einführungsgesetz und Nebengesetzen, Erstes Buch, Allgemeiner Teil, §§ 90-240, 12. Auflage, Berlin 1980 (zit.: Staudinger-*Bearbeiter*, 1980).

———, Kommentar zum Bürgerlichen Recht mit Einführungsgesetz und Nebengesetzen, Buch 1, Allgemeiner Teil, §§ 164-240 (Allgemeiner Teil 5), Neubearbeitung der 13. Bearbeitung von 1995, Berlin 2009 (zit.: Staudinger-*Bearbeiter*, 2009).

———, Kommentar zum Bürgerlichen Recht mit Einführungsgesetz und Nebengesetzen, Buch 3, Sachenrecht, §§ 925-984, Neubearbeitung der 13. Bearbeitung von 1995, Berlin 2011 (zit.: Staudinger-*Bearbeiter*, 2011).

Stoffels, Markus, Die Verjährung von Equal-Pay-Ansprüchen, NZA 2011, S. 1057–1062 (zit.: Stoffels, NZA 2011).

Theisen, Ursula/Theisen, Bernhard, Zum Gegenstand der Kenntnis in § 199 Abs. 1 Nr. 2 BGB am Beispiel bankrechtlicher Ansprüche, in: Entwicklungslinien im Bank- und Kapitalmarktrecht, Festschrift für Gerd Nobbe, (Hrsg.) Mathias Habersack, Hans-Ulrich Joeres, Achim Krämer, Köln 2009, S. 453–470 (zit.: Theisen/Theisen, FS Nobbe).

Thomas, Heinz/Putzo, Hans, Zivilprozessordnung, FamFG, GVG, Einführungsgesetze, EU-Zivilverfahrensrecht, 32. Auflage, München 2011 (zit.: Thomas/Putzo-*Bearbeiter*).

Unterrieder, Matthias, Die regelmäßige Verjährung – Die §§ 195 bis 202 BGB und ihre Reform, Berlin 1998 (zit.: Unterrieder).

Watmore, L.J., Personal Injuries – A Reply, N.L.J. 1972, S. 936 (zit.: Watmore, N.L.J. 1972).

Weinberger, Ota, Rechtslogik, 2. Auflage, Berlin 1989 (zit.: Weinberger).

Wernecke, Frauke, Die Einrede der Verjährung – Schnittpunkt zwischen materiellem Recht und Zivilprozessrecht, JA 2004, S. 331–335 (zit.: Wernecke, JA 2004).

West's Encyclopedia of American Law, Volume 9, Jeffrey Lehman, Shirelle Phelps (Hrsg.), 2. Auflage, Detroit 2005 (zit.: West's Encyclopedia of American Law Vol. 9).

Windscheid, Bernhard, Die Actio des römischen Civilrechts, vom Standpunkte des heutigen Rechts, Düsseldorf 1856 (zit.: Windscheid, Actio).

———, Lehrbuch des Pandektenrechts, 1. Band, 6. Auflage, Düsseldorf 1887 (zit.: Windscheid, Pandektenrecht).

Wolf, Manfred/Neuner, Jörg, Allgemeiner Teil des Bürgerlichen Rechts, 10. Auflage, München 2012 (zit.: Wolf/Neuner).

Woolf, Anthony D., Personal Injury Limitations – House of Lords Interpretation, N.L.J. 1972, S. 824–827 (zit.: Woolf, N.L.J. 1972).

Zimmermann, Reinhard, Die Verjährung, JuS 1984, S. 409–422 (zit.: Zimmermann, JuS 1984).

———, „… ut sit finis litium", JZ 2000, S. 853–866 (zit.: Zimmermann, JZ 2000).

———, Grundregeln eines Europäischen Verjährungsrechts und die deutsche Reformdebatte, ZEuP 2001, S. 217–222 (zit.: Zimmermann, ZEuP 2001).

———, Die Principles of European Contract Law Teil III, ZEuP 2003, S. 707–713 (zit.: Zimmermann, ZEuP 2003).

———/*Kleinschmidt, Jens*, Verjährung: Grundgedanken und Besonderheiten bei Ansprüchen auf Schadensersatz, in: Tradition mit Weitsicht – Festschrift für Eugen Bucher zum 80. Geburtstag, hrsg. von Wolfgang Wiegand, Thomas Koller, Hans Peter Walter, Zürich/Bern 2009, S. 861–926 (zit.: Zimmermann/Kleinschmidt, FS Bucher 2009).

———/*Leenen, Detlef/Mansel, Heinz-Peter/Ernst, Wolfgang*, Finis Litium? Zum Verjährungsrecht nach dem Regierungsentwurf eines Schuldrechtsmodernisierungsgesetzes, JZ 2001, S. 684–699 (zit.: Zimmermann/Leenen/Mansel/Ernst, JZ 2001).

www.ingramcontent.com/pod-product-compliance
Ingram Content Group UK Ltd.
Pitfield, Milton Keynes, MK11 3LW, UK
UKHW021906290926
8980IPUK00015B/1090

9 783631 647448